現代社会論

社会的課題の分析と解決の方策

松野 弘

[編著]

ミネルヴァ書房

はしがき

1. 本書の意図と目的

　本書では，既刊の「現代社会論」にみられるような時系列的な社会理論の解説や特定の研究関心に基づく，社会理論の歴史的な俯瞰ではなく，現代社会が直面しているわれわれの生活領域（政治・行政的領域，産業・経済的領域，教育・文化的領域，家族・福祉的領域，環境・災害的領域，情報・メディア的領域等）におけるさまざまな社会的課題（Social Issues）を取り上げ，そうした課題の社会学的分析を通して，社会的現実を明らかにした上で，これらの社会的課題の解決方策を示していくことを意図している。

　今日，われわれの社会は政治的・経済的に不安定な状況の中で，さまざまな困難な社会的課題に直面している。具体的には，「地方自治とコミュニティの衰退」，「産業社会と雇用問題」，「企業不祥事と企業の社会的責任問題」，「持続可能な社会と環境問題」，「教育格差と教育問題」等，現代社会が直面している重要な社会的課題を社会学的観点から分析し，こうした問題をどのように政策的に解決していくべきか，ということを検討していくことにしている。このことは，社会状況のグローバル化のうねりの中で，日本，あるいは，日本人が今後，どのような社会像を構築し，どのような暮らしをしていくのか，という点できわめて重要なテーマとなっていることを意味している。

　したがって，現代社会における実態に対する社会学的視点からの理解を深めていくとともに，政策科学的視点から，多様な社会的課題を解決していくための視点・方法等を提示していくことが本書の目的でもある。

2. これまでの「現代社会論」の視点と課題：「現代社会論」に関する著作の歴史的推移

　これまでの「現代社会論」に関する著作では，社会の歴史的な変動過程について，マクロな社会変動論を基盤にした社会の変容を分析・解説していくこと

に力点が置かれるとともに、筆者自身の専門的な関心から、社会変化の基軸となる思想を検証することによって、社会のあり方を論じていくスタイルが多かったように思われる。したがって、その時代時代の主要な社会的関心事や社会的課題となるトピックを主題としており、その時代の社会的特質を把握し、社会的現実を分析していくには十分であるが、「過去→現在→未来」、という歴史的なトレンドを見据えて、社会変化の方向性を把握していくためには、社会的課題を解決していくための政策的な視点や方向性が求められるのではないかと思われる。なぜならば、社会的課題は歴史的な社会変動プロセスの中で発生し、変容してきているからであり、そのためには過去の市民生活の各領域における政策課題に関する事例とその課題を理解しておく必要があるからである。以下、これまでの「現代社会論」に関する6冊の著作の特長について示しておきたい。主要な点は、当該社会における市民生活領域に関する体系的な論述というよりも、編者、ないし、著者の個別的な関心に基づいて執筆がなされていることであり、ある意味では、きわめて特殊的な関心による著作もあることを付言しておきたい。

◇これまでの「現代社会」論著作の特長：
1. 近代社会の変容過程を歴史的に概観し、その特質を述べていること。
2. 近代社会の基軸を産業社会に置き、その現代的展開と特質を述べていること。
3. 現代社会の課題をその変動要素に焦点を当てて、分析・説明していること。
4. 監修者、並びに、編著者の関心（公共圏）をもとに、現代社会の関係性を軸とした社会学的課題について述べていること。
5. 監修者、並びに、編著者の関心が人間の生き方や若者世代に向けられているので、若者世代論という特殊な社会論になっていること。

［1］『60冊の書物による現代社会論——五つの思想の系譜』（奥井智之、中公新書、1990年）

本書の基本コンセプトは、「現在の偶然を手がかりとして、過去の必然と未来の可能とを、いわば対立物のまま統一する」（同書、はじめに）ということである。この主張の論拠は、「過去・現在・未来のいずれかに執着する思想は、

すべて現代社会論として失格しているような気がしてならないのだ」という著者の歴史観である（はじめに，v）。

目次構成は，1. 帝国主義論，2. 大衆社会論，3. 産業社会論，4. 管理社会論，5. 消費社会論，となっていて，民主主義論に対する，いわば，反面教師としての「帝国主義論」の功罪を分析した上で，経済の近代化（近代産業社会）が進展して，政治の近代化（民主主義社会）をリードしてきた歴史的変動プロセスを描写している。

本書では，政治的な議論の対象となっている「帝国主義論」を除いて，近代産業社会の生成と発展を基軸となる著作を素描することによって，「現代社会論」の社会思想の歴史的な変化を論じているところに特色がある。ただ，冒頭に，政治的な課題としての「帝国主義論」を論じているために，経済的・産業的課題としてのさまざまな社会論との適合性についてはといえば，不十分であると思われる。これは本書の基本コンセプトにも示されている通りである。

［２］『現代社会論──市場社会のイデオロギー』（佐伯啓思，講談社学術文庫，1995年）

経済思想を専門としている著者は，近代社会を近代産業社会として捉え，1980年代の高度産業社会がモノづくりを中心とした産業構造から，モノの付加価値を重視する情報化やサーヴィスへと転換しつつあることを認めながらも，産業社会の特質を「専門的知識論」「遊戯的知識論」「政策的知識論」という知識社会論的視点から分析し，脱高度産業社会論の方向性として，「ポスト産業社会論」や「高度市場社会論」を論じている。産業文明を支えてきた物質主義的価値観のゆく末，すなわち，「生産の経済」から「消費の文化」への転換を産業文明論的価値論の視点から批判的に検証しているのが本書の特長といえるだろう。

本書の基本コンセプトは，「情報化やサーヴィス化という産業社会の『大転換』のうちに産業社会の高度化を読み取らねばならない。この両者が横の側面として張り合わされつつ進行しているのが現代という時代なのである」（序章）という認識にある。高度経済成長がバブル経済というピークに到達した時代を背景として，経済至上主義的な産業社会的価値観が知識を基軸とした社会的・文化的な産業思想へと転換していく転換期的な状況にあることを著者は的確に捉えている。

目次構成は，1．専門的知識論——「戦い」としての社会科学，2．遊戯的知識論——ポストモダン時代のソフィストたちへ，3．政策的知識論——大衆社会における知識と政策，4．ポスト産業社会論——スペクタクルとしての消費社会，5．高度市場社会論——80年代自由主義の危機，6．80年代社会論——バブルとポスト・モダニズム，となっている。

［3］『新版 社会学 現代日本社会の研究（上）』(北川隆吉監修，文化書房博文社，1995年)

本書では，7人の社会学者が戦後の資本主義の発展過程の中で，高度経済成長の負の遺産としての貧富の格差や不平等問題を基軸として，家族問題・地域社会問題・開発問題・企業経営の問題・レジャーと消費をめぐる問題・高齢化社会と福祉社会に関する問題を取り上げ，その背景・問題点・解決報告等について論じている。彼らの基本的な立場は資本主義社会に対して批判的なマルクス主義的な視点から，上記の問題を分析している点が特長的なことである。

本書の基本コンセプトは，「1945年以降の日本社会を対象として，まずそれが研究対象とする分野で，いかなる変化・変動が生じたか，ついでにそれに対して社会学はどのように理論的解明の努力を続けたか，さらに今後どのような現実的展開と研究上の課題が設定されるか」ということに焦点を置いている（序章）。

本書の目次構成は，1．現代社会と社会学——社会学を学ぶ人のために，2．家族と生活研究，3．都市と村落——地域社会研究の課題，4．開発と国際化，5．技術革新と経営——大企業と構造の変化，6．レジャーと消費，7．高齢化社会と福祉社会，となっており，総じて，資本主義社会における市民生活の諸相における負荷現象の背景や課題を批判的に分析している。

［4］『現代社会論〔新版〕』(古城利明・矢澤修次郎編，有斐閣，2004年)

本書は1993年に刊行された同名書『現代社会論』の新版で，グローバル化・情報化・消費化・高齢化・超都市化・ネットワーク化・個人化・文明の相対化・資本主義のリストラクチュアリングの進行等の多様な社会変動に対応すべく，家族・高齢社会・労働等の社会的課題に大幅な改訂を加えている。本書も基本的な立場は，『新版 社会学 現代日本社会の研究（上）』と同様に，資本主義社会の進展によるさまざまな矛盾や社会的課題に対して，社会学的な分析を

活用しながら，解決方策をマルクス主義的な視点から見い出していこうとすることにある。つまり，A. コントの「社会の再建」という社会建設的視点と K. マルクスの資本主義社会の矛盾を一般大衆の立場から解き明かそうとする社会革命的視点の統合的な展開が本書の基調となっている。

本書の基本コンセプトはすでに上記で部分的に触れたように，「グローバル化，情報化，消費化，高齢化，超都市化，ネットワーク化，個人化，文明の相対化，資本主義のリストラクチュアリングが急激に進行し，多くの人々は新たな段階の社会に生きているとの感覚をもつようになってきている。その社会はポストモダン社会とも呼ばれている。……こうした問題を再審することこそ，現代社会論の究極的課題であるように思われる」ということにある（新版はしがき）。

こうした問題意識のもとに設定された目次構成は，1. 核家族の変貌，2. 高齢化社会の進展，3. 都市型社会の出現，4. 労働世界の転換，5. 現代国家の変貌，6. 情報ネットワーク社会の展開，7. 近代の相対化，8. 世界社会の形成，9. 新しい社会運動，となっている。旧版と新版に共通して特長的なことは，市民生活領域に関わるテーマを取り上げていながら，新しい社会運動論・国家論・世界社会論というマクロな視点からの現代社会論が展開されていることである。

［5］『現代社会と社会学』（干川剛史，同友館，2008年）

本書は著者の固有の関心領域，すなわち，「現代社会は，公共圏を中心とした7つの社会的領域から成り立っている。公共圏と他の6つの社会的領域（市場経済圏，行政圏，マスメディア圏，アカデミック圏，ライフケア圏，親密圏）で示される」としている。具体的には，市場経済圏＝企業活動，行政圏＝行政活動，マスメディア圏＝マスメディアによる情報活動，アカデミック圏＝市民の学習活動，ライフケア圏＝医療・保健・福祉活動，でこれらの活動を支えている基盤となっているものが，公共圏＝市民活動に支えられた社会的実験場としての領域，である。そして，各社会的領域の活動主体（企業，行政機関，マスメディア，専門家，個々人）との間における社会的ネットワークの形成によって，公共圏を基盤として社会が形成されるべきだ（第1章），というのが著者の主張である。著者のこうした社会観は市民的公共性という価値基盤に基づいて形成されているものと推測される。したがって，本書は，現実社会の分析をしながら，その根底に

は，公共圏型の市民社会を形成していくことを理想像としているように思われる。

すでに述べたように，本書の基本コンセプトは，「現代社会，すなわち，今日の日本社会がどのような姿をしているかを，著者独自の観点である「ネットワーク公共圏モデル」，すなわち，①公共圏，②市場経済圏，③行政圏，④マスメディア圏，⑤アカデミック圏，⑥ライフケア圏，⑦親密圏，の7つの社会的領域から説明してみたい」ということにある。いずれも現代社会において，社会性，ないし，公共性が求められている領域といえるが，これはあくまでも著者の構想している公共圏型の市民社会への道筋のための見取り図といえるかもしれない。

本書の目次構成は，1．現代社会の構造，2．現代社会を捉えるための基本的な考え方，3．現代社会と社会学理論，4．都市化と地域社会の変動，5．現代社会と家族・結婚，6．格差社会と家族の迷走，7．情報化の進展と社会生活の変容，8．現代社会とボランティア，となっているが，現代社会が抱えている重要な社会的課題を体系的に示しているとは言い難く，著者の特殊的な関心に基づく現代社会論といえるだろう。

［6］『現代社会論――社会学で探る私たちの生き方』（本田由紀編，有斐閣，2015年）

本書の編著者の本田由紀氏は現在，東京大学大学院教育学研究科で教鞭をとっている教育社会学者である。これまで教育問題や教育社会学の研究に関しては，社会学者よりも教育学者の研究が主体で，教育学者による教育社会学的アプローチをもとにした著作が大半である（大学の社会学科で，教育社会学を講じているところはほとんどなく，教育社会学は教育学科で学ぶのが一般的である）。本書も教育学者による教育社会学的な「現代社会論」であることに留意していただきたい。また，本書は「若者の生き方」論を中心とした論考を編集しているため，当然ながら，若手の研究者を起用しているのが特長である。このことはいい意味でも悪い意味でも，研究者個人の研究関心が基軸となって，さまざまなテーマが論じられていることに留意していただきたい。

本書の「現代社会」論は「ミクロな相互行為からマクロな社会構造（階層，グローバリゼーション，近代化・脱近代化等々）へといった社会学の慣例にしたがった記述にはなっていない」ことである（浅野智彦『書斎の窓（642）』有斐閣，

2015年，54-58頁)。著者も指摘しているように，「本書が試みたいのは，何らかの大きな概念で現代社会を説明することではなく，今の社会に生きる人々に覆いかぶさっている選択肢の構造とその変化の一端を，できるだけ細かくすいとることである」(同書，はしがき)。

　本書の目次構成は，第1章　言説—現代社会を映し出す鏡，第2章　能力—不完全な学歴社会に見る個人と社会，第3章　仕事—組織と個人の関係から考える，第4章　友だち—「友だち地獄」が生まれたわけ，第5章　家族—なぜ少子高齢社会が問題となるのか，第6章　居場所—個人と空間の現代的考察，第7章　排除—犯罪からの社会復帰をめぐって，第8章　分断—社会はどこへ向かうのか，となっており，現代社会の主要と思われるテーマを軸として社会学的分析を試みている。

　したがって，上記の目次構成をみてわかるように，本書の基本テーマは「若者の生き方」に焦点を当てていることである。すなわち，若者が生きていくのに障壁となっているようなさまざまな社会的課題(学歴社会，仕事，友だち，家族，居場所，犯罪等)の分析を通じて，現代社会の中で若者自らがどのように問題を解決し，生きていけばよいのか，についてさまざまな事例と理論的装置を組み合わせて議論しているところに大きな特長がある。現代社会は厳しい競争，雇用分断，生き方への展望なき社会等，若者にとって展望のないと思われる社会である。将来の社会を担っていく若者が生き方を探ることのできない社会環境に置かれていることはきわめて不幸な状況である。こうした若者が社会の中で直面している課題に社会学が立ち向かうことができるのか，という疑問に真摯に応えていくことが今日の「現代社会論」の基本的なテーマであることを本書は再確認させてくれる。

3. 「現代社会論」への視点と役割

　これまでの「現代社会論」著作は，2.の「現代社会論」著作の歴史的推移でみてきたように，各々の著作の刊行時点を基軸として，過去から現在(当該時代における「現代」という認識)という歴史的過程の中でのさまざまな社会的課題を取り上げ，(1)社会的課題が登場した背景，(2)社会的課題の論点，(3)社会的課題の解決の方向性，等について，著者ないし，監修者・編著者の専門的関心領域

を基準として書かれていることが多い。したがって,専門分野の異なる各執筆者の専門関心に基づいて執筆されているために,「現代社会論」としての全体的な体系性,各記述の連関性という面では,不十分であったように思われる。

本書では,①**歴史的視点**―現在から過去5〜10年の間に生起した社会的課題,さらに,必要があれば,近代社会が成立としたとされる19世紀までさかのぼることも可能としている。②**市民生活領域的視点**―市民生活領域に関わる社会的課題（政治・行政的領域,産業的・経済的領域,教育的・文化的領域,福祉的領域,情報・IT的領域等）を取り上げ,その実態分析を社会学的視点（機能・構造・変動・関係等）から行うことにしている。③**政策科学的視点**―社会学的視点から分析された社会的課題を解決していくための方策として,政策との関係性や政策的な対応方向性等を絡めていく。政策科学の視点から問題解決の具体的な処方箋を可能な限り,提示していくことにしている。

このように,本書では,現代社会を構成しているさまざまな市民生活領域の諸課題について,学際的視点,かつ,各専門領域との有機的連関的視点から捉えていくことを基本とし,さまざまな社会的課題に対して,その解決方策を現実の政策との関係で考察していくという政策科学的視点を取り入れていることに本書の基本的な任務があると思われる。社会的課題に対する分析とともに,その解決のための政策的対応・方策を提示していくことこそが今日の社会学が社会から要請されている役割と考えているからである。

引用・参考文献

古城利明・矢澤修次郎編（2004）『現代社会論［新版］』（有斐閣Sシリーズ）有斐閣。
干川剛史（2008）『現代社会と社会学』同友館。
本田由紀編（2015）『現代社会論――社会学で探る私たちの生き方』（有斐閣ストゥディア）有斐閣。
北川隆吉監修（1995）『新版 社会学――現代日本社会の研究（上）』文化書房博文社。
松田健（2012）『テキスト 現代社会学［第2版］』ミネルヴァ書房。
奥井智之（1990）『60冊の書物による現代社会論――五つの思想の系譜』（中公新書）中央公論社。
佐伯啓思（1995）『現代社会論――市場社会のイデオロギー』（講談社学術文庫）講談社。

（松野　弘）

現代社会論
―― 社会的課題の分析と解決の方策 ――

目　次

はしがき

序　章
「現代社会論」とは何か　　　　　　　松野　弘　1

　第1節　はじめに……………………………………………………………… 1
　第2節　「現代社会」とは何か：対象と歴史的区分……………………… 1
　第3節　「現代社会論」とは何か…………………………………………… 2
　第4節　「現代社会論」の意図・目的・方法論…………………………… 5

第1章
行政と公務員の社会学　　　　　　　　渕元　哲　7

　第1節　行政・行政組織・公務員への社会学的アプローチ：
　　　　　視点・考え方・方法……………………………………………… 7
　第2節　日本の公務員：採用・昇進……………………………………… 13
　第3節　行政と社会との関係……………………………………………… 15
　第4節　公務員の国際比較………………………………………………… 19
　第5節　行政と公務員への政策的対応：課題と方向性………………… 21

第2章
自治と市民の社会学　　　　　　　　江藤俊昭　25

　第1節　自治と市民への社会学的アプローチ：視点・考え方・方法… 25
　第2節　自治と市民をめぐる社会学の変容……………………………… 33
　第3節　住民投票をめぐる社会学………………………………………… 40
　第4節　自治と市民への政策的対応：課題と方向性…………………… 44

第3章

産業と雇用の社会学　　　　　　　　　　　　　　　　　小川慎一　53

　第1節　産業と雇用への社会学的アプローチ：視点・考え方・方法……53
　第2節　日本的雇用慣行とその変容…………………………………………56
　第3節　周縁労働者の増加……………………………………………………60
　第4節　産業と雇用への政策的対応：課題と方向性………………………64

第4章

地域とコミュニティ拠点の社会学　　　　　　　　　　　眞鍋知子　71

　第1節　地域とコミュニティ拠点への社会学的アプローチ：
　　　　　視点・考え方・方法…………………………………………………71
　第2節　コミュニティ拠点研究の系譜………………………………………75
　第3節　共同性の基盤となるコミュニティ拠点……………………………79
　第4節　地域とコミュニティ拠点への政策的対応：課題と方向性………83

第5章

若者と現代文化の社会学　　　　　　　　　　　　　　　阿部真大　91
　　──「刹那志向」と「家族主義」をめぐって──

　第1節　若者と現代文化への社会学的アプローチ：
　　　　　視点・考え方・方法…………………………………………………91
　第2節　若者論の課題…………………………………………………………92
　第3節　若者文化の現在………………………………………………………94
　第4節　若者と現代文化への政策的対応：課題と方向性…………………98

第6章

学歴社会と生涯学習の社会学　　　　　　　　　　　　佐藤晴雄　107

第1節　学歴社会と生涯学習への社会学的アプローチ：
　　　　視点・考え方・方法………………………………………………107
第2節　身分制社会から学歴社会へ：「学制」にみる学歴主義…………108
第3節　学歴の社会的意味…………………………………………………110
第4節　学歴の功罪…………………………………………………………114
第5節　学歴社会と生涯学習への政策的対応：課題と方向性…………119

第7章

家族とライフコースの社会学　　　　　　　　　　　　岩上真珠　127

第1節　家族とライフコースへの社会学的アプローチ：
　　　　視点・考え方・方法………………………………………………127
第2節　家族社会学の課題の歴史的変遷：1970～2010年代……………133
第3節　家族をめぐる今日的課題…………………………………………136
第4節　家族とライフコースへの政策的対応：課題と方向性…………146

第8章

福祉の社会学　　　　　　　　　　　　　　　　　　　荒井浩道　153

第1節　福祉への社会学的アプローチ：視点・考え方・方法…………153
第2節　「福祉の社会学」の課題……………………………………………157
第3節　「福祉」の現代的課題………………………………………………161
第4節　福祉への政策的対応：課題と方向性……………………………168

第9章
メディアの社会学　　　　　　　　　　　　　　　深澤弘樹　175

第1節　メディアへの社会学的アプローチ：視点・考え方・方法……… 175
第2節　メディア社会学の射程：何が問題とされてきたのか………… 179
第3節　新聞・テレビの「現在」とジャーナリズム・世論……………… 187
第4節　メディア問題への政策的対応：課題と方向性………………… 192

第10章
情報とITの社会学　　　　　　　　　　　　　　　内田康人　203

第1節　情報とITへの社会学的アプローチ：視点・考え方・方法…… 203
第2節　情報とITをめぐる歴史的視点…………………………………… 206
第3節　情報とITをめぐる現代的課題…………………………………… 209
第4節　情報とITをめぐる社会問題への対応：課題と方向性………… 217

第11章
環境問題と環境保全の社会学　　　　　　　　　　帯谷博明　227

第1節　環境問題と環境保全への社会学的アプローチ：
　　　　視点・考え方・方法……………………………………………… 227
第2節　環境社会学の研究動向…………………………………………… 229
第3節　コミュニティの環境保全とその課題…………………………… 234
第4節　環境問題と環境保全への政策的対応：課題と方向性………… 238

第12章
災害と避難の社会学　　　　　　　　　　　　　　中森広道　245

第1節　災害と避難への社会学的アプローチ：視点・考え方・方法…… 245
第2節　災害情報と避難の問題：望ましくない対応をとる人々の意識と

　　　　その特性……………………………………………………………247
　　第3節　「東日本大震災」における津波被災地の人々の避難…………256
　　第4節　災害と避難への政策的対応：課題と方向性………………265

第13章

グローバル化と国民国家の社会学　　　　　　　樋口直人　269

　　第1節　グローバル化と国民国家への社会学的アプローチ：
　　　　　　視点・考え方・方法……………………………………………269
　　第2節　世界経済の拡大と東アジア：歴史的経緯……………………271
　　第3節　冷戦後のグローバル化と日本：東アジアで考える…………275
　　第4節　グローバル化と国民国家への政策的対応：課題と方向性……282

終　章

現代社会のゆくえ　　　　　　　　　　　　　　松野　弘　287
　　──転換期の人間文明への視点と方向性──
　　第1節　「現代社会のゆくえ」の視点と考え方………………………287
　　第2節　現代社会のゆくえ：「転換期の人間文明」への視点…………288

人名・事項索引……297

序章 「現代社会論」とは何か

第1節 はじめに

　本書では，市民生活領域に関わる社会的課題を現代史的視点（現代から，過去5～10年の歴史的な流れの中で生起したさまざまな社会的課題を対象とする視点），すなわち，「地方自治とコミュニティの衰退」，「産業社会と雇用問題」，「企業不祥事と企業の社会的責任問題」，「持続可能な社会と環境問題」，「教育格差と教育問題」等，現代社会が直面しているさまざまな社会的課題を社会学的観点から分析し，こうした課題を政策科学的視点からどのように解決していくべきか，ということを検討していくことにしている。具体的には，「行政と公務員の社会学」，「自治と市民の社会学」，「産業と雇用の社会学」，「地域とコミュニティ拠点の社会学」，「福祉の社会学」，「家族とライフコースの社会学」，「メディアの社会学」，「災害と避難への社会学」等，現代社会の多様な分野を対象とした目次構成としている。

　このことは，グローバル化のうねりの中で，日本，あるいは，日本人が今後，どのような社会像を構築し，どのような暮らしをしていくのか，という点できわめて重要なテーマとなっているものである。本書を通じて，現代社会に対する視点・考え方（社会学的分析）について理解を深め，社会的課題を解決していくための視点・方法・政策等（政策科学的視点）を獲得していくことを目的としている。

第2節 「現代社会」とは何か：対象と歴史的区分

　「現代社会」（Contemporary Society）とは，現在，われわれが暮らしている社会，並びに，過去（5～10年）に遡って，継続してきた社会（政治的・経済的・文化的な制度等を基盤として構成される社会）のことを対象としている。したがって，「現代社会」は，その時々の時代状況によって，歴史的には変容していく

ことになる。一般には，1960年代，1970年代，1980年代，1990年代，2000年代のように10年ごとの歴史的区分で用いられることが多い。その意味からして，本書で取り上げられるさまざまな社会的課題はその時代に重要と思われるテーマを中心として構成されていることに留意していただきたい。

第3節 「現代社会論」とは何か

「現代社会論」(Contemporary Social Studies) とは，前述したように，現在の社会，並びに，過去（5～10年）に遡って歴史的に継続してきた社会において，生起してきたさまざまな社会的課題に対して，社会学的な視点から分析し，それらの社会的課題を解決していくための方策を政策科学的視点から検討し，その具体的な解決方策を提示していくことである。以下，社会的課題と社会学的視点・政策科学的視点の関係について述べておきたい。

1 「社会的課題」の構成要素
「社会的課題」(Social Issues) とは，われわれ（市民・国民）の日常生活における諸領域（政治・行政領域，産業・経済領域，教育・文化領域，福祉領域，環境・災害領域，情報とメディア領域等）で生起し，当該社会にとって，その解決方策が求められているようなさまざまな政策課題のことを意味している。

2 社会学的視点とは何か
「社会学」(Sociology) という概念には，いくつかの見解がみられるが，共通していることは，社会の機能・構造・変動・関係等について原理的に分析し，その現実的な課題を実証的に追究していく学問分野である。
①「社会学」(Socologie) の起源
「社会学」は，18世紀のフランス革命以降の混乱した社会秩序を再組織化していくための実証的な哲学 (Philosophie Positive) として，フランスの社会学者のオーギュスト・コント (Auguste Comte, 1798-1857) が提唱したもので，『実証哲学講義』（全6巻：1830～1842）の中ではじめて，「社会学」(Socilogie-社会の論理学) として使用したものである（第4巻）。彼の社会学は，(1)「社会静学」

(Statique Sociale)～生物学おける解剖学に等しく,社会の存在条件を解明し,秩序の理論を構成するもので,現在の社会構造論に対応する,(2)「社会動学」(Dynamique Sociale)～生理学に等しく,社会の成長条件を解明し,進歩の理論を構成するもので,社会変動論に対応する,といったように区別され,前者では,「社会有機体論」(社会構造論),後者では,「三段階の法則」(社会変動論)が提示された(浜嶋他編,1997:257,664)。

②「社会学」の定義(あるいは,考え方)

「社会学」という学問分野は,哲学・政治学・法学・経済学等の伝統的な学問分野と比べて,19世紀に誕生した新しい学問分野であり,社会全体のあらゆる分野を研究対象とするような「綜合社会学」(Synthetic Sociology)としての学問体系となっていたために,当初は一般的にいって理解されにくい学問分野と考えられていた。しかし,近代社会学の創始者とされる,フランスのエミール・デュルケム(Emile Durkheim, 1858-1917)は『社会学的方法の基準』(1895)を,ドイツのマックス・ウェーバー(Max Weber, 1864-1920)は『理解社会学のカテゴリー』(1913)・『社会学の基礎概念』(1920)を,また,ドイツのゲオルグ・ジンメル(Georg Simmel, 1858-1918)は『社会分化論』(1890)・『社会学の根本問題』(1917)を,それぞれ刊行することによって,方法的集団主義や方法的個人主義を基盤とした,社会学固有の方法論,「社会学主義」(デュルケム),「理解社会学」(ウェーバー),「形式社会学」(ジンメル),といった新しい社会学概念をそれぞれ提示した。

社会学の一般的な定義としては,(1)「社会学」とは,「社会(文化も含め)の構造と機能,変動と発展を人間の社会的行為とかかわらせながら,固有の概念・方法を用いて理論的・実証的に究明し,歴史的・社会的現実を貫く法則を明らかにして,現実の諸問題の解決に寄与しようとする社会科学の一部門をいう」(浜嶋他編,1997:248),さらに,(2)「社会学」は,「……ラテン語の socius(仲間)とギリシャ語の logos(～の研究)からなっており,文字通り人と人との共同過程(process of companionship)の研究という意味をもっている。ここから,社会学とは,社会集団への帰属性の根拠について研究する学問,と定義することができよう。より専門的には,社会学とは,社会的相互行為(social interaction)からなる社会関係(social relationship)の構造を分析する学問,ということにな

る」(Abercrombie, N., et al., 1994=1996：309-310)。

　しかし，社会学の定義は十人十色と他の社会科学者たちから揶揄されているように，さまざまな社会学者によってさまざまに定義されているがゆえに，一般の人々には社会学という学問を理解し難くしているのも事実である。「社会学」という学問に共通していることは，(1)社会現象を人間の共同生活という視点から研究していくこと，(2)社会における人間の行為（社会的行為），人間社会の機能・構造・変動・関係を分析することよって，社会的課題を明らかにしていくこと，(3)そうした社会的課題に対して，理論的・実証的な方法を用いることによって，課題解決のために寄与していくこと，が基本的な要素であるといえるだろう。
　③「社会学的視点」とは何か
　社会学的視点とは，社会学の対象である「社会」，広義には，「国家」(State)や社会 (Society)，狭義には，集団 (Groups) や組織 (Organization) 等に対して，a.社会的行為論，b.社会構造論，c.社会変動論，の各視点から社会的現実を分析し，さまざまな社会的課題を抽出していくことになる。

3 「政策科学的視点」とは何か

　「政策科学」(Policy Sciences) とは，「政府（国）や地方公共団体（地方自治体）が行う政策（あるいは，施策）を改善していくための学問分野」のことである。
　①H. ラスウェルの「政策科学」概念
　「政策科学」の提唱者であるとともに，米国の政治学者・行動主義的政治理論家のハロルド・D. ラスウェル (Harold D. Lasswell, 1902-1978) の定義では，「政策科学」とは，「社会における政策作成過程を解明し，政策課題に関する合理的判断の作成に必要な資料を提供する科学」のことである (Lerner, D. & Lasswell, H. D., 1951／宮川，2002)。したがって，「政策科学」には，政治学・行政学・法学・経済学・社会学等の多様な社会科学を活用した学際的なアプローチが求められるのである。
　②「政策」(Policy) とは何か
　Policy（ポリシー）は古代ギリシャ語の Policy・Polity・police に由来し，「政治的な組織体」のことをもともと意味している。一般には，Policy は行政の政策指針や企業経営におけるマネジメント・ポリシーのように，「方針」という

意味で使われることが多い。行政が政策を「公共政策」(Public Policy) として使用する場合には，政策＝施政方針＋施政方針を実現していくための手段＝政策体系，としての意味合いで使用される。「政策」(Policy) は行政が立案し，その「政策」を手段としての「施策」(Program) として具現化し，さらに，行政現場では，「事業」(Projects) として展開されることになる。

第4節 「現代社会論」の意図・目的・方法論

1 意 図

「現代社会論」とは，「われわれの市民生活のさまざまな領域において生起してきた，あるいは，生起している社会的課題 (Social Issues) に対して社会学的手法を用いて分析し，それらの課題の解決方策を政策科学的視点から提示していくことによって，社会の望ましいあり方を理論的・実践的に論じていくことである」(松野，1989)。

2 目 的

「現代社会論」の目的は，経済発展と生態系の持続可能性を基盤とした「持続可能な社会」を構築していくために，われわれの社会に生起しているさまざまな社会的課題を分析し，その解決方策を政策提言として提示していくことをめざしている。

本書の内容構成は以下の通りとなっている。

① 政治・行政的領域～「行政と公務員の社会学」／「自治と市民の社会学」／「地域とコミュニティ拠点の社会学」
② 産業・経済的領域～「産業と雇用の社会学」
③ 教育・文化的領域～「学歴社会と生涯学習の社会学」／「若者と現代文化の社会学」
④ 家族・福祉的領域～「家族とライフコースの社会学」／「福祉の社会学」
⑤ 情報・メディア的領域～「メディアの社会学」／「情報とITの社会学」
⑥ 環境・災害的領域～「環境問題と環境保全の社会学」／「災害と避難の社会学」

⑦ グローバル的領域～「グローバル化と国民国家の社会学」

3 方法論

　本書「現代社会論」では，さまざまな社会的課題を分析する手段として，「社会学的分析」と，社会的課題を解決していくための手段として，「政策科学的アプローチ」とを有機的に連関させている。「社会学的分析」とは，社会の仕組みや機能，社会の変容過程，等を分析することであり，「政策科学的アプローチ」とは，これらの社会的課題を解決し，解決方策を具現化していくための政策形成や政策遂行のために採用している方法論のことである。社会事象の単なる「分析」だけではなく，社会的課題の原因・解決方策を提示してこそ，「現代社会論」を学んでいく価値がある。さらに，政策科学的アプローチは，①行政施策の政策開発活動と②市民の立場からの政策開発活動，とを統合的に連関させた，「新しい公共政策」（New Public Policy）を生み出す効果をもっているものであり，そのことによって，市民（住民）と行政との「政策的協働」を創出していく可能性をもつものである。

引用・参考文献

Abercrombie, N., et al. (1994) *The Penguin Dictionary of Sociology*, Penguin Books.＝アバークロンビー，N. ほか／丸山哲央監訳・編集（1996）『新しい世紀の社会学中辞典』ミネルヴァ書房。
足立幸男（2009）『公共政策学とは何か』ミネルヴァ書房。
新睦人他編（1979）『社会学のあゆみ』有斐閣選書，有斐閣。
濱嶋朗他編（1997）『社会学小辞典』有斐閣。
岩手県立大学資料（http-www.iwate-pu.ac.jp/~takasima/policy/textbook/chapt01.doc）
松野弘（1989）『政策開発入門』日本青年会議所。
松下圭一（1991）『政策型思考と政治』東京大学出版会。
宮川公男（2002）『政策科学入門（第2版）』東洋経済新報社。
作田啓一・日高六郎（1968）『社会学のすすめ』筑摩書房。
富永健一（1995）『社会学講義』中公新書，中央公論社。
薬師寺泰三（1989）『公共政策』東京大学出版会。
Lerner, D. & Lasswell, H. D., eds. (1951) *The Policy Sciences*, Stanford, CA : Stanford University Press.

（松野　弘）

第1章　行政と公務員の社会学

《章のねらい》
　現在のわが国では，行政組織や「官僚制（bureaucracy）」を市民自治の観点から大胆に改革すべきという社会からの要望が1990年代から今日まで拡大しつつあります。しかし，単純に行政組織の権限や仕事を縮小するとなると，それに比例して一般社会が受ける便益も縮小してしまいかねません。本章は，読者に今日の行政組織の原点である官僚制には原理的にどのような長所と短所があるのか，等の基礎的な知識を学んでもらい，行政組織や公務員と一般社会のあるべき関係について，客観的に考える視点をもってもらうことを目的としています。

キーワード▶行政，公務員，近代官僚制，官僚制の逆機能，資格任用制，閉鎖型任用制，官僚制の社会的機能，NPM，英米の公務員制度

第1節　行政・行政組織・公務員への社会学的アプローチ：視点・考え方・方法

1　「行政」のイメージと公務員

　さて，唐突ではあるが，読者の皆さんは「行政（administration）」という言葉を聞いたならば，どのようなイメージをもたれるだろうか。高校で「政治経済」を履修された人は，「行政」とは，3つに分けられる国家権力（立法・司法・行政）のうちの1つであるというかもしれない。ニュース番組を視聴する習慣をもつ読者の中には，「行政」とは，財務省や東京都庁などの「官公庁（administrative agency）」を指す言葉であると理解している人もいるだろう。最寄り駅近くの「行政サービス・コーナー」で住民票を入手した経験のある人は，「行政」という言葉を聞けば，市役所の窓口業務をイメージするかもしれない。
　実は「行政」という言葉は，それが使われる文脈によっても学問分野によっ

ても，微妙に異なる意味合いで使われている（西尾勝，1990：1-60）。ただし，現代社会では，行政サービスの立案・企画者，および遂行者（あるいは，実行者）の主な役割は，公務員によって担われていることもあり，行政サービスの質は，公務員の能力や誠実さに大きく依存せざるを得ないという現実がある。つまり，現代においては，「公務員（civil servant）」の存在抜きに「行政」を語ることなどできないのである。そこで，第1章の「行政と公務員の社会学」では，表題の通り，「公務員」の存在を強く意識して，現代社会における「行政」の有様について説明していきたいと思う。具体的には公務員の歴史，公務員組織のあり方，最近の公的部門と民間部門の関係性，官公庁と公務員の不祥事などを取り上げて，現代社会における行政と公務員の存在意義，および，問題点について説明したいと思う。

2 近代官僚制とは何か

本書の読者の多くは，「公務員」の別呼称として「官僚（bureaucrat）」という言葉があることも承知しているだろう。ただし，一般社会の人々が「官僚」という言葉に感じるニュアンスは，「公務員」のうちでも，とくに後述する「キャリア官僚」（幹部クラスの役人）級のような「エリート公務員」のイメージではないかと思われる。マスメディアの世界でも，「官僚」という言葉は「エリート公務員」の意味に限定して使用することが多いようである。一方，社会科学の世界では，外勤警察官やケースワーカーといった現場で仕事をする人々を「ストリート・レベルの官僚」（Lipsky, 1980=1998）と呼称することがあり，「官僚」という言葉をエリートに限定しないで，広く公務員一般を指す言葉として使用することもある。

また，社会科学の世界では，「官僚制（bureaucracy）」という学術用語も使われる。「官僚制」とは，公務員たる人員が上位下達の命令系統に組み込まれて配置されている「ピラミッド」型の階層制（ヒエラルヒー）組織のことを指す。なお，このような組織については，歴史的には公務員組織が先行したが，現代では民間企業においてもごく普通にみられるので，それをも含めて「官僚制」として理解する論者もいる。しかし，本章では，公務員組織に限定して「官僚制」という言葉を使っていくことにするので，読者には承知されたい。

さて、この「官僚制」は、古くから世界各地でみられたことが知られている。例えば、古代エジプトでは、王を支える官僚組織が存在していたし、中国では、隋（581〜618年）の時代から（より本格的には宋〔960〜1279年〕の時代から）、「科挙」と呼ばれる超難関公務員試験に合格した者を官僚として採用していた。わが国の武家政権によって創設された「幕府」も官僚制の一つの形態といえるだろう。

　これら古い時代の官僚制は、現代の官僚制の祖先には違いない。しかし、古い時代の官僚制と現代のそれとの間には決定的に異なるところがある。20世紀最大の社会科学者の一人とされるマックス・ウェーバー（Weber, M.）は、この古い時代の官僚制を「家産官僚制」と呼び、現代社会にみられるような「近代官僚制」と区別した（Weber, 1956=1960）。「家産官僚」とは、君主個人の意向を第一に考えて、領土や領民（古い時代においては、それらは君主一族の世襲財産であった）を統治する臣下のことである。これに対して、現代民主国家における官僚は、君主や政治リーダー個人の意向よりも国民の代表が定めた「法」を優先し、「法」が自らの行動を正当化する第一の源泉である、と考える人々である。ウェーバーは、このような官僚によって構成される官僚制のことを「近代官僚制」と呼んだ。「近代官僚制」の際立った特徴は、この「法」に基づいて統治するというところにある。

　では、この法に基づいて官僚が行動するということが、社会においてどのような意義をもつのかについて考えてみよう。家産官僚とは、法よりも君主個人の意思を重視する「臣下」のことであった。つまり、君主の主観が彼ら家産官僚たちの第一の行動規範となる。しかし、歴史上の君主がすべて有能で高潔な人格者ばかりであったわけではない。過去には、残忍であったり、わがままであったり、と困った人格の君主も存在していたのである。家産官僚は、君主の意を忖度しながら領土・領民の統治をする人たちであるが、君主が上記のような気質であった場合、君主の気分次第で「朝令暮改」、「依怙贔屓」といったことが起きかねないし、実際に起きていたのである。当然、これでは民衆は君主や官僚に安定的な統治をしてもらえるなどと期待しないであろう。

　これに対して、近代官僚制における官僚は、あくまで法を参照して行動する人たちであるから、法が変わらない限りにおいて、一般民衆は安定的な統治を

期待できる。さらに,近代的な官僚は,「法（law）」という（できる限り固有名詞を排除している）抽象的な形式にのっとって行動するため,君主個人の主観に依存しがちな家産官僚制の時代と比べて,より平等な対応をしてくれることも期待できる。また,法という明示された形式に基づいているため,一般の人たちは,官公庁や行政官僚が近未来にどのように行動するのかについての予想をしやすい。例えば,「平日の午前9時から午後5時まで市役所は開庁する」という法が存在しており,かつ,市役所職員たちが,その法に基づいて行動するということを概ね期待できるとしよう。その場合,現実においても,平日の午前9時から午後5時まで役所が開いているであろうし,かつ,その時間内であれば行政サービスを受けられると住民は予期することができるのである。つまり,官僚が「法」に基づく行動様式をとることで,不確実性が大きく排除され,結果的に行政サービスの受益者である国民や住民には,大きな安心感や信頼感をもたらすことができるのである。現代の官僚制は,古い時代の官僚制と比較して,端的にいえば,上記のような長所をもっているということがいえるだろう。

３ 官僚制の問題点

では,現代の官僚制には問題点はないのだろうか。もちろん,問題点は数多く存在している。例えば,2016年9月,新設された中央卸売市場である東京豊洲市場施設内に,一般には知られていなかった地下空間が存在していることが発覚して大問題となった。この問題には東京都庁の官僚が何らかの形で関与しているとされているために,テレビ,新聞といったマスメディアは,東京都庁の仕事の進め方を大きく批判した。またこの問題が発覚して以降,インターネット上でも,東京都庁を非難する「書き込み」があちらこちらでみられた。しかし,このような不祥事は,それに関与した公務員個人の資質だけでなく,公務員をそのような行動に向かわせてしまう官僚制という組織のあり方にも由来している（なお,このような官僚制の組織的特質に由来する欠陥や短所のことを,アメリカの社会学者,ロバート・マートンは「官僚制の逆機能（dysfunction of bureaucracy）」と呼んだ〔Merton, 1957=1961：179-189〕）。以下では,官僚制のもたらす短所について,筆者が現代社会との関わりの中で,とくに重要と考える

ものをいくつか取り上げて説明してみたいと思う。

　第1に，この豊洲市場の件で問題視された官庁の「秘密主義」について取り上げてみよう。先述のマートンは，「秘密主義（secrecy）」は官僚制にしばしば付随する現象であると指摘している（Merton 1957=1961：181）。情報公開制度が整備されている今日においても，官庁は必要がない限り，自分自身の情報を隠蔽する組織体質がみられる（注：国レベルでは，「情報公開法〔2001年〕」，地方自治体レベルでは，山形県金山町の「情報公開条例〔1982年〕」が最初の制定）。

　では，なぜ，官庁は「秘密主義」的に振る舞うのだろうか。それについて遠回りではあるが，「調整」という言葉から，説明を試みてみよう。

　行政学者の真渕勝（2009：496-501）は，わが国の官僚を，①国益や公益を守ることに強烈な自負心をもつ「国士型官僚」，②利害関係が複雑に絡み合う政治家や産業界からの要求を部分的に認めつつ，その利害を調整した上で政策立案するタイプの「調整型官僚」，③決定権をもつ政治家の指示に忠実に従うタイプの「吏員型官僚」の3つに分けた。真渕は1970年代以降，調整型官僚が登場し，1990年代にはこのタイプの官僚が，官界だけでなく社会でも評価されていたというが，一方で1990年代中頃から発覚した官僚の不祥事は，このタイプの官僚が関与したものであったことも指摘している（真渕，2009：498-500）。さらに，1990年代以降，吏員型官僚が登場したのも，調整型官僚がはまった罠を回避する志向が強まったためだともいう（真渕，2009：499）。

　この真渕の分析は大きな妥当性をもつものと思われるが，一方で，政治思想史研究者の野口雅弘も指摘するように，それでも官僚の仕事から「調整」の部分を消し去ることはできないように思われる（野口，2011：91-92）。実際，先述の豊洲市場の地下空間問題についていえば，担当の都庁官僚，ないしは，担当セクションがこの豊洲市場に関する利害関係者の主張を調整する中で，地下空間を建設するという決断に至った可能性は十分あると思われる（ただし，本章執筆の2016年10月時点では，その責をだれに帰するべきかについては明らかになっていない）。家産官僚の時代と異なり，現代の官僚は社会のニーズと無関係に仕事をすることは許されない。ただし，官僚が社会的ニーズとして把握する際に参考にするのは，「世論」といった漠然としたものではなく，影響力のある政治家や巨大な企業や利益集団からの「働きかけ」「圧力」である。彼らの複雑な

▶▶ *Box* ◀◀

セクショナリズムの弊害

　現代官僚制度の欠点として，もう一つ，セクショナリズムの弊害を挙げておきたい（今村，2006；真渕，2009：575-579）。現代官僚制の組織は，きわめて専門分化した小組織（セクション）の結合によって構成されているが，そのことによって生まれる問題点を指摘しておきたいと思う。公務員は，規則上，その組織の中でしか権限を振るってはいけないが，それを行動規範とするがゆえに，今度は，自分の権限の範囲内のことや自分が所属するセクションのことだけを考えるようになりがちになる。これを「セクショナリズム」（sectionalism：集団内部の割拠主義）という。そこで，自らの属するセクションを防衛するために，いくつかのセクション間で仕事の取り合いになり，ついには対立へと発展することもある。なぜ彼らが仕事を増やそうとするかといえば，セクションの仕事量を大きくしておけば，セクション内部の人員も増えて，組織内での存在感を増すことができるからである（逆に仕事が奪われれば，存在感を減らすことにもなる）。

　例えば，なぜ，「幼保一元化」（幼稚園と保育所の統合）が遅々として進展しないのかをセクショナリズムの観点から説明してみよう。児童福祉施設である保育所（長時間，幼児を預かることができる）が不足し，保育所への入所を待つ「待機児童問題」があることを承知している人も多いと思う。一方で，教育機関である幼稚園（幼児を預かる時間は限られている）には定員の余裕があることも知られている。そこで，この待機児童問題を少しでも緩和すべく，両者を統合する「幼保一元化」政策が1990年代末から提案されている。しかし，いざそれを実現しようとすれば，従来，幼稚園を管轄してきた文部科学省と，同じく保育所を管轄してきた厚生労働省のどちらが統合された施設を管理するのかということが問題になってくるのである。この「幼保一元化」がなかなか実現しないのは，他にも多くの理由があるが，文科省と厚労省の間で生まれたセクショナリズムも原因の一つといわれている。このようにセクショナリズムが発生すると，金銭的にも時間的にも余計な社会的コストを増やし，問題解決を遅らせることにもつながりかねないのである。

利害対立をときほぐすという「調整過程」の中で，その勢力に屈したり，または，誘惑に負けたりして，「圧力」に抗うことが難しくなることは十分にありうる。そして，そのような「調整過程」が公開されれば，場合によっては社会的に非難され，地位を失う可能性もある。ゆえに組織防衛や自己保身のために

も，政策の立案や決定の過程については，できる限り「秘密」にしておきたいということになるのである。

　第2に，法規範への過度な依存がもたらす欠点について説明してみよう。現代の官僚は，法規範を第一の行動の源泉としている人であることはすでに述べた。先述のマートンは，法を参照して行動するという原則も過剰に守られると，やがて自己目的化して融通のきかない杓子定規となって迅速な適応能力を欠くものになることを指摘している（Merton, 1957=1961：183）。もっともわが国の公務員，とくにエリート官僚たちは，単に法規範を黙々と守っていわれたことだけをやってきた人たちではなく，さまざまな社会問題を解決するためにも，新しいアイデアを出して政策立案するという能動性を発揮してきた人たちである。しかしながら，今日ではそのような能動性を抑制し，政治家の指示と法規範にいっそう忠実な「吏員型官僚」が増えているともいわれる（真渕，2009：499）。なぜ，「吏員型官僚」が増えたかといえば，とりあえず法さえ守っていれば，既述のような官僚の不祥事と，そこから引き起こされる官庁バッシングを避けることができるからである。

　その結果，彼らは新しい社会問題が発生したとしても，それを解決するような政策を立案することより，既存の法規範や前例を金科玉条とみなして，それを守ることに徹するようになるかもしれない。つまり，官僚の法規範主義は，社会秩序の安定には大きく貢献するが，度が過ぎれば「事なかれ主義」という「官僚主義（bureaucratism）」を蔓延させることにもなりかねないのである。

第2節　日本の公務員：採用・昇任

1　資格任用制度と閉鎖型任用制度

　わが国では，公務員になるためには（国会議員など一部の特殊な公務員を除けば），公務員試験に合格しなくてはいけない。すでに述べたように中国では古代から「科挙」と呼ばれる「公務員試験」が存在していたが，これはかなり例外的な事例である。イギリスでもアメリカ合衆国でも公務員試験が採用されたのは19世紀中葉以降である。わが国でも，公務員試験は明治時代に採用されたが，今日でも，一部の例外的なポストを除いては，試験に合格した者からしか

公務員には採用しないというのが原則となっている（注：このような仕組みを「資格任用制（merit system）」と呼ぶ）。

　また，わが国の公務員採用制度の特徴の一つに「閉鎖型任用制」というものもある（西尾勝，1993：109）。それは，公務員試験の受験可能年齢に制限を与え，一部の例外を除いて一定年齢以上の人の受験ができないようにするというものである。近年，企業勤務経験10年以上の人を若干名，中途採用する地方自治体も出てきたが，30歳を超えた人には受験資格を与えないところの方がまだ多い。わが国でこの閉鎖型任用制度が確立したのも，やはり明治時代であるが，大枠は継承されて今日に至っている。この「閉鎖型任用制」には長所と短所があるが，長所は，長期的に人材を育成することができるし，同じ組織に長くいるために，組織内におけるコンセンサス（合意）が得やすく団結しやすいという特徴がある。しかし，その裏返しとして，長期間同じ仲間で仕事をしているため，感情的な結びつきが強化され，過剰に共同体化して，不祥事があっても身内をかばいあうようになるなどの問題が生まれやすくなるのである。また，職員の中途採用が不活発なために，いつも同じメンバーで仕事をすることになり，新しい発想が生まれにくいという短所もある。これでは社会の変化への対応を困難にするであろう。

　今後は若年層の人口が減り，役所と民間企業の間で良質な若い人材を奪い合う可能性が出てくる。そのためには，徐々にではあっても閉鎖型任用制度を緩め，中途採用試験の間口を広げていくことも必要になってくると思われる。地方公務員については，少しずつ中途採用枠が広げられてきているが，国家公務員については，この点での改革は現状では，不十分である。将来的には，地方公務員だけでなく，国家公務員についても中途採用をもっと積極的に拡充する試みが必要であると思われる。

（ 2 ） キャリア組とノン・キャリア組

　わが国の公務員試験は，「国家公務員」を採用する試験と「地方公務員」を採用する試験の 2 つに大別することができる。国家公務員試験には多くの種類があるが，合格した試験種によって，入省・入庁後の処遇がある程度決まっている。具体的には，入省後，超特急で出世の階梯を登りエリートとして処遇さ

れる「キャリア組」(国家公務員試験における総合職の試験〔大卒程度〕で合格し，採用された人）と，多くは最高でも中堅管理職までに留められる「ノン・キャリア組」(国家公務員試験における一般職試験〔大卒程度，並びに，高卒程度〕で合格し，採用された人）に分けられている（西尾勝，1993：112-113；真渕，2009：44-46）。あえて入口の段階で，このような選抜をするのは，まだ大卒者が少なかった戦前期の幹部公務員登用試験（「高等文官任用試験」）の名残にすぎず，時代遅れの観は否めない。そのためか，人事院はノン・キャリア組からの幹部登用もはかるとはしているが，このような登用はまだ始まったばかりなので，今後どうなるかはまだ不明である。一方で，「地方公務員」には採用試験の種類によって，特別な昇進ができるという仕組みをもつところは基本的にはなく，入庁後の仕事ぶりや昇任試験によって職位が定まっていく。また，東京都庁では，入庁後に受験できる管理職試験制度を，若手が早期に選抜されることを目指すコースと係長経験者など中堅が受験するコースに分けて，幹部の選抜を行っている（佐々木，2011：100）。巨大な組織である以上，将来幹部になる者をどこかの段階で選抜することは必要ではあるが，入口の段階で幹部候補者とそうでない人員を選別してしまうと，そうでないとされた人員のモラール（勤労意欲）を維持し続けることはきわめて困難であるように思われる（坂本，1994：103）。その意味から，国家公務員における入口段階で選別する仕組みは再検討すべき時期にきているように思われる。その際，東京都庁などで実施されている仕組みを十分参考にすべきであろう。

第3節　行政と社会との関係

　本節では，行政と社会との関係について考えてみたいと思う。公務員や官庁も社会的存在である以上，なんらかの社会的機能があるのは当然だが，　1　では，筆者自身がとくに重要と考える社会的機能をいくつか挙げて説明をしてみたいと思う。また，　2　では，行政と一般社会の関係についての新しい傾向であるNPM（新公共管理）やPPP（公民協働）について簡易な説明をしておきたい。

1　行政の社会的役割
①　社会的秩序の維持・形成機能

　行政学者の西尾勝は，古代・中世における行政サービスの基本に，国防・警察・裁判の3点を挙げている（西尾勝，1993：1-2）。これは現代社会においても提供されるものであり，もっとも古い歴史をもつ行政サービスといえるだろう。残念ながら人類はだれもが争わないようなユートピアを歴史上形成したことはないし，今後もそれを実現するのは難しいであろう。このような行政サービスが今日まで継続して存在しているのは，人間という種が争うといういわば本能的な性質を追放できないからであるが，だからといって，多くの善良な人間が平和裏に生活できなくてもよいということにはならない。19世紀は「小さな政府」の時代であったが，それでも上記の3点はなくなることはなかった。その意味でも行政サービスの中核的な存在として今後も残るものであろう。

　しかし，現代では，古代・中世の時代と比較しても複雑な社会をもつ時代である。例えば，普遍的に拡大した市場経済は，古代・中世期にはなかったものであるが，これに対する備えを行政としては提供しないわけにはいかない。19世紀までは，市場の自動調整機能が素朴に信じられており，政府がいたずらに市民の自由な活動に介入することは，害をもたらすと考えられていた。しかし，「市場」は社会的な便益(ベネフィット)を向上させるものではあるが，時には「暴れ馬」（例：世界大恐慌）になることが，現代では経験則上わかっている。そこで，現代の行政はそれを馴致することも求められるようになっており，国防・警察・裁判といった原初的な行政サービス以外のものも提供せざるを得なくなったのである。例えば，経済的に困窮する人に「生活保護」を給付したり，一定の条件を満たした世帯に「児童手当」を支給したり，といった「福祉行政サービス」は，その代表格である。他に教育（もともとは私的な活動であり行政サービスに含まれていなかったが）も，現代国家の行政サービスとして「標準装備」されるに至っている。これらは，いずれも国民が市場社会で円滑な生活を営めることを直接的，ないし，間接的に支援するものであり，広い意味で社会秩序の維持に貢献しているといえるだろう。さらに，今日では，電気・ガスといったエネルギー供給事業，電車やバスといった公共交通事業，そして，テレビ局やラジオ局といった放送事業は民間企業の活動ではあるものの，自由に活動させていて

は公益に反する可能性があるということで，監督官庁からの規制を受けることになっている。これらの行政サービスは市場社会化した現代社会を秩序化するために生まれてきた，歴史的に新しい行政サービスということができるだろう。

② 政策立案機能

霞が関にいる「キャリア」官僚や東京都庁の幹部官僚は，行政サービスの企画案である「公共政策（public policy）」を立案する機能をもっている。政策を説明する人としてメディアに頻繁に登場するのは，国会議員をはじめとした政治家なので，彼らが政策を立案しているかのように思っている人もいるかもしれない。もちろん，政治家も政策提案することはあるのだが，実際には，国政の場合は「霞が関」に所在する中央省庁が，広域自治体の場合は都道府県庁が，政策立案機能の多くを担っているといわれている。例えば，法案成立における割合では，全体成立数の8割以上が内閣提出法案（実際には，官庁が法案を作成）なのに対し，国会議員が提出する法案（議員立法）の成立数は成立した法案全体の1割から2割の間にとどまる（古賀・桐原・奥村，2010）。地方自治体でもほぼ同様であり，東京都の場合では，近年において都議会議員から提出された政策条例はほぼ皆無に近いという（佐々木，2011：67）。

もっとも国政のケースでいえば，内閣提出法案が出されるに当たっては，担当官庁は与党政治家に事前に説明をし（これを官庁言葉では，「ご説明」という），かつ，与党の内部機関での審議・議決が必要になることも多く，国会議員がまったく関与していないということではない。しかしながら，政策に関する議題の設定や政策の立案，法案の作成など，政策過程の多くは官庁の仕事になっているというのが現実である。というより，膨大な政策を作成し法案にしていく作業は，議員の数でまかないきれるはずはなく，官庁のマンパワーに頼らざるを得ないのである。また，逆にいえば，政策立案の要を握っているのが，官僚たちであるため，先述したような政治家や企業などは，彼らに対して「働きかけ」「圧力」などを行うのである。

③ 雇用環境の模範提示機能

1980年代後半のバブル崩壊後から続く長期の不況（「失われた20年」）のもとにあって，わが国の人々の多くは，将来に明るい展望をいだくことができないでいる。一方でこの状況下においても，公務員には「堅い身分保障」「育児・介

護休暇の取得し易さ」「定時勤務」，という特権があると喧伝されている。そのためか「公務員バッシング」の言説は，インターネット上で日常的にみつけることができるものとなった。「納税者」の立場から，公務員にだけそのような特権があることは「税の無駄遣い」であるという「公徳心」から批判している人もいるであろうが，中には「自分がこんなに苦しい立場にあるのに，なぜ，公務員だけに特権があるのか」という嫉妬とも羨望ともつかない感情から，憂さ晴らし的にバッシングしている人もいるように思われる。

　では，公務員から「身分保障」を奪い，また，公務員も「育児休暇」を取得しにくくすればよいのだろうか（ちなみに官庁には，定時勤務をすることが困難な職種や部署も多く，世間で抱かれるイメージと現実は大きく異なる）。市場経済中心社会の現代では，民間企業の経営者は利益が上がらない状況になれば，労働者を解雇したり，賃金カットしたり，という方法で乗り切ろうとしがちである。しかし，経営者のこのような判断を放任しておけば，社会の秩序は非常に不安定になるおそれがある。そのため，労働法をはじめとしてさまざまな縛りがあるのだが，現実はすべての企業が労働法をきちんと遵守しているわけではない。一方で，官庁内部を理想的な勤務環境にして，一般社会に「模範」として示しておくことは，労働法を空文化させず，民間経営者の「暴走」に幾分歯止めをかける役割を果たしているといえるのである。他にも障碍者の雇用について，官庁は法定雇用率を守るという「模範」を示している。法定雇用率を守っている民間企業は現状は多くはないが，官庁がそれを守ることで，この法律を空文化させない機能をもっているといえる。官庁にはこのような雇用環境の模範提示機能があるといってよいだろう。

② NPM と PPP

　各種の社会保険や教育の充実，社会インフラの整備など，市場に任せていては万人が享受しにくいものを，行政サービスの形で提供する主体は，近代以降，基本的には官庁に独占されてきた。ただし，税収で活動することに慣れている官庁は，コスト意識をあまり考慮してこなかったという難点があった。しかし，1980年代の終わり頃から，財政難に悩むイギリスなどにおいて，行政サービスの提供主体に，民間企業の経営手法を導入するという試みが始まり，ほどなく

そのやり方は世界に広がっていった。その後，研究者たちが，この新しい行政経営の有様を総称して「NPM（New Public Management：新公共管理）」と呼ぶようになり（大住・上山・玉村・永田，2003：39），現在では，わが国でもNPM的な手法が国や自治体で積極的に導入されている。また，NPM的な手法の中でも，とくに民間部門（企業，NPO）等にも行政主体の役割を担ってもらい，行政サービスの効率化を図ったり，あるいは，官庁では気づかないようなサービスの提供をしてもらったり，という「PPP（Public Private Partnership：公民協働）」という方法も広くみられるようになっている。公立図書館の運営事務を民間企業に委ねるというのは，その代表例である。

しかしながら，NPM等による行政サービスの効率化は，よいことばかりではない。ケースによっては，行政サービスの提供を民間に肩代わりさせるだけになりかねないし，また，行政サービスの中には民間企業のようにコストを効率化することに向いていないものがあるからである。例えば，大学等が最新の研究を踏まえて，大学生に高等教育を提供することも，行政サービスの一つともいえるが，コスト意識や短期間での成果主義を持ち込みすぎると長期的視野に基づく研究がしにくくなるのである。NPM等の手法は万能ではないのであり，十分な吟味をしてから導入をすべきものであろうと思われる。

第4節　公務員の国際比較

わが国の公務員制度については，概略をすでに述べたが，世界における公務員や官僚制はいかなる形で採用・運用されているのだろうかについても説明をしておこう。本節では，紙幅の関係で，アメリカ合衆国とイギリスの国家公務員制度のみを取り上げるが，これらを通じて，わが国の公務員制度を相対化し，再考する機会にしてほしい。

1　アメリカ合衆国

アメリカ合衆国の国家公務員制度は，以下で記述するように他の先進諸国と比較してもいくつか際立った違いがある。まず，資格任用制はたしかに存在しているが，それは中堅クラスレベルまでの公務員の採用に使うのであって，幹

部公務員に関しては,「政治的任用制 (political appointment system)」が一般的である。これを「猟官制 (spoils system)」ともいう (原田, 2003：35)。そのため,大統領が交代した暁にはホワイトハウスのスタッフや大使級の外交官などが大きく替わることになる。政治的に任用される人員の多くは,民間部門と公的部門を出たり入ったりするため,「回転ドア (revolving door)」人事ともいわれる (原田, 2003：34)。アメリカでは社会における競争信仰が根強い。採用試験経由で採用された公務員は入口の競争試験を除けば激しい競争を経験していないが,民間で働いてきた者は,激しい競争の中を勝ち抜いてきたということで,その経歴を評価するため,国家を運営することができると考えられているのである (原田, 2003：34-35)。アメリカの公務員の任用法は,官より民を尊び,また,労働力が流動することを積極的に評価する文化が前提として存在しており,さらに,それを現実たらしめるような仕組み,具体的には,官庁の管理運営を担当できる人材を抱え込むことができるような規模の民間部門 (シンクタンク,大学) が存在しているからこそ,可能な方法といえるものであり,わが国とは,社会的条件が異なることは承知しておかなければならない。

2 イギリス

現在のイギリスの公務員制度の際立った特徴は,「政治的中立性の原則 (political impartiality)」を徹底していることであるといわれる。政党政治の世界と官僚の世界は明確に分離されており,政治家が官僚と接触できる機会は非常に限られている。大臣と副大臣に接触できるのは幹部公務員のみであり,野党議員も選挙前における政策実現可能性の是非をさぐる際にのみ,幹部公務員と接触できるとされている (西尾隆, 2003：22-23)。イギリスもアメリカ同様,与野党の交代はしばしば起こるが,アメリカのように幹部公務員を総入れ替えして政策転換を図るものとは異なり,公務員の政治的中立原則を徹底し,かつ,上司たる政治家の決定に服すことを厳格化することで,政策転換の円滑化を図っている。

このような仕組みは,「官」と「政」,さらに,政治家を代理人として利用する「民」との接触をできるだけ避けることにつながるので,政官財の癒着構造を防ぐことができるという点でメリットがあるとみられている。ただし,この

ようなことができるためには，イギリスのように政党が中央集権化していることが重要である（注：わが国の政党の多くは，中央集権化が徹底されていない）。政党が中央集権的というのは，政党幹部の決定に所属政党の政治家は服することが当然であるような状況を指すが，そのため，イギリスではわが国のように，官僚が一々，多くの政治家から同意をとりつけるための「ご説明」をする必要がないのである（西尾隆，2003：22）。民主党政権時代，イギリスの行政システムを取り入れようという動きがあったが，結局，中途半端に終わったのも，わが国とイギリスの政党システムの意思決定の違いなど，多くの点で異なっているからである。イギリス型は，魅力的な政官関係を示していると思われるが，それを導入するに当たっては細部の条件についても検討しておく必要があるだろう。

第5節　行政と公務員への政策的対応：課題と方向性

　本章は，「行政と公務員の社会学」というテーマで，初学者に知ってもらいたい重要事項について簡易な説明を試みた。近年は，長引く経済不況の影響もあって，大学生の志望先として公務員の人気が高まっている。一方で，国民全体として官庁に対する不信感が大きくなっており，官公庁バッシングや公務員バッシングの言説は，とどまる気配がない。
　官僚や官庁の不正はもちろん正されるべきである。しかし，だからといって，官僚制自体を懲罰的な意味で大きく縮小し，単純に19世紀型の「小さな政府」に戻せばよいということにはならない。現代社会には欠かせない行政サービスが滞ったり，消滅したりすることがありうるからである。
　そのようなことにしないためにも，官僚制が陥りやすい罠を広く一般社会の人々が承知し，その罠にはどう対応すべきかについて冷静に考え，衆知を結集する必要がある。カリスマ政治家の主導によるドラスティックな構造改革は聞こえがよいし，国民感情としては「すっきり」するのかもしれないが，その後にもたらされる社会的な被害は巨大なものになる可能性が高い。私見ではあるが，行政改革は漸進的，かつ，着実に行うべきものであろうと思う。本章が，行政，並びに，公務員のもつ社会的な存在意義や役割について，読者の皆さん

に冷静に考えてもらえる機会になれば幸いである。

(引用・参考文献)

原田三朗（2003）「アメリカ連邦公務員制度」『世界の労働　2003年』第53巻3号，財団法人日本ILO協会，34-48頁。

今村都南雄（2006）『官庁セクショナリズム』東京大学出版会。

古賀豪・桐原康秀・奥村牧人（2010）「帝国議会および国会の立法統計――法案提出件数・成立件数・新規制定の議員立法」『レファレンス』2010年11月号，国立国会図書館及び立法考査局，117-155頁。

Lipsky, Michael (1980) *Street-level bureaucracy : dilemmas of the individual in public services*, Russell Sage Foundation. ＝マイケル・リプスキー／田尾雅夫訳（1998）『行政サービスのディレンマ――ストリート・レベルの官僚制』木鐸社。

真渕勝（2009）『行政学』有斐閣。

Merton, Robert K. (1957) *Social Theory and Social Structure : Toward the Codification of Theory and Research*, The Free Press. ＝ロバート・K・マートン／森東吾・森好夫・金沢実・中島竜太郎訳（1961）『社会理論と社会構造』みすず書房。

西尾勝（1990）『行政学の基礎概念』東京大学出版会。

西尾勝（1993）『行政学』有斐閣。

西尾隆（2003）「イギリス公務員制度」『世界の労働　2003年』第53巻3号，財団法人日本ILO協会，16-24頁。

野口雅弘（2011）『官僚制批判の論理と心理――デモクラシーの友と敵』中央公論社。

大住荘四朗・上山信一・玉村雅敏・永田潤子（2003）『日本型NPM――行政の経営改革への挑戦』ぎょうせい。

坂本勝（1994）「国家公務員制度」西尾勝・村松岐夫編『制度と構造』（講座行政学第2巻）有斐閣，75-120頁。

佐々木信夫（2011）『都知事：権力と都政』中央公論新社。

Weber, Max (1956) Wirtschaft und Gesellschaft : Grundriss der verstehenden Soziologie, vierte, neu herausgegebene Auflage, besorgt von Johannes Winckelmann, Anhang, Tübingen : J. C. B. Mohr (Kapitel IX. Soziologie der Herrschaft). ＝マックス・ウェーバー／世良晃志郎訳（1960）『支配の社会学Ⅰ：経済と社会』創文社，第2部第9章1節-4節。

(Book Guidance)

①本章の理解を深める入門書

西川伸一（2015）『城山三郎「官僚たちの夏」の政治学――官僚制と政治のしくみ』

ロゴス。
　実在の通産官僚をモデルにした小説，城山三郎『官僚たちの夏』を題材に，わが国の政治と官僚の関係をわかりやすく解説した一冊。もちろん，本書の題材になった城山三郎（1980）『官僚たちの夏』（新潮社）も併せて読むことをおすすめする。
岸宣仁（2010）『財務官僚の出世と人事』文藝春秋。
　財務省付きのジャーナリストが，長年の取材メモをもとに財務省キャリア官僚たちの出世競争や人事の実態を再現した作品。日本で一番のエリート集団ともされる財務官僚が目指す「事務次官」の椅子を巡る熾烈な競争の一端がわかる。

②ステップアップのために
佐藤慶幸（1991）『官僚制の社会学［新版］』文眞堂。
　著者は，マックス・ウェーバーはもちろんのこと，メイヨー，マートン，ブラウなどの官僚制の著名学説を挙げながら，現代社会と官僚制の問題，近代国家と官僚制の問題について解説し，そこから個人の自由と創造力を発揮できる組織化の条件を探求しようとしている。
牧原出（2009）『行政改革と調整のシステム』東京大学出版会。
　行政を語る上で欠かせないキーワードとして「調整」がある。本書は，諸外国の「調整」の実例や我が国の「調整」の歴史的変容を紹介しながら，内閣や省庁間の意思決定システムの動態を理論的に描き出している。

（渕元　哲）

第2章　自治と市民の社会学

《章のねらい》
　地方分権改革によってさまざまな利害を調整し統合する地方政治が重要になっています。新たな自治が生み出されようとしています。住民が政治過程に積極的に参加するようになっていること，そしてそれを進める自治基本条例や住民投票条例などの制度化です。こうした新たな動向は，ガバメント（政府，統治機関）からガバナンス（協治・共治）のシフトと軌を一にしています。本章ではその射程を確認します。そして，地方政治の新たな課題を住民投票・住民参加から考えます。それらは重要なことであり，議会や首長を含めた政治過程全体の中に位置づけることになります。

キーワード▶地方分権，地方政治（の台頭），自治・議会基本条例，住民投票条例，地域権力構造（CPS）論争，ローカル・ガバナンス，協働，新しい公共，機関競争主義（二元的代表制），首長主導型民主主義

第1節　自治と市民への社会学的アプローチ：視点・考え方・方法

1　地方政治を地域民主主義として捉える

　ここ20年の間に，地方政治は大きく変容した。地方政治の主要な舞台である市町村の数は激減した。また，地域民主主義は進化（深化）している。本章では，この地域民主主義の進化に焦点を当てながら地方政治の変容を確認したい。今日流布している住民参加（参画）や協働は，自治体の政策過程をより住民の側に近づけることを意味している。
　地方政治にはつねに2つの要素が絡み合っている。要素の1つは，政治的アクター（行為者：個人，団体）の関係である。住民代表機関である議会や首長だけではなく，住民がさまざまな利害を追求するために，その住民自身が連携し

あるいは逆に対抗する。議会や首長は，それに応えたり抵抗するとともに，みずからも利害を追求するために住民と連合しあるいは対立する。

もう1つの要素は，その政治的アクターの動向の結晶であると同時にそのアクターの動向を方向づける制度である。自治・議会基本条例や住民投票条例を想定するとよい。たとえば，住民投票をめざす運動によって住民投票条例が制定され，それを起点にしてバージョンアップされた住民投票運動が可能となる。

2つの要素から言えることは，住民を鍵概念とした方向に政策過程が変化していることである。しかし，日本の場合事態はそれほど単純ではない。そもそも，住民以前に住民代表機関としての議会や首長が地方政治の大きな主体としては登場していなかったからである。地方分権の推進に関する決議（1995年）によって幕（とはいっても序幕）を開けた地方分権の動向は，まずもって地方分権一括法施行（2000年）で第1幕が開かれることになる。自治体が行うすべての事務は国の事務ではなく当該自治体の事務となることにより（機関委任事務の廃止），「住民自治の根幹」としての議会が作動するとともに，住民代表機関と国の機関というヤヌス的性格をもつ首長をしっかりと住民代表機関に位置づけること，これらも課題として浮上している。住民のパワーアップとともに，議会と首長のパワーアップが第1幕の残された課題である。

地方分権改革によって，地域経営の自由度は高まり，地方行政を超えて，さまざまな利害を調整し統合する地域経営手法が求められるようになった。財政危機の中での「あれかこれか」という選択と集中の必要性はこの傾向をさらに推し進めた。まさに，地方政治の台頭である。ここでは，住民，議会（議員），首長・職員，これらの関係が大幅に変化する。住民が地方政治の主体として登場するとともに，代表機関である議会と首長との関係は，狎れあいではなく緊張・政策競争として現れるようになった。住民参加を前提として議会（議事機関）と首長等（執行機関）が政策競争を行う機関競争主義が作動できる環境が整ってきた。(1)なお，両者の対立関係を強調する首長主導型民主主義が台頭していることは後述する。

従来は，地方政治といえば，選挙（国政および地方選挙）や住民運動（および地方自治制度改革）だけが主なテーマだった。また，国政に対抗する地方自治体（革新自治体）の政治もあった。しかし，今日まさに権限財源を有した地方政府

の政策や制度めぐって議論や運動が行われることになった。まさに，地方政治のアクターと制度が問われることになる。本章が「自治と市民の社会学」と銘打っているのはこのためである。

2 地方政治の変容

①テーマから考える地方行政重視から地方政治の台頭

　制度（課題）の推移とアクター（主体）の変化を確認すれば，地方政治の変容の一端が理解できる。1960年代の職員参加，シビル・ミニマム，1970年代の自治体計画，要綱行政，1980年代の行政の文化化，政策法務，オンブズパーソン条例，これらは重要であるとしても行政に関わる自治の進化である。住民，議会，首長の関係からすれば，首長サイドの自己革新といえる。その後も，政策財務，政策評価条例，財務規律条例などに発展していった。ようやく1990年代に住民投票条例，2000年代に自治基本条例や議会基本条例が制定される。住民や議会が地域経営の舞台に登場した（図2-1）。

　住民が地方政治の主体に登場するには，やはり住民投票条例をその指標の1つとして考えることができる。また，議会は「2000年半ばに議会基本条例が登場して議会改革が始まるまでは，正直いってみるべき成果に乏しかった」（神原，2012：11）。第1次分権改革に残された大きな改革課題の1つが「住民自治の拡充であるが，そのまた核心をなすところの自治体議会の改革」であった（西尾，2008：7）。それが今日，「住民自治の根幹」としての議会として登場するようになっている。

　住民，議会の地域経営への関わりの増大によって，地域経営の軸となる総合計画条例や，議会に関する条文も含めた自治基本条例も制定されるようになる。

②自治を進化させる新たな動向

　もちろん条例に明記されたものだけが住民自治の進展度を表しているわけではない。たとえば，自治会会長，PTA会長といったような充て職の参加から，今日意欲ある住民の参加を促進する公募制が広がってきた。声なき住民（サイレント・マジョリティ）の参加を促す抽選制（ミニ・パブリックス＝社会の縮図）も採用されている（表2-1）。

　無作為抽出の2000人アンケート後に，そこで希望を募った住民による討議型

図2-1 自治の制度とアクター（主体）の推移　◎は現在の課題

1945年	1960年代	1970年代	1980年代	1990年代	2000年代
課題の提起	◎地域民主主義	◎補完性原理（松下「市民自治の憲法理論」）➡			
	○自治体改革➡	（革新自治体➡自治体革新）		◎自治体再構築➡	
	○←(政策)量の充足期	◎(政策)質の整備期			
		◎市民参加（条例化は2000年代）		◎住民投票条例	◎自治体基本条例
		◎情報公開（条例化は1980年代）		◎オンブズパーソン条例	◎常設型住民投票条例
		◎職員参加			◎議会基本条例
		◎シビル・ミニマム	◎行政の文化化	◎危機管理	
		○自治体計画		◎自治体計画(再)	◎総合計画条例
		○要綱行政		◎政策法務	◎政策評価条例
				(放漫財政➡)◎政策財務	◎財務規律条例
			◎自治体外交（国際交流）	（自治体間協力➡）	◎連合自治
主体の変化(市民・首長・職員・議員)					
		◎市民運動(活動)	（地域市民活動＋全国市民活動＋国際市民活動へと拡大➡）		
		○首長の政策責任		◎職員の政策能力	◎議会の改革

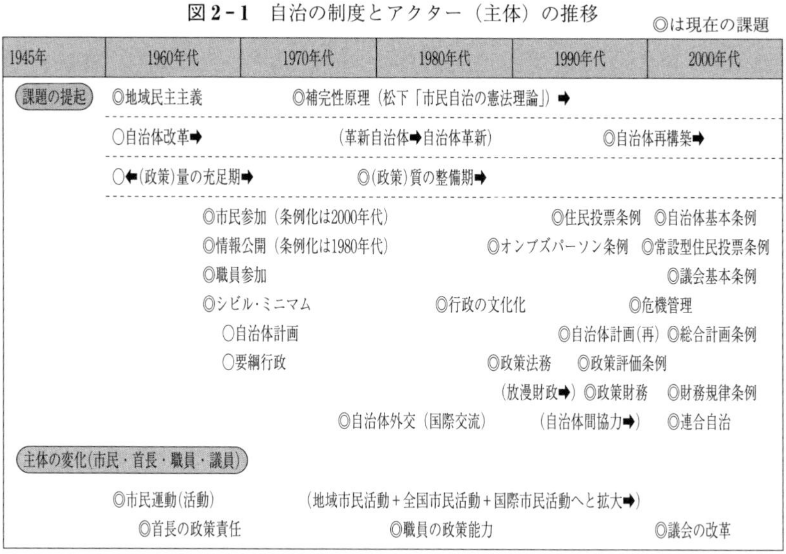

（出所）神原（2012）の5頁の図（市民自治の課題と論点の推移）の一部を抜粋するとともに，加筆している（常設型住民投票条例，市民の政治参加の権利の明確化）。

の意見聴取を踏まえて総合計画を練り上げた藤沢市の実践（2010年）や市民討議会を導入して総合計画を策定していった三鷹市の実践など，総合計画をめぐっても新たな住民参加の実践が試みられている。なお，強調したいのは，これらの自治体はミニ・パブリックスの手法だけを採用しているわけではないことである。従来の住民参加のさまざまな手法を併用しており，従来の住民参加手法とミニ・パブリックスはそれぞれ**表2-2**のような特徴を有している。どれか1つが万能というわけではない。

③今後の市民参加の動向

地域経営のルールである条例に市民参加を定める意味は大きい。今後の市民参加に関する条例のキーワードを上げれば次の4つとなる。

〈連続性・恒常性〉　条例の制定改廃の直接請求と住民投票を連動させる試みも生まれている。高浜市では，地方自治法に基づく条例制定の直接請求を行って議会が否決し，住民がその議決に不服がある場合，住民は住民投票を申請することができる。常設型住民投票条例に基づき，投票資格者の3分の1以上の連署で，議会の議決を必要とせず住民投票を行うことになっている（住民投票

表2-1 ミニ・パブリックスの手法の比較

	討論型世論調査	コンセンサス会議	市民討論会
発祥の地	米国	デンマーク	ドイツ
日本での初実施	2009年	1998年	2005年
参加者	数十～300人	15人程度	数十～100人
日程	1～2日	4～5日	2～4日
内容	グループ討論と専門家との質疑を重ねて，意見の変化を探る。合意は求めず。	科学技術に関する専門家と市民との対話を経て市民提案を作成する。	5人程度の小グループ討論を繰り返し，市民提案を作成する。
取りまとめ	アンケート結果を公表	報告書を作成・公表	報告書を作成・公表
日本での事例	神奈川県，藤沢市	北海道・農水省	三鷹市，各地の青年会議所

（出所）「フォーカス 行政への市民参加に新手法」『日経グローカル』第206号（2012年10月15日号）に掲載されている「表2 ミニ・パブリックスの手法の比較」に「日本での事例」を追加し作成。

表2-2 住民参加の方法の比較

	代表制（全体の意思を反映しているか）	開放性（誰にでも開かれているか）	討議性（意見交換の機会はあるか）	熟慮性（基礎情報を基に考えられた意見か）
住民説明会	×	○	△	△
パブリック・コメント	×	○	×	△
世論調査	○	×	×	×
百人委員会	△	○	○	○
審議会（含公募制）	△	△	○	○
討論型世論調査などのミニ・パブリックス	△	×	○	○

（出所）「フォーカス 行政への市民参加に新手法」『日経グローカル』第206号（2012年10月15日号）の「表1 市民参加の方法の比較」に，百人委員会（公募住民による提案機関），審議会の項目を追加し作成。

条例第4条［条例の制定又は改廃に係わる市民請求の特例］）。市町村合併の協議会設置をめぐる直接請求を議会が否決した場合の対応と同様な主旨が条例に明記されたものである（市町村合併特例法）。

住民投票は導入してはいないが，住民間討議と提案を連動させている試みもある（宗像市市民参画，協働及びコミュニティ活動の推進に関する条例，2005年施行）。住民が政策課題を発見してその賛同を住民から得るために活動する。設定されている住民の署名の基準数をクリアーすると(2)，市に提案し市の課題かどうかの判定がある。市の課題だと認知されると，住民間討議を経るか経ないかの判断を迫られる。住民間討議を選択すると，公開でその課題を討議することになる。それを経て首長の提案を受け議会が判断する。住民自身が汗をかき住民間討議を巻き起こす手法を挿入している。

　〈議会への住民参加〉　議会基本条例の制定（北海道栗山町を起点）は，議会改革が急展開していることを示している。地方政治の重要性は，まさに「眠れる獅子」（条例，予算・決算，契約，財産の取得・処分，市町村合併などに決定権限を有しているのは議会）を起こした。これを発揮するために，閉鎖的な議会から開放的で住民参加を促進する議会が登場している。請願陳情を市民からの政策提言として位置づけたり，議会報告会を議会に義務づけたり，市民参加を議会にも採用している。

　〈狭域的な自治〉　市町村合併の負の遺産（住民から遠くなる，地域文化の衰退）の是正だけではなく，小さな自治の充実こそが住民による自治を進めることにつながるという視点から，狭域的な自治を制度化する自治体も増加している。法律に基づき条例で設置している地域審議会や地域協議会もその系譜にある。これとともに，独自に条例に基づいた住民自治組織がある。伊賀市自治基本条例（住民自治協議会），飯田市自治基本条例（地域協議会とまちづくり員会）などを想定するとよい。

　〈新たな三者間関係の構築〉　住民，議会，首長等がバラバラ，あるいは2点の線ではなく，三者が自治を推進するために議論する場を設けて，住民福祉の向上をめざすあり方である。新城市の「市民（住民）総会」（市民まちづくり集会）の実践は，1つのヒントになる。これは，「まちづくりの担い手である市民，議会，及び行政が，ともに力を合わせて良い地域を創造していくことを目指して，意見を交換し情報及び意識を共有するため」三者が一堂に会するものである（自治基本条例第15条第1項）。首長または議会が主催するが（共催も可能，年1回開催が原則），住民からの開催の発議（有権者の50分の1以上の連署）も可能

である。プレ市民総会は，無作為抽選で住民に呼びかけ文化会館で行われた（テーマは自治基本条例，2011年10月，12年7月）。実際の市民まちづくり集会（2013年8月）は，住民に呼びかけてこれも文化会館行われた（新市庁舎や新城市の未来）。翌年には，「若者が住みたいまち」をテーマに議論し条例制定につなげている（若者議会条例，設置2015年）。このように議場を超えて，三者が地域問題を考えることも，フォーラムとしての議会の1つの典型である。その後も継続的に開催されている。

これらすべてに関わるのが自治体の憲法である自治基本条例である。

3 地方政治の活性化か衰退か

地方分権改革が地方政治を呼び起こしていることを議論してきた。しかし，地域政策の選択の幅が狭まっているという議論もないわけではない。地域政策の範囲が狭いならば，その選択は政治的アクターにとって，それほど重要ではなく，したがって，それらが政策過程に関わる動機づけはほとんどない。そこで，政策選択の幅が狭まり地方政治の重要性を低くみる議論，地方政治の衰退論も登場する（Pierre, 2011）。

①国内および国際的な都市間競争に規定されるか。国内および国際的な都市間競争の増大が都市政治の議論を抑えているというものである。自治体間競争によって利益を増幅させると考えるからである。新産業都市等の指定，最近ではグローバリゼーションを錦の御旗にしてそれに適合的な都市政策，都市改造を実施することを想定するとよい。たしかに，こうした「外来型開発」発想は蔓延しているが，これではそれぞれの地域の独自性を希薄化させる。グローバリゼーションの時代でも，都市間競争は，地域の個性を引き出す内発的発展を要請する。この2つの発想の緊張関係は地方政治を重要なものにする。

②経済的勢力に自治体が不可避的に従属するか。政治家や自治体は，税収入や雇用の増加をめざして，成長政策を戦略的実施している（［ネオ］エリート論）。この議論は，すでに指摘した国内的および国際的な自治体間競争論と容易に結びつく。しかし，それだからこそ内発的発展が必要となる。また成長政策は，程度の問題であり，それを決めるのは地方政治である。

③財政的危機によって政策選択の幅は縮小するか。財政危機が政策選択の幅

を狭めるという議論である。「多くの西欧諸国の財政的に厄介な問題をきたした1990年代は，政策選択の範囲を狭めたように思われるし，そして政党システムにおける収斂を引き起こした」が，地方政治でも同様な展開となるというものである。とはいえ，財政危機は，「あれかこれか」，いわば選択と集中を必要とする。まさにこれは地方政治の重要性を増大させる。逆に今までの経済成長時代には成長志向政策の呪縛にとらわれ，むしろ政治は衰退していたといえる。

④政党やその組織への参加率の低下によって地方政治は衰退しているか。地方政治のアクターは，議員，首長，あるいは政党への関わりから，単一争点の参画へと変化している。そのような参画が肯定されるのは，別のやり方では政治に関わりたくはない人々のための政治への道を意味しているためである。さまざまな代表制機関の信頼度の低下が，地方政治の衰退に直結するわけではない。代表制機関の活性化は必要であるが，住民運動・参加といったそれ以外のチャンネルの重要性は，地方政治の衰退というより活性化と考えられる。

前三者の論点は環境の拘束，最後の論点は地方政治のアクターの変化による地方政治衰退論である。たしかに地方政治は環境に拘束される。しかし，一対一の対応ではなく，同様な環境であっても，自治体固有の資源（人材，経済，伝統・文化，自然等）はそれぞれ独自であり，それに基づき多様な選択肢の中から政策選択を行う。内発的な発展の差別化が求められており，まさに政治のあり方が重要である。また，地方政治のアクターとして代表機関だけではなく，住民の多様な活動はむしろ肯定的に評価されるべきである。

このように考えれば，地方分権による地域経営の自由度の高まりは，さらなる地方政治の活性化を要請する（地方政治の台頭）。住民・議会・首長等の役割の増大や，それを支える制度（住民投票条例，自治基本条例等）変化は，地域民主主義としての地方政治をより豊かにする。また，環境保護，まちづくり，福祉といった新たなアジェンダ（課題・争点）をめぐる政治が重要になっている。

第2節　自治と市民をめぐる社会学の変容

1　CPS 論争の射程

①CPS 論争の意義

　地方政治の変容は，住民への権力シフト，権力拡散ともいってよい状況を背景としている。地方政治論は，権力，制度，政府の役割から，ローカル・ガバナンス[(4)]に焦点を合わせるように変わった。その変化があっても，正確にはその変化があるからこそ制度や政府へのまなざしが重要であることを確認したい。

　地方政治の変容として住民に権力がシフトしていることを指摘したが，このことはあくまで比喩的である。権力の存在やその作動を可視化することは困難だからである。とはいえ，これに挑戦したのが地域権力構造論争（CPS〔Community Power Structure〕論争）であった。これは，「統治するのは誰か」をめぐって実証的に解明する，1950年代から60年代に活発に展開された論争である。エリーティスト（常に凝集した少数者による決定）であるハンター（Hunter, F.）とプルーラリスト（争点ごとに決定者は異なる）であるダール（Dahl, R. A.）による論争（CPS 論争）を起点として展開された。結果の相違もあるが調査方法の相違もこの論争には大きく影響している（ハンターは声価法，ダールは争点［決定］法，これに地位法［たとえば，ドンホフ（Donnhoff, H.）］も加わり論争は展開されている）。なお，少数支配の認知は論争者の重要な一致であること，つまり少数者支配の存在ではなく少数者支配のあり様が論点であったことに注意を喚起しておきたい。

　1980年代に2つの位相それぞれで新たな局面が形成された（江藤，1994）。第1の位相は，エリーティズムとプルーラリズムの論争を出発点としたこれらの二極対立構造を維持するものである（CPS 論争の展開）。第2の位相は，エリーティズムとプルーラリズムといった二極対立の「論争の舞台」（対象や方法）自体を問題にしてその舞台回しを行う位相である（CPS 論争からの展開）。

　第1の位相は，結局2つの意味でプルーラリストの勝利に終わっている。しかし，第2の位相を考慮すれば，単純にはそういい切れない。それらの共通する対象や方法自体の問題を抉り出しているからである。とはいえ第2の位相は

重要であるが、ローカル・ガバナンス論の台頭の中でかき消されていく。

②CPS 論争の展開

第1の位相である CPS 論争の位相は、「デタント（緊張緩和）」といわれる事態である。ウェイスト（Waste, R. J.）によれば、「およそ1970年代の半ばから後半の時期に、地域権力のデタントは……可能となった」のであり、「地域権力研究の1975年から1981年の時期は、地域権力研究の脆弱なデタントの出現をみた」のである（Waste, 1986：20）。

国際政治におけるデタントが体制の収斂を意味しないと同様に、地域権力構造論争におけるデタントは内容上の一致を意味していない。しかし、このデタントはそれ以前に進んでいた2つのモデルの多元化による統合を背景にしていた。

その1つは、モデルの多元化Ⅰと呼べる方向である。「合衆国『すべての』コミュニティの意思決定構造がエリーティズム的ないしプルーラスティックな形態のいずれかのみとする従来のステレオタイプ的な議論は、ほとんど無意味であるようにされてしまった」（平川, 1988：1）。ようするに、一地域のみを対象にした調査の段階、他の研究者が行った2～3のケーススタディを2次データとして用いた比較・検討の段階、1人の研究者による第1次データを用いた3～4の地域の比較研究、多くのケーススタディを第2次データとして用いた統計分析による比較研究の段階を経て、51の地域を対象に第1次データを用いた比較研究の段階へと発展している。そこではそれぞれの地域の権力構造をエリーティズムからプルーラリズムへと至るスペクトルに位置づける（Clark, 1971）。

もう1つは、モデルの多元化Ⅱと呼べる方向である。地域と関わる主要な政策ごとに適合するモデルを使い分けるものである。ある地域の中に権力構造の多様なモデルを見て取る。たとえば、ピータースン（Peterson, P. E.）は国政と地方政治とには相違があること、地方政治は中央政府に制約された「限られた政治」の領域であることを前提としつつ、開発政策、再配分政策、配置政策といった3つの地域政策を抽出してそれぞれに適合するモデルを配置する（Peterson, 1981）。開発政策は、税収を増大させ全住民の利益になるといったイデオロギーを蔓延させるが、その政策にとって重要な土地と関わるのは少数者

であり，エリーティズムが妥当する。再配分政策は平均的納税者にとって自分の財を低所得者層に分配し，地方経済にはマイナスな影響を及ぼすため，争点の表面化を回避する領域である。同時にこの政策を推進するのは（アメリカの場合）連邦政府であり，地域レベルの政策争点とはならない。この意味で非決定モデル（重要な争点は顕在化しない：ネオ・エリーティズム）が妥当する政策である。そして，配置政策は，警察や消防，公園の配置といった基礎的な行政サービスをめぐる政策である。地方経済とは直接関わらず，フォーマルな形式で意思決定が行われ，プルーラリズムモデルが妥当する。

このように，モデルの多元化Ⅰにおいてエリーティズムは特殊な一時期の一地域においてのみ，そしてモデルの多元化Ⅱにおいてエリーティズムは一地域の一政策領域においてのみ妥当することになる。こうしてエリーティズムの普遍性・一般性は否定される。

これらのモデルの多元化を基礎にして，デタントが提起される。それは，対話および理論的方法論的革新を意味している。対話とは，討論の場の確保という形式であり，それによってエリーティズムとプルーラリズム双方の理論の変化が評価できるとともに，都市生活の質に照らしてそれらの理論を評価する場である。理論的方法論的革新は，「全体として捉えれば，それら（地域権力の概念化と方法の変化—引用者注）は，リンケージ，明瞭性，方法論的精緻化へのドライブとして特徴づけられる」(Waste, 1986)。このうち明瞭性は，権力（ストーン）やプルーラリズム（ウェイスト）といった基本概念の明瞭性である。そして，成長マシーン論とネットワーク分析のさらなる精緻化，および公共政策，都市政策，社会学的調査，比較政府とのリンケージが要請される。

③CPS論争からの展開

第2の位相であるCPS論争からの展開の位相は，エリーティズムとプルーラリズムといった激しい対立があるにもかかわらず，それらは同一の舞台で演じられていることを確認し，その舞台自体の転換をめざすものである。単純化すれば4人の舞台回しが登場する。

ⅰ）地域権力構造論争における〈地域〉の主題化。地域を閉鎖的なもので自己完結したものとしている発想を批判し（日本における中央集権制批判とは逆のベクトル），中央政府や外部資本，さらにはグローバリゼーションを促進するさ

まざまなアクターなど〈地域〉外の影響を主題化する（M. カステルなど）。ここでは，地域（内部要因）と外（外部要因）との関係・接合が議論されることになる。

ⅱ）地域権力構造論争における〈権力〉の主題化。権力（関係）を不均衡な影響力関係という論争当事者が有する発想（ゼロサム論）とは別の見方である，権力を集合的能力あるいは集合的に達成されたものとして捉える見方を提示する。同時に，両者の権力観の接合を意図しているものもある（ギデンス〔Giddens, A.〕やハージャー〔Hajer, M. A〕など）。

ⅲ）地域権力構造論争における〈構造〉の主題化。政策決定を公的制度や政府ではない社会の諸アクターに基づいているという社会中心アプローチを論争当事者が採用していることを確認しつつ，国家，制度，公職者を重視する国家中心アプローチを提示する。同時に，それらの接合を意図しているものもある（ソンダース〔Saunders, P.〕やゴットディナー〔Gottdiner, M.〕など）。

ⅳ）地域権力構造論争における〈論争〉の主題化。論争のアメリカ的バイアス，イデオロギー性（アメリカ特有の多元的社会観を前提）を見てとる議論である。

２　もう１つの地方政治：ローカル・ガバナンス論の登場

地方政治論は，20世紀後半から大きく転換している。それまでその中心はどのような立場や方法であれ権力をめぐる議論が主旋律をなしていた。それが大きく変化したのである。「参加や討論の方法における地方の制度的編成をデザインすることから，都市ガバナンスの焦点へと注意点の移行があった」(Pierre, 2011 : 14)。効率性，コスト意識，サービスの顧客志向，公共サービスの生産と提供のボランタリー部門の参入が重視され，委託化，民営化，公民パートナーシップ，NPO による解決法が採用されるようになった。

こうした議論を推し進めたのが，「ガバメントからガバナンスへ」といわれるガバナンス論の台頭である。それは，制度や政府の役割を強調するものから「ガバメント（政府，制度）なき統治」までの範囲があるが，社会のさまざまなアクターの政治行政過程への社会的包摂では共通している。

もともと地方政府の２つの側面の強調点をめぐって論争があった。１つは，地方政府の政治的側面である。選挙された公職者の役割を重視する民主主義につらなる議論である。もう１つは，地方政府の行政的側面である。地方政府を

サービスの生産と提供を通じて集団的な要求と利害を解決する公的組織と考える管理を重視する議論である。後者の系譜である「管理主義的な次元は，1990年代後半から2000年代を通じて，明らかに地方政府の民主主義的参加主義的な次元よりも優位するようになった」(Pierre, 2011: 33)。管理主義的な側面の強調といっても，政府の重視ではなく公共サービス供給をめぐっての NPO，企業が重視される。それを進めた要因は，中央政府と地方政府の財政危機であり，それに触発された公共サービス提供のニュー・パブリック・マネージメント（NPM）論の隆盛であった。ローカル・ガバナンス論の台頭はこれを背景としており，逆にそれを推し進めている。

結論を先取りすれば，これからの地方政治論は，政府や制度の重視から過程や市民社会のさまざまな団体・個人の重視へと移行するといったガバナンス論を踏まえながら，今日流布している NPM 論のような管理主義的な思考や運営にとどまるべきではない。地域民主主義を強調した思考や運営が模索される必要がある。そこで，一般的なローカル・ガバナンス論が公共サービス供給主体論に矮小化されていることを指摘しつつ，その視点は重要であるとしても地方政府の役割は無視できず，地域民主主義は地域経営にとっては第一級の位置を占めていることを確認することにしよう。「政府は，ガバナンスにおける唯一の重要なアクターではないとはいえ，1つの重要なアクターであることは明らかである」(Pierre 2011: 19)。変化しているのはガバナンスにおける政府の役割である。地方政府はその役割を住民，企業，NPO といった社会的アクターと連携して発揮するようになっている。その際注意したいのは，それは公共サービスの供給といった行政的側面だけではなく，住民の政治参加の手法や制度といった政治的側面があることである。

この認識は，公共をめぐる担い手論を公共サービス供給主体論に限定せず，政策過程（政治的側面）にまで広げている。ただ，政治の視点は多様である。民主主義的正統性はローカル・ガバナンスが解決する重要課題である（Schaap, 2007: 534）。ガバナンス論の第2世代でも，選挙された公職者（公選職），およびそれによって構成される議会の役割も議論の対象に入る（木暮，2009）。選挙される公職者も議論の対象として再登場している。

[3] ローカル・ガバナンス，協働，新しい公共と地域民主主義の関係

　ローカル・ガバナンスとともに，協働，「新しい公共」といった用語も今日流布している。ローカル（アーバン）・ガバナンスは欧米でも用いられているが（正確にはそれらが発祥地），日本では，これと重なる協働や「新しい公共」も盛んに用いられている。

　協働は，行政と住民の協働，あるいは公と民の協働といったように，公共サービス供給にともなうアクター間の関係に限定して用いられていることが多い。パートナーシップあるいはコラボレーションのような対等・平等を原則とする主体間の関係を強調する協働論では，公共サービスを誰が担うかといった議論に矮小化されることもある。すでに指摘したNPM論に連なる理論と実践である。自治体の財政危機や職員数減少などの資源減少はその要因の大きな1つである。

　この協働論では，公共サービスの住民，NPO，企業への押し付けを回避するために，協働に参加（参画）を付加して「参加と協働」とセットにして用いることもある。この協働論でも，公共サービス供給主体論だけではなく政治的な決定の要素を付加して議論する意欲がみて取れる。

　もう一歩踏み込んで，コプロダクションとして理解した協働は，その政治的決定の要素を含みこんで理解するものである。つまり，主体間の対等・平等関係に限定せず，その主体それぞれが協力することによって，新たな何かを生み出すという視点を含めて理解する。住民，NPO，企業による政策の独自の提案も含まれるが，これは行政への協働だけではなく，議会への協働にまでいたる。また，自治体との協働だけではなく，NPO，企業と自治体との関係も協働の範囲と考えられる。そして，これらの基底には〈住民―住民〉関係とも呼べる住民の自発的・自立的活動があり，これも協働の射程には入っている（江藤，2000）。そこでは，住民が担うべきこと，自治体と協働すべきこと，自治体独自で行うことの切り分け，つまり政策形成にまで踏み込むことになる。

　このように，パートナーシップやコラボレーションとしての協働でも政策形成が視野に入り，コプロダクションとしての協働ではそれが含みこまれている。したがって，一般に理解されているように，協働を公共サービス供給主体論に限定して用いるべきではない。協働は公共をめぐる担い手論であり，その場合

の担う対象は公共サービスだけではなく政策形成にまで含みこんでいると考えている。

「新しい公共」論は，今日多様に用いられている。「新しい公共宣言」（2010年）も提出された。従来とは異なる公共の担い手を探る重要な鍵概念となる。とはいえ，この「新しい公共」（新しい公共空間）論の中には，公共サービス供給主体論に限定する議論も見受けられる。また，その延長で行政の論理で従来の公共サービスを住民に「押し付ける」根拠としてこの用語を用いる場合もある。

しかし，「官」の独占物であった状態から，自治体，住民，NPO，企業（および国会）が公共の担い手であることを宣言するとともに，市民的公共性を射程に入れた議論を展開しなければならない。次の視点は重要である。「そもそも公共サービスの公共性はどこに由来するのか。この出発点からの仕切り直しをしなければならなくなる。公共空間の概念について……それはもともと〈市民的公共性〉の文脈にフィットする概念であり，その再構成をはかるさいにおいても〈市民的公共性〉の含意をどこまで浸透させることができるかが肝要である」（今村，2002：12）。公共性は住民（市民）が関わる場の設定である。公共サービス提供の担い手論にとどまらず，政策形成にまで含みこまなければならない。

ローカル・ガバナンス，協働，新しい公共は，関係があるどころか重なり合う，あるいは軌を一にしている。再度整理すると，公共をめぐる議論にはその内容を吟味する方向と，その担い手を議論する方向があり，後者はさらに公共サービス主体論と政策決定論を含んでいる。担い手論はこれらの協働，新しい公共，ローカル・ガバナンスには共通している。とはいえ，公共サービス供給主体論に限定せず，政策形成・決定の議論に含みこむ必要がある。

このように考えると「ガバナンスからガバナンスへのシフト」は「ある意味では誤った視座である」（Pierre, 2011：9）。政府が政策過程から捨て去られたわけではなく政策過程への広範なアクターの包括という変化があるだけである。政策過程における政府の役割の変化を問うことが重要であり，その際，管理主義的な発想からの議論だけではなく，政治的，そして民主主義的な議論の重要性を指摘した。ここでも，社会的アクター，とりわけ対抗運動は重要であると

しても,「世論を喚起しているが,政治過程へのアクセスを欠如させている組織は,正統性なき弱い民主主義的ガバナンスの問題を生じさせる」ことになる (Pierre, 2011：114)。

第3節　住民投票をめぐる社会学

〔 1 〕住民投票の新たな段階

　地方政治の台頭とともに,社会的諸アクターの役割を重視したローカル・ガバナンス（協働,新しい公共）論が台頭している。このローカル・ガバナンスは,公共サービス供給主体論に矮小化されるものではない。政治的側面も含みこまなければならない。それは一方では代表機関としての議会や首長の新たな役割を,他方では政治行政に積極的に参加する住民の新たな役割を強調するものである。そこで,議会や首長等といった代表機関と住民の積極的な参加をつなぐ住民投票について考えよう。

　住民投票には,さまざまなものがあるが,条例に基づく最初の住民投票は,新潟県巻町の原子力発電所建設をめぐるものである（1996年8月）。それから20年が経過した。住民投票をめぐる動向は大きく展開している。

　その1つは,テーマが多様化していることである。迷惑施設から市町村合併,そして最近では重要政策や組織という自治を問うテーマが浮上している。1996年以降2000年までは,原子力発電所建設,米軍基地整理縮小,産業廃棄物処理施設設置,採石場新設・拡張,といった住民からみれば迷惑施設をめぐるテーマであった。それが2000年に入り数年間は,こうした迷惑施設をめぐるテーマも存続するが,圧倒的に多いのは市町村合併をめぐるものとなっている。この段階で,住民投票は住民の意識の中でも日常化したといえる。その後（2006年以降）,市町村合併が「一区切り」したことにより,住民投票が激減した。ただし,そこでは大規模公共施設（長野県佐久市）や市庁舎建設（鳥取県鳥取市）,いわば市町村財政をめぐるものが登場している。すでに,吉野川可動堰建設をめぐる徳島市の住民投票が（2001年1月）,自然環境とともに国家財政をテーマとしたものであり,この延長だと考えられる。また,地方議会議員の定数をめぐる住民投票も行われた（山口県山陽小野田市, 2013年4月）。

もう1つは，個別のテーマをめぐる住民投票条例（原子力発電所建設をめぐる住民投票条例など）とともに常設型住民投票条例（実効性ある自治・議会基本条例を含む）も制定されるようになっている。常設型住民投票条例は，愛知県高浜市，埼玉県富士見市が2002年に制定して以降，増加している。自治基本条例（滋賀県草津市）や議会基本条例（北海道栗山町）に住民投票の規定を設けている自治体もある。

常設型住民投票条例には議会の議決をその都度必要とはせず一定の条件で必ず住民投票が実施される議決不要型と，その都度議会の議決を必要とする議決必要型とがある。

住民投票（および住民投票条例）の広がりは，住民側への権力移動の証しだといえる（エンパワーメント）。

2　3つの地域経営手法と住民投票：首長主導型民主主義と機関競争主義，どちらを作動させるか

①住民投票の射程

住民投票は，住民自治を進める大きな流れにあることは了解できる。その住民投票は，一般に直接民主主義の文脈で理解されているが，住民総会と区別され「半直接主義」と呼ばれることもある。住民投票を導入したとしても，議会や首長による日常的な地域経営は，当然前提となる。住民投票を肯定的に理解したとしても，それと議会（日本の場合には首長も含めて）との関係が問われなければならない。議会および首長と住民参加の関係から2つの地域経営手法を描きだし，それぞれと住民投票との関係を考えることにしたい（もう1つ住民参加なき二元代表制という経営手法もあるが，本章の検討対象にしていない）。住民投票が有している長所と短所がそれぞれの地域経営手法によってどのように発現するかを確認することになる。

住民投票が積極的に行われている国々の事例を参考に，住民投票に対する肯定的見解と消極的否定的見解を示したのが**表2-3**である。その表中の権力バランス，地方議会（および首長）の役割は，住民参加や住民投票に対する価値観の相違である。住民に対する評価，特殊利害への対応は，住民投票の長所や短所と連動するものである。なお，住民投票に対する否定的見解として流布し

表2-3 住民投票に対する評価

	消極的否定的見解	積極的肯定的見解
権力バランス	議会に対する信頼性の喪失による間接民主制の破壊	議会チェックの容易さによる権力バランスの変化
地方議会（および首長）の役割	住民投票の多用による議会の責任回避	議会決定の誤りに対して早期の異議申し立てによる議会の指導力発揮の可能性の向上
住民に対する評価	住民からの矛盾した提案とその量の拡大（情緒・感情に流される）	住民の自己責任の重視による政治教育の実践
特殊利害への対応	扇動などによる特殊利害の支配	多大な資源を有する利益集団に対抗する手段

（出所）　新藤編（1999），森田・村上編（2003），岡本（2008）などを参照して作成。

ている住民が情緒・感情に流されやすいということは，住民に対する評価の消極的否定的見解の中に含まれる。

　住民投票は，活用の仕方によってどちらにでも振れる。したがって，常に両極を意識した住民投票の活用（非活用）が必要である。なお，多数者の専制，つまり少数者の排除の問題は，どの民主主義でも起こり得る。プレシビット（権力者が都合のよいように利用する）にみられるように，住民投票はこの問題を極大化することもある。

　こうした住民投票に対する見解の相違以上に問題なのは，住民投票に不可欠な，意思決定を二者択一に単純化するという問題である（単純多数決方式：二者択一なので一方が絶対多数）。住民投票は，きわめて民主的な意思決定方式に思われる。しかし，角度を変えてみれば，多数者の意思かどうかが問われる。たとえば，今日の世論調査では，複数回答や順位づけ回答（点数づけ，ボルダ方式）という方式もある。この場合の第1順位は，単一回答の順位の結果と異なる場合もある。また，選挙などで上位2名の決選投票を行う制度では，初回の投票の第1位とは異なる候補者が決選投票で第1位を占める場合もある（単純多数・決選方式）。ようするに，単一回答の世論調査や一回の投票（相対多数）での選挙と，例示した他の要素とを加味した場合とでは結果は異なることもある。また，二者択一であっても，条件が異なれば回答結果は変化する場合も多々ある。二者択一の住民投票は意思決定にとって万能ではなく，それに内在する限

界は常に意識しておくべきである。

　②首長主導型民主主義と機関競争型民主主義：それぞれによる住民投票の活用

　日本の地方自治制度は二元的代表制といわれる。二元的代表制の理解と実践をめぐって分岐が起きている。その相違が住民投票の位置づけの相違にも連なっている。

　今日登場している２つの地域経営手法を中心に考えたい。なお，今日住民参加なき二元代表制手法も登場している。しかし，これは住民参加を軽視し住民投票を否定するがゆえに，本章ではそれ以外の２つの手法を検討する。

　ⅰ）首長主導型民主主義手法。議会と首長の対立の激化を強調する発想である。橋下徹前大阪市長や河村たかし名古屋市長を想定するとよい。選挙の際に住民の意思は尊重されるが，任期途中での民意には関心を示さず，住民参加は地域経営の根幹には位置づけられない。これには，２つの民主主義が混在している（中北，2012）。マニフェストを重視した市場競争型民主主義，もう１つは当選者への白紙委任を重視したエリート競争型民主主義である。どちらにせよ，選挙，とりわけ首長選挙の意義を高く評価し住民参加を軽視した地域経営である。

　この手法では，住民の意思は選挙の際に表明されているがゆえに，その意思を実現することこそが民主主義であり，それに反対する者は敵とみなされる。白黒を提起し敵を設定し，対立の激化を恒常的に創り出す。議会は，敵とみなされるか，（首長に賛同する議員が多数を占める場合）追認機関化する。この手法では，住民投票は活用される場合もあるが，恒常的な住民参加の一環に位置づけられるわけではなく，敵を排除するために用いられる。敵を撃滅し，みずからの正当性を増加させるものである（プレシビット）。住民投票の消極的否定的見解が示す「住民の矛盾した意見の表出」に連なるような全体を意識しない住民を育成し，特定の利害を蔓延させる方向に作用する傾向がある。

　ⅱ）機関競争主義型民主主義手法。さまざまなレベルの討議を重視した地域経営手法であり，今日の多くの議会がめざしている改革の方向である。議会＝合議制による民意の吸収，首長＝独任制によるリーダーシップの発揮，政策過程全体にわたっての議会と首長等の政策競争，恒常的な住民による統制と住民参加，といった要素が必要である。議会と首長等との「対立」は想定されるが，それを競争に転化させる地域経営である。重要なことは，政策過程全体にわ

43

たって住民参加が配置されることであり，それがこの類型の真骨頂である。住民による正当化（支持）をめぐって議会と首長等が政策競争することがこの地域経営の本質だからである。したがって，住民投票もこの住民参加の一連の過程に位置づける必要がある。後述するように，多様な住民参加を肯定し住民投票もその中の1つに位置づけながら，それに含まれる問題点を理解して最終的に議会が責任をもつ自治制度と運営である。この手法では，地域経営全体を意識して住民は討議に参加し，したがって特定の意見ではなく相対的総体的な視点を有するために特定な利害が多数派となることは抑制される。

以上検討したように，首長主導型民主主義手法でも住民参加は積極的には位置づけられていない。そのために，今後の地域経営には活用できない。そこで，首長主導型民主主義手法の場当たり的な住民投票の活用に注意しつつも，以下住民投票の長所を最大化し短所を最小化する可能性のある機関競争主義型民主主義を想定して，住民投票を含めて住民参加の課題について考えたい。[13]

第4節　自治と市民への政策的対応：課題と方向性

地方政治は，ここ20年の間にその重要性を大幅に増している。とはいえ，地方政治の発展にとっての課題はある。多様なアクターが地方政治に関われる舞台・制度のバージョンアップであり，自治運営のルールを体系化することがまずもって必要である。とくに，住民参加の手法開発とそれぞれを全体の中に位置づけることであり，議会と首長との新たな関係をつくりだすことである。

住民投票も課題があるのと同様に，それ以外の住民参加にも課題はある（江藤，2016）。すでに指摘したように，今日さまざまな住民参加手法が開発されている。パブリック・コメント（PC），タウン・ミィーティングなどは当然なものとなった。また，審議会などでは充て職中心，公募制中心，そして最近では抽選制（市民討議会等）の導入など多様な選出が行われている。充て職は，地域団体推薦が多く地域に根ざしているとはいえ，新住民や女性が参加しにくい。また，公募制は積極的な住民の声は通るが，消極的な住民の声（サイレント・マジョリティ）は届きにくい。そこで，抽選制が脚光を浴びている。とはいえ，この抽選制も裁判員制度にみられる強制力はない。従来参加していない住民が

▶▶ Box ◀◀

ミニ・パブリックスの課題

今日，住民参加の手法としてミニ・パブリックスが広がっている。討論型世論調査，コンセンサス会議，市民討論会などが想定できる。さまざまな方式が開発されているが，抽選制を採用することにより「社会の縮図」を作り上げようとすることは共通している。また，その縮図のメンバーが討議（熟議 [deliberation]）を行うことに積極的な価値を見い出している。

従来，住民参加とは無縁あるいは疎遠だった住民が，参加することは社会の縮図とはいえないまでもそれに近づく重要な機会を提供している。また，それに参加することによって，住民は地域に関心をもち自治意識は高まる。

ミニ・パブリックスは，個別テーマであり開催期間は短期である。したがって，地域経営にとって個別のテーマや重要なテーマはその対象として選択できるが，地域経営全体を対象にしたり，総合計画全体のようなテーマにはなじまないことを指摘する論者もいる。

熟議による合意を高く評価する議論は広がっているが，実証的なものではない。むしろ，討議に多くの問題があることを指摘する論者もいる。そもそも，討議民主主義の台頭に際して，合意をめざす志向は少数者の排除につながるという批判も行われていた。また，討議の実証分析によると，同質集団が閉鎖性を強めると異論の排除に走るという「集団極化」を招くことが指摘されている。社会の縮図をめざしても，「遠慮」などが働き，討議の効果が妨げられる。

ミニ・パブリックスは新たな住民参加の手法である。しかし，これは万能ではなく，その政治過程における位置を確認する必要がある。討議（熟議，熟慮）民主主義の台頭と無関係ではない。流行の議論を相対化する発想も重要である。

参加する機会の提供としては重要ではあるが，抽選制がイメージする効果とは異なる。また，市民討議会の重要なポイントである討議でさえ，運用を間違えれば「極端化」したり行政による誘導の危険もある（Sunstein, 2000=2012：第1章）。

多様な住民参加制度を活用することが必要である。執行機関だけではなく，議会にも住民参加を導入することは当然である。多様に配置されている住民参加方式によって提起された住民の意見を議会が受け取り監視や政策提言に生かすことは重要である。同時に，その配置が適切かどうか，議会は別の視点から

表2-4 住民参加の一環としての住民投票

住民参加の中に住民投票を位置づける		議会の役割
〔前提〕 ①十分な情報提供　②さまざまな場での十分な討議空間		ⅰ 議会が独自の情報提供 ⅱ 左欄の前提の監視
争点化された場合	義務的レファレンダム	
〔恒常的な住民参加〕 ①多様な住民参加の配置 ②配置の妥当性の検証		ⅰ 議会としての住民参加 ⅱ 多様に配置されているか，その配置が妥当かの監視
〔争点化〕 α 議会と首長が対立する場合 →議会あるいは住民が住民投票を発議 β 議会と首長が同一で対立がない場合 →住民が住民投票を発議	義務的に実施（執行機関が実施しない場合議会が発議）	〔住民投票運動期間〕 ⅰ 執行機関の情報提供の監視と議会による独自の情報提供 ⅱ 討議空間の創出
〔決定〕 住民参加の意向，住民投票の結果を踏まえて，議会で討議し決定		フォーラムとしての議会を創り出し，議決に責任をもつ →説明責任をともなう

（注）義務的レファレンダムは，地域経営にとっての重要事項（市町村合併等）を条例に明記するとともに，それを議論し議決する場合には，かならず住民投票を実施しなければならないというものである。

監視する必要もある。

　住民参加にも課題があると同様に，住民投票にも課題はあった。そもそも住民投票には不可欠の二者択一の決定方式の結果，住民の意向かどうかの根本的課題である。そこで，こうした意向や結果を踏まえて，多様な視点から議論し決定できるのは議会である。議会は，議員だけではなく，首長等や多様な住民・団体が集い多角的な議論のできるフォーラムとして再定義されなければならない（表2-4）。

　こうした従来の改革のバージョンアップとともに必要なのは，従来はそれほど意識されていない地方政治の残された課題の解明である。地方選挙制度改革と市民（シティズンシップ）教育である。同時に，地方政治の台頭を住民福祉の向上に結びつけることである（江藤，2016）。制度と政治的アクターの動向とともに，住民福祉の向上を視野に入れる必要がある。

注

(1) 今日流布している二元代表制を強調する論者の中には，議会と首長の対立の激化を強調するもの，住民参加を軽視するもの，その両方が混在しているものがある。本来価値中立的な首長主義は，住民参加の軽視だけではなく首長主導の文脈で用いられる場合もある。そもそも，日本の制度は純粋な二元制ではない（議会の首長に対する不信任議決等）。これらの「誤解」を正す必要がある（江藤，2012）。住民参加を含みこんだ議会と首長等の政策競争が機関競争主義（二元的代表制［的を挿入していることに注意］）である。

(2) 基準数は，住民の1％程度である。多くするとハードルが高くなるし，少なくすると多くの提案があり行政の仕事量が増えるという考えのもとで決着した基準数である。しかしながら，住民自身が汗をかくことがまずもって必要という理由を設定する方が新たな住民自治にとって妥当である。

(3) ピエールは，こうした地方政治の衰退論を踏まえながら，古い地方政治は終わり，新たな地方政治が生じているという（Pierre, 2011）。つまり，新たな争点とアクターの台頭により地方政治は活性化する。政党政治は衰退しているとしても，住民運動・市民運動が生じ，インターネットの活用によっても新たなアクターを見出している。また，環境問題が重要になってきており，その中にはその解決に直接地方自治体が関係することもある。さらに，移民の増大は地域政策を変更せざるを得ない状況を生み出している。新たなアクターや争点は，日本でも見受けられる。

(4) 日本の場合，CPS論争は十分には展開されなかった。中央集権制の下で地域経営の自由度が低かったからである。むしろ，その論争には欠落していた中央政府―地方政府関係が主要なテーマとなっていた。地方政治の台頭は，ローカル・ガバナンス論と接合する。なお，その際地域権力という問題設定を含みこむかどうかは十分には議論されていない。

(5) ガバナンスや協働に対する批判や疑義が想定できる。そもそも，住民が主権者なのだから協治や協働などありえない，行政は公職者として従えばよいという根源的な批判であり，協働を担う住民は自発性を強調されるが，それは政治や行政に誘導されたものであって参加の強制ではないのか，という疑義である。その批判や疑義は理解できるとしても，その強調は現状維持，つまり住民参加なき現状を肯定することにもなる（江藤，2012：終章）。

(6) 公共サービス供給主体論は，地方自治の文脈では，地方行政改革論に収斂することが多い。これも1つの公共論ではあるが，順序を間違えると，単なる行政改革の論理でのアウトソーシングの意味しかもたず，住民自治の拡充にはつながらない。

(7) 住民投票条例制定の直接請求に対して，議会はその多くを否決している（たとえ

ば,「住民投票条例『常設型』に」『朝日新聞』2009年5月13日付)。その場合には,議会の説明責任が問われる。

(8) 日本では一般に,住民投票に対して責任の所在が不明確になる,住民間でのしこりや亀裂を生む,総合的・専門的判断が行われにくい,といった消極的見解がある。これに対して,「ここで指摘されていることは,間接民主制において議員や首長による意思決定の場合にも起こりうることであって,『住民投票では……』というのは必ずしも正しいとはいえない」という指摘がある(岡本,2008:60)。

(9) 少数者を意識する意味,差異を意識した民主主義については,森(2008:第3章),参照。

(10) 意思決定方式には,そのほかにも逐次決選投票方式(最小の得票数の選択肢を除いて次の投票を行い,この手続きを繰り返し,最後まで残った選択肢が選択される),コンドルセ方式(1対1の総当たり戦を行い,すべてのライバル選択肢に勝った選択肢となる),などがある(山本,2008;坂井,2015)。

(11) 中央集権制のもとで培われた首長主導型の行政運営から脱却すべく,議会と首長との政策競争は理解しつつも,間接民主主義の呪縛から逃れられずに住民参加を軽視するものである。最近の議会改革は目を見張るものではあるが,その中には公聴会・参考人制度,請願・陳情を軽視するだけではなく,議会報告会を行わないかアリバイに使う議会もないわけではない。住民参加は軽視され,したがって住民投票は否定される。機関競争主義を理解しない従来の議会と首長の地域経営も同様に,住民投票の否定に向かう。

(12) プレシビットに連なるものである。ナチズムが,議会を否定し人民投票や大統領が呼びかけて民衆が拍手と喝采で応える大統領(主導型)民主主義と親和的であった。時の権力者が,敵を排除し権力基盤を強化するために,人民(住民)投票が活用されることもある。その負の側面が極大化される。日本の地方自治制度は,ワイマール憲法と同様に,首長主導型民主主義と機関競争主義(正確には議会主義)の両極で揺れる制度であることに注意を要する(江藤,2011b)。

(13) 制度化の場合の論点として次のようなものがある(岡本,2008;新藤編,1999;森田・村上編,2003〔括弧( )内筆者の見解〕)。投票率50%条項(これを超えるときにのみ開票)の是非(拘束型ではないので参考として開票),自治体権限の範囲(住民の意思の確認なので限定されない),投票資格者(国民投票ではないために定住外国人も,また,国民投票法の趣旨からも少なくとも18歳以上にすべき),運動の制限(公職選挙法に従えば,禁止事項があまりにも多くなるので,買収等の禁止は当然であるが出来る限り自由に),出発点(誰が発議できるか[これは議会の議決がその都度必要かどうかの論点を含む]),テーマ(何を論点にすべきか),

実施時期（実施する際の日時の注意事項），といった論点である。

引用・参考文献

秋元律郎（1981）『権力の構造——現代を支配するもの』有斐閣。
Clark, T. N. (1971) "Community Structure, Decision-Making, Budget Expediture, and Urban Renewal in 51 American Communities," in Bonjean, C. M., T. N. Clark and R. L. Linberry, eds., *Community Politics : A behavioral Approach,* Free Press.
江藤俊昭（1994）「R・J・ウェイストによるC・P・S論争の『デタント』規定——C・P・S論争の展開のための予備的考察」『法学新報』第100巻第11・12号。
江藤俊昭（2000）「地域事業の決定・実施をめぐる協働のための条件整備——〈住民—住民〉関係の構築を目指して」人見剛・辻山幸宣編『協働型の制度づくりと政策形成』ぎょうせい。
江藤俊昭（2011a）『地方議会改革——自治を進化させる新たな動き』学陽書房。
江藤俊昭（2011b）「地方政治における首長主導型民主主義の精神史的地位」『法学新報』第118巻第3・4号。
江藤俊昭（2012）「どの地域経営手法を選択するか——二元代表制を考える」『地方自治』2012年9月号。
江藤俊昭（2016）『議会改革の第2ステージ——信頼される議会づくりへ』ぎょうせい。
平川毅彦（1988）『都市成長と権力構造——アメリカにおけるコミュニティ＝パワー研究の新局面』北海道大学文学部行動科学化社会行動学研究室。
今村都南雄（2002）「公共空間の再編」今村都南雄編『日本の政府体系』成文社。
Judge, D., G. Stoker and H. Wolman, eds. (1995) *Theories of Urban Politics,* SAGE Publications.
神原勝（2009）『増補　自治・議会基本条例論——自治体運営の先端を拓く』公人の友社。
神原勝（2012）「この10年考えてきたこと——自律自治体の形成をめざして」『議会・立法能力・住民投票』（「都市問題」公開講座ブックレット25）後藤・安田記念東京都市研究所。
加藤秀次郎・岩渕美克（2005）『政治社会学［第2版］』一藝社。（P. バクラック・M. バラック「権力の二面性」収録）。
Lukes, S. (1978) "Power and Authority," in Bottomore, T. and R. Nisbet, eds., *A History of Sociological Analysis,* Basic Books. ＝ルークス，A.／伊東公雄訳（1989）『権力と権威』アカデミア出版会。
森政稔（2008）『変貌する民主主義』ちくま新書。

森田朗・村上順編（2003）『住民投票が拓く自治』公人社。
中北浩爾（2012）『現代日本の政党デモクラシー』岩波新書。
西尾勝（2008）『地方分権改革』東京大学出版会。
岡本三彦（2008）「ローカル・ガバナンスと意思決定への参加」山本啓編『ローカル・ガバメントとローカル・ガバナンス』法政大学出版局。
Peters, B. G. (2005) *Institutional Theory in Political Science : The 'New Institutionalism'* (2nd. edition), Continuum.＝ピーターズ，B. G.／土屋光芳訳（2007）『新制度論』芦書房。
Peterson, P. (1981) *City Limits,* University of Chicago Press.
Pierre, J. (2011) *The Politics of Urban Governance,* Palgrave Macmillan.
坂井豊貴（2015）『多数決を疑う——社会的選択理論とは何か』岩波書店。
佐藤俊一（1988）『都市政治理論——西欧から日本へのオデュッセイア』三嶺書房。
Schaap, L. (2007) "Local Governance," in Bevir, M. ed., *Encyclopedia of Governance II,* Sage.
Schumaker, P. (1993) "Estimating the First and (Some of the) Third Faces of Community Power," in *Urban Affairs Quarterly,* Vol. 28 No. 3 (March).
新藤宗幸編（1999）『住民投票』ぎょうせい。
篠原一（1977）『市民参加』岩波書店。
篠原一編（2012）『討議デモクラシーの挑戦——ミニ・パブリックスが拓く新しい政治』岩波書店。
Strom E. A. and J. H. Mollenkopf, eds. (2007) *The Urban Politics Reader,* Routledge.
Sunstein, C. (2000), "Deliberative Trouble? Why Groups Go To Extremes," in *Yale Law Journal,* Vol. 110.＝サスティーン，C.／早瀬勝明訳（2012）「熟議のトラブル——集団が極端化する理由」郡須耕介編・監訳『熟議が壊れるとき——民主政と憲法解釈の統治理論』勁草書房。
上田道明（2003）『自治を問う住民投票——抵抗型から自治型の運動へ』自治体研究社。
Waste, R. J. ed. (1986) *Community Power : Directions for Future Research,* Sage.

(Book Guidance)

①本章の理解を深める入門書

西尾勝（2013）『自治・分権再考——地方自治を志す人たちへ』ぎょうせい。
　　住民自治を進める人々に向けた連続講演をもとに編まれている。地方分権改革の現段階の理解だけではなく，今後の地方分権改革の方向を示唆している。

Bevir, M. (2012) *Governance : A Very Short Introduction,* Oxford University

Press. ＝ベビア，M.／野田牧人訳（2013）『ガバナンス』NTT 出版。
　ガバナンスの概説書という意味だけではなく，本章と密接に関係する民主主義とガバナンスの関係，協調的ガバナンスとの提示など興味深い。
②ステップアップのために
山本啓編（2008）『ローカル・ガバメントとローカル・ガバナンス』法政大学出版局。
　ガバメントとガバナンスの相補性という本章とは同様な問題意識から，ローカル・ガバナンスにとっての今日的課題（市民参加，住民投票，自治体内分権等）を解明している。
町村敬志（2012）『都市の政治経済学』（都市社会学セレクション第 3 巻）日本評論社。
　地方政治の議論を考える上での基礎的な文献が収集されている（成長連合，世界都市仮設，グローバル・シティ等）。CPS 論争の重要文献を収集した，鈴木幸寿編（1961）『政治権力——政治社会学論集』誠信書房，の現代版である。

（江藤俊昭）

第3章　産業と雇用の社会学

《章のねらい》
　本章では日本における近年の雇用をめぐる問題を通じて，産業と雇用の社会学に触れます。雇用形態の多様化や若年層雇用の不安定化，女性の就業継続といった近年の問題を，日本的雇用慣行の歴史と現状を踏まえた上で解説します。①産業化，②雇用者，③性別役割分業，④産業民主主義と平等，をめぐる変化が，近年の問題の歴史的な背景です。最後に，均衡・均等を軸に雇用問題の解決策を示します。

キーワード▶産業化，職住分離，性別役割分業，産業民主主義，平等，均衡・均等，雇用形態の多様化，非典型雇用，日本的雇用慣行，企業コミュニティ

第1節　産業と雇用への社会学的アプローチ：視点・考え方・方法

　近年，雇用をめぐる問題への関心が高まっている。若年層雇用の不安定化を象徴する，フリーターやニート，ブラック企業という新語が1980年代末よりつぎつぎと登場し，日常語化したことはその一例である。今はどこの店舗でも，パートやアルバイト，フリーターが重要な労働力として活用されている。その一方で，こういった非典型雇用者と正社員とのあいだにある，賃金や労働時間，福利厚生などの処遇格差が問題にされることがある。ワーク・ライフ・バランスということばも，広く知られるようになってきた。それでもまだ，子どものいる女性が正社員として就業を継続することは困難である。
　こういった雇用をめぐる問題は，社会学的にどのように理解すればよいのだろうか。ところで日本企業の経営や雇用といえば，日本的経営や日本的雇用慣行ということばを思い浮かべる読者もいるかもしれない。そもそも日本的経営や日本的雇用慣行とはなにを指すのだろうか。それらは近年の雇用問題とどのように関係するのだろうか。

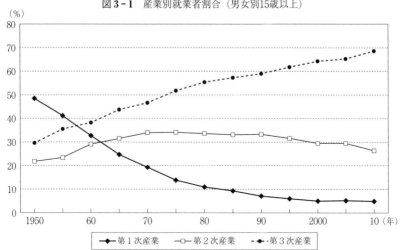

図3-1 産業別就業者割合（男女別15歳以上）

(出所) 総務省統計局「国勢調査」より作成。

　本章ではこうした問題を，歴史的変化の中に位置づけて理解する。具体的には，①産業化，②自営業層の減少と雇用者の増加，③職住分離と性別役割分業，④産業民主主義と平等，といった4つの歴史的な流れの中でみていく。

1　産業化

　産業化は，農林漁業のような第1次産業から，製造業などの第2次産業や商業・サービス業などの第3次産業を中心とする社会へと移行する現象である。世界でもっとも早く産業化が開始されたのはイギリスで，18世紀後半である。日本の産業化は19世紀後半以降に始まる。それが著しく進展するのは，第2次世界大戦後の高度経済成長期である。このあいだに日本の産業別就業者の構成は大きく変化する（図3-1）。第1次産業の就業者割合は著しく減少し，第2次産業や第3次産業の割合が増加した。高度経済成長期以降，第2次産業は減少傾向へと転じて，第3次産業の増加が顕著である。近年はサービス経済化あるいはポスト工業化の段階にある。

2　自営業層の減少と雇用者の増加

　産業化にともなう就業者の産業別構成の変化は，就業形態にも影響を及ぼした。家族経営が中心である第1次産業の就業者の減少は，自営業層の減少をもたらす。また，産業化の進展とともに企業経営の規模が拡大していくと，第2次産業や第3次産業を含め競争に耐えられない小規模な家族経営は市場から撤退することになる。余剰労働力は第2次産業や第3次産業における規模の拡大した企業に吸収される。こうして雇用者が増加し，就業人口の多くを占めることになる。

3　職住分離と性別役割分業

　自営業層が減少し雇用者が増加すると，自宅から離れた場所で仕事をする人々が増える。自営業層であれば自宅と同じ敷地内に職場が併設されているか，自宅の周辺や近隣に業務用の土地や施設を備えていることが多い。家業を支えるため，家族も自営業主とともに事業に従事することが多い。自宅と職場が同一か近接の場所にあれば，仕事と家事・育児を家族のいずれかが同時併行的・逐次的に行うことが可能である。

　ところが雇用者は自宅から離れた職場へ通勤することになる。職住分離の結果として，夫が雇用者として賃金労働に従事し，妻が家事・育児に専念するという性別役割分業が形成された。主婦という存在は，産業化にともなう職住分離によって誕生したのである（オークレー，1986）。高度経済成長期以降は女性の雇用者が増えていくものの，非典型雇用者の割合が高い。その背景として日本社会がいまだに，産業化の途上における性別役割分業観を残していることが挙げられる。

4　産業民主主義と平等

　近代の政治的理念は民主主義である。民主主義はすべての人々に対して，政治的な意思決定の機会を保障する制度である。国や地域の政治と同じように，就業の場に民主主義を適用する考えかたが，産業民主主義である。雇用者の増加は雇用関係を通じて，企業の資本家や経営者から支配を受ける人々が増えることを意味する。

労働者が個人単位で資本家や経営者と対等に，賃金や労働時間などの労働条件を交渉することはきわめて困難である。労働者が集団的かつ民主的に労働条件の意思決定に参加するための仕組みが，労働組合であるが，労働組合は産業民主主義を達成するための，代表的な仕組みである。日本は第2次世界大戦後に民主化が大幅に進められた。戦後に制定された日本国憲法では労働三権として，団結権，団体交渉権，団体行動権（争議権）が掲げられており，労働組合活動が国民の権利として保障されている。しかし，権利として保障されていることと，権利を行使してその恩恵を受けることとは同一ではない。

　近代の社会的理念の1つに平等が挙げられる。政治的な民主化はすでに第2次世界大戦前から始まっていたが，選挙権は成人男性に限定されていた。戦後にようやく日本国憲法ですべての国民の平等が謳われ，成人女性にも参政権が与えられた。しかし政治的な平等が保障されることと，雇用の領域において採用や昇進の機会が男女で均等であること，あるいは非典型雇用者の労働条件が正社員と均衡・均等であることとは同一でない。

第2節　日本的雇用慣行とその変容

　日本の雇用問題について論じるならば，日本的経営あるいは日本的雇用慣行について言及することが欠かせない。日本的経営の「三種の神器」として，終身雇用と年功賃金，企業別労働組合が挙げられることが多い。この3つはいずれも雇用に関係している。ところでこの「三種の神器」はどの程度の正確さで，日本の雇用の実態を描写しているのだろうか。

1　日本的雇用慣行とは

　日本では，一定の年齢に達すると退職する仕組みである，定年制を採用している企業がほとんどである。だが，これらの企業で従業員を文字通りに「終身」雇用しているわけではない。また学卒後に正社員として就職した従業員が定年まで，ずっと1つの企業で勤続する者はそれほど多くない。国際比較をすると，日本の雇用者の平均勤続年数は長い部類に入るものの，日本だけが特別に長いわけではない（佐藤，1999）。日本の雇用者の長期勤続傾向は終身雇用と

いうより，長期雇用と描写するほうが適切である。

　年齢とともに賃金が上昇する現象は日本に限ったことではなく，欧米でも部分的に確認される。この現象が，欧米のようにホワイトカラー（事務職や技術職など）に限られず，ブルーカラー（技能職）にもみられる点が，日本の特徴である（小池，2005：83-93）。また，日本の大企業の正社員は長きにわたって昇進競争にさらされる。若いうちは横並びで昇進するが，やがて同期入社組の中で昇進時期の差が出る。昇進競争の後半になると，それ以上は昇進できない者とさらに昇進する者とに分かれる（今田・平田，1995：41-64）。

　日本の大企業は遅い選抜（小池，2005：59-82）を行っているのであって，けっして「年の功」や年功序列で正社員を処遇しているのではない。「年功」はむしろ「年と功」（年齢・勤続年数＋能力・成果）として解釈されるべきである。

　日本の労働組合のほとんどは，同じ企業で働く雇用者を組合員とする企業別労働組合である。また，組合員のほとんどは企業別組合のメンバーである。しかし，雇用者のうち労働組合員である者の割合は，低下を続けている。また，企業別組合といっても組合員の中心は正社員であって，パート・アルバイトや契約社員などの非正社員を組合員としている組合はまだ少ない。正社員であっても管理職になると組合員でなくなることが通例である。

［2］ 日本的雇用慣行の形成

　以上のような特徴をもつ日本的雇用慣行は，古くからの日本文化を継承し，あるいは産業化の初期から存在したというよりも，比較的近年になって形成された慣行である。長期雇用層が日本企業に蓄積され，「年と功」としての処遇制度が大企業を中心に広まったのは，高度経済成長期（1955～73年）以降である。

　長期雇用や「年と功」は新卒採用慣行とも関係が深い。学校卒業の直後から正社員として若年層を採用するこの慣行は，明治時代における高等教育機関の卒業生の採用に始まるといわれる。ただし，学校から職業への間断なき移行を可能とする，この慣行が学歴を問わず一般化したのは高度経済成長期である。この時期に高等学校進学率が上昇した結果，日本企業は今まで中卒者が多数を占めたブルーカラーを，高卒者で代替して採用する必要に迫られた。高学歴化

した労働力を均衡処遇するために企業が出した答えが、ホワイトカラーだけでなく、ブルーカラーにも能力主義的な「年と功」の人事制度を適用することであった（本田，2005：53-77）。

　日本に労働組合は第2次世界大戦前から存在したが、大戦中は事実上、労働運動が禁止されていた。終戦後に日本の民主化の一環として労働組合法が制定され、日本国憲法でも労働三権が謳われた。当時、つぎつぎと労働組合が組織され、その多くが企業別・事業所別の組織形態であった。この企業別労働組合はブルーカラーだけでなく、ホワイトカラーも組合員とする工職混合組合である点が特徴的であった（兵藤，1997：37-44）。

3　日本的雇用慣行の評価

　こうした特徴をもつ日本的雇用慣行は、かつて日本の後進性の象徴として捉えられたことがある。産業化の先発国であったアメリカやイギリスを模範とする社会発展史観が、研究者を含め人々に共有されていたからである。米英は日本に比べて平均勤続年数が少なく、アメリカでは産業別労働組合、イギリスでは産業別組合や職業別組合が主流である。こうした米英の特徴は近代的な契約観念の発達として捉えられ、日本は村落共同体（コミュニティ）に象徴される所属型の社会として否定的に解釈されてきた。

　高度経済成長期以降に実施された大規模な日英比較調査（ドーア，1993）に続き、さまざまな国際比較研究の知見が蓄積されるにつれ、日本的雇用慣行は産業化の進んだ社会における、雇用システムのあり方の1つとして認識されるようになった。企業コミュニティとしての日本企業のあり方が、肯定的に評価されたといえる。日本の工業製品の国際競争力が高まった1970年代から80年代には、日本的経営が日本経済の強さの源泉として、称賛されるようになった。当時の先進資本主義諸国の多くが経済的に低迷していたことも、日本的雇用慣行が注目を集める一因でもあった。

　新卒採用と一体化した長期雇用や「年と功」の仕組み、企業別労働組合は、相互に補完し合って雇用保障を可能にする。それによって企業は長期的な視野で従業員への能力開発が可能になる（稲上，1999）。こうした日本企業の特徴が結果として、日本の低い失業率や勤勉な労働力を生み出すと考えられてきた。

しかし1990年代に入ると，日本に長期的な不況が訪れて雇用状況が悪化する。東アジア諸国が工業国として台頭すると，日本企業は人件費の安いこれらの国へ製造拠点を移転する。さらにこれらの国々の製造業は競争力を増し，日本企業の製品の勢いは衰える。こうして日本的雇用慣行への評価は低下し，日本企業は対策を模索するようになった。正社員を対象とする人事管理改革の1つが「年と功」の強化，つまり能力主義の再構築や成果主義の導入であった（都留・阿部・久保，2005）。

4 中核としての日本的雇用慣行と企業コミュニティ

そもそも日本的雇用慣行は，大企業の男性正社員を中心とする慣行である。彼らは雇用保障や企業による能力開発の恩恵を受けている。企業別労働組合は大企業を中心に組織されている。大企業の正社員は労働組合や長期勤続者に親和的な法体系によって，雇用が保障されている。そうはいっても，不況などにより企業の経営状況が悪化すれば，大企業の正社員も雇用調整の対象とされてきた。

自営業層や中小企業の雇用者，女性，非典型雇用者の多くは日本的雇用慣行の枠外で働いてきた人々である。働く女性や非典型雇用者が増加すると，当然のことながら日本的雇用慣行の外で働く人々の割合も増える。不況になると企業は，人件費や雇用保障の負担が重い正社員の採用を抑制し，非典型雇用者の活用を進めることになる。

社会全体の労働力を中核と周縁とに二分する考え方（ドーリンジャー・ピオレ，2007：202-229）にしたがうと，日本的雇用慣行は中核労働力に限定された慣行である。いいかえれば，中核労働力以外は企業コミュニティの構成員ではないともいえる。日本は欧米の多くの国々と同じく，周縁的な労働者が増加する局面に入っている。それと同時に，企業は経営の根幹を支える中核労働力をつねに必要としている。中核労働力を企業に内部化する日本的な形態として，今後も日本的雇用慣行や企業コミュニティは，変容しつつも存続していくと考えられる。

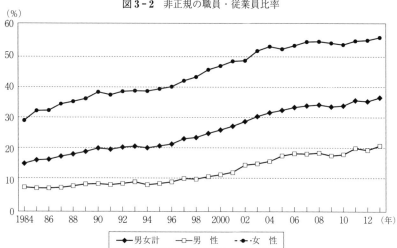

図3-2 非正規の職員・従業員比率

(出所) 2001年以前は「労働力調査特別調査」(2月調査), 2002年以降は「労働力調査詳細結果」(1～3月平均) により作成。

第3節　周縁労働者の増加

とはいうものの, 1990年代以降の日本では周縁的な労働者の増加が, 社会問題として扱われる機会が多くなった。具体的にどのような点が問題として指摘されてきたのだろうか。また, これらの問題点にはどのような社会的・歴史的な背景が影響しているのだろうか。

1　雇用形態の多様化と非典型雇用の拡大

雇用形態の多様化とは, パートやアルバイト, 派遣労働者や契約労働者など非典型雇用の種類が多様化しつつ, 雇用者に占める非典型雇用者の割合が増加する現象である。雇用形態の多様化は1960年代からみられたものの, それが著しく進んだのは90年代後半以降である。非典型雇用者は主婦パートに代表されるように, 男性よりも女性のほうが多い (図3-2)。人材派遣会社から派遣され, 派遣先企業の指揮命令のもとで働く派遣労働者は, 90年代後半以降に法的規制が緩和され, 企業による活用が進んでいる。

サービス経済化あるいはポスト工業化により，第3次産業の就業者が増加を続けている。飲食店や小売，娯楽，教育，介護・福祉などの第3次産業で，雇用者に占める非典型雇用者の割合が高い。非典型雇用者の増加の一因は，産業構造の変化にあるといえる。ただし第2次産業であっても国際競争の激化により，人件費の削減や業務量の繁閑に即応すべく，非典型雇用者の活用が進んでいる。男性のその割合も増加しており，正社員としての雇用を前提とした男性稼ぎ手モデルが揺らぎつつある。

非典型雇用者は人件費の節約のため賃金や福利厚生など労働条件面で，正社員より処遇が低い。非典型雇用者を企業が活用するおもな理由の1つが，業務量の繁閑への対応ということもあり，正社員ほどの雇用保障もない。また非典型雇用者への能力開発も不十分であることが多い。機会の平等や条件の平等が，非典型雇用者には保障されていない。

日本で主流の企業別労働組合は正社員中心の組合である。パート・アルバイトや契約労働者などの非典型雇用者を組合員としている組合は増えつつあるが，まだ多くはない。産業民主主義が十分に非典型雇用者へ浸透しているとはいえない。

2 若年層雇用の不安定化

高度経済成長期に一応の形成をみた新卒採用慣行は，1990年代以降の長期不況やそれにともなう企業の採用抑制により，若年層に対する雇用保障の機能が弱まっている。学卒者を間断なく正社員へ移行させる，この仕組みの恩恵を受けられない若年層が目立つようになった。雇用形態の多様化は若年層にも及び，フリーターと呼ばれる若年非典型雇用者がかなりの数に達している（図3-3）。それに加えて，ニートと呼ばれる若年無業者も相当数存在する（小杉，2010）。たとえ正社員として就職しても，ブラック企業（今野，2012）ということばに象徴されるように，長時間勤務など劣悪な労働条件に耐えられずに離職する若年層もいる。このような若年層の中には正社員として再就職することなく，非典型雇用を続ける者もいる（労働政策研究・研修機構，2013）。

非典型雇用や無業の期間が続くと能力開発の機会が少ないため，年齢を経ても正社員として雇用される機会が小さくなる。非典型雇用者を正社員へ登用す

図3-3 フリーター数

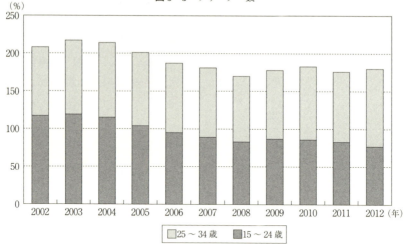

(注) 2011年は岩手県，宮城県及び福島県を除く全国の結果。
(出所) 総務省統計局「労働力調査（詳細集計）」。

る制度のある企業も，多いとはいえない。正社員としての職歴が少ない者は，中高年になっても不安定な就労を継続するおそれがある。

　所得が低く就労が不安定な者の増加により，消費の減退や納税額の減少がもたらされ，将来的に日本の経済や社会の活力を低下させることが懸念されている。また，非典型雇用者や無業者は生活の安定が見込めないため，結婚や出産の決断を避ける傾向にある（松田，2013：72-83）。女性だけでなく男性の不安定就労層が増加しつつある現在，男性稼ぎ手モデルがいまだ主流の日本社会では，少子化傾向を増幅することが懸念されている。

3　いまだ困難な女性の就業継続

　日本の女性労働力率の変化を年齢にそって描くと，M字型の曲線になることが知られている。M字型就労曲線の最初の山は，学卒者の多くが労働市場に参入する20歳代前半から，後半へと移動している。それに続く谷は，結婚や出産を機に女性が労働市場を退出する30歳代，第2の山はふたたび労働市場に参入する40歳代後半である。M字型就労曲線の最初の山が高い年齢層へ動いていることや，谷がかつてより浅くなっているという点では，女性の就業継続

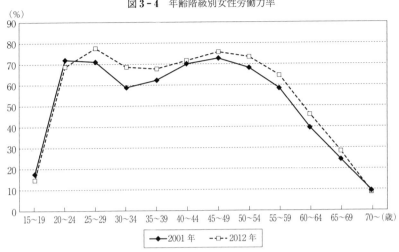

図3-4 年齢階級別女性労働力率

(出所) 総務省統計局「労働力調査」より作成。

が進んでいるようにみえる（図3-4）。

　しかしこの現象は，子どものいる既婚女性がますます，正社員としての就業継続を選択するようになった結果ではない。女性の未婚化・晩婚化が進んだ結果として，就業を継続する女性が増えたためである。日本において今もなお，子どものいる既婚女性は専業かパートかを問わず主婦が多数派である（松田，2013：31-60）。

　育児・介護休業法の改正を経て，以前よりワーク・ライフ・バランスを図りやすい社会になりつつあるようにみえる。実際には，女性が育児と正社員勤務を両立することは現在も難しい。出産を契機に就業を中断する女性は今も多い。保育・託児施設の整備が不十分であることも，1つの要因である。夫による家事・育児への協力が少ないことや，多くの女性が自分の手による育児を希望していることなど，従来型の性別役割分業に負うところも大きい。

　労働基準法や男女雇用機会均等法が幾度か改正され，企業の均等施策も整備されてきた。ただし，男性正社員が多数を占めるいわゆる総合職との対比で，正社員女性であっても処遇で劣る一般職としての活用に留まる日本企業も多い。中核労働力としてのキャリアや能力開発を女性に十分提供してこなかったこと

もあり，女性の管理職はまだ少数である。つまり，いざ女性を幹部候補として育成しようとしても，役割モデルが少ないのが現状である。女性に対して機会の平等を保障するだけでなく，管理職へ積極的に登用するポジティブ・アクションのような，結果の平等を推進する施策も提唱されている（武石，2006：46-79）。

　長期にわたり昇進競争を強いる日本的雇用慣行の「年と功」の仕組みは，男性にとってはもちろん，女性にとっても厳しいものがある。また，昇進競争が続く20歳代後半から40歳代前半は労働時間も長い。この年齢層は既婚者であれば，出産や育児の時期とも重なる。老親の介護に直面する人々もいる。介護もまた女性がおもな担い手となっており，少子高齢化の進行とともにより重い課題となってくるだろう。

第4節　産業と雇用への政策的対応：課題と方向性

　前節でみた諸問題に対して，どのような解決策が考えられるだろうか。中核労働者を対象とする日本的雇用慣行が今後も存続することを前提として，できるかぎり現実的な解決方法を挙げておく。一部の企業や労働組合がすでに実施している施策も含まれている。しかし，たとえ現実的な解決策とはいえ実現までの道のりは険しい。政府や自治体，企業や労働組合など「社会の公器」に期待するだけでは不十分である。労働者や生活者，家族の一員としての各個人にも，相応の努力と責任が求められよう。

［1］均衡・均等処遇

　非典型雇用者の中には，正社員と同一の業務に従事しつつも，正社員に比べて賃金や福利厚生など労働条件が低い者もいる。また非典型雇用者においても雇用形態の違い（たとえば，派遣労働者とパート）によって，同一の業務にもかかわらず賃金格差がみられることもある。雇用形態の違いにかかわらず労働条件を均衡・均等にすることが，企業に求められよう。また，能力・実績のある非典型雇用者には正社員への転換・登用制度を整備することも，企業には求められる。

中核労働者として女性の活用を進めるためには，管理職への登用機会をより開かれたものにする必要があろう。ただし，管理職となる男性正社員と同じような職務経験を積む機会を，女性正社員にも与えることが前提となる。また，女性が長期の就業継続を可能にする，ワーク・ライフ・バランス施策の推進が欠かせない。

もっとも，均衡・均等を「同一価値労働・同一賃金」という理念にのみ基づいて判断することは，職務範囲が無限定的な日本の企業内分業構造（Cole, 1979：92-120）や能力主義的な「年と功」の仕組みに照らして，非常に難しいところである。業務上の役割や責任の大きさ，時間外労働や転居をともなう転勤の有無，勤務日・勤務時間帯の選択可能性，将来的なキャリア・コースに応じて，総合的に均衡・均等を見極める必要があろう。

2 能力開発の充実

均衡・均等処遇を達成するためには，職務経験を含めた能力開発の機会も均衡・均等であることが前提となる。性別や雇用形態にかかわらず，均衡のとれた均等な能力開発の機会を，企業は従業員へ提供すべきである。能力開発の機会には，企業主導の教育訓練だけでなく，従業員が自己啓発を行う時間の確保も含まれる。また，職務経験の幅や深さを均衡・均等に保障することや，希望する職務や部署の選択機会を均衡・均等に従業員へ与えることも含まれる。これらの機会の提供は，従業員のキャリア権（諏訪，1999）を保障することでもある。

企業内部で均衡・均等な能力開発の機会が保障されることと，社会全体で均衡・均等な機会が保障されることとは，必ずしも一致しない。非典型雇用者の中には，企業内部における低い職務レベルに均衡して，能力開発の機会が十分に与えられていないことが多い。このような人々に対しては，政府や自治体などの公的機関が能力開発の機会を充実させるべきだろう。

3 ワーク・ライフ・バランス施策の推進と時間管理の効率化

育児・介護休業法をはじめとして，ワーク・ライフ・バランスを推進する法的環境は整備されつつある。企業によっては，法的な最低義務を上回る施策を

▶▶ *Box* ◀◀

生活と睡眠の両立（ライフ・スリープ・バランス）？

　ワーク・ライフ・バランスということばは比較的新しいものの，仕事とそれ以外の生活との両立をどうするかという問題は，古くから存在する論点である。仕事志向か余暇志向かを尋ねる調査はかなり前から実施されてきた。仕事が終わったあとにデートの約束があるのに，上司から急な残業を命じられた場合，残業を優先するかデートを優先するかという調査も，よくありがちである。生活というとどうしても，起きているあいだの時間の使い方に目が向きがちであるが，睡眠も生きていくために欠かせない活動である。

　睡眠時間が不足すると仕事や学習の効率が悪くなり，ミスの発生するおそれも増大する。活動の内容によっては，ミスが重大な事故を招くことになる。また長時間の不眠が続くと心身ともに不調をきたし，ひどい場合には生命の危機をもたらす。睡眠はほかの活動とバランスを取るべき，生活時間の重要な一部である。最適な睡眠時間は，年齢や起きているあいだの主たる活動内容によって異なる。年齢の高い人ほど平均的な睡眠時間は少ないし，スポーツ選手など肉体的な負荷の大きい活動を主としている人は，最適な睡眠時間は長くなる。昼食後に睡魔に襲われると，午後の仕事や授業の受講の効率が落ちる。そのため企業や学校の中には，昼休みとは別に昼寝の時間を設けたり，社長が率先して昼寝を奨励したりするところもある。

　日本人の睡眠時間は国際比較上，少ないとされる。とくに就業している育児中の女性の睡眠時間は少ない傾向にある。ワーク・ライフ・バランスというと，仕事と家庭生活の両立支援に関心が向かいがちであるが，睡眠時間の確保や睡眠の質の向上にも関心を高める必要がありそうである。法的な育児休業期間を過ぎた1歳児であっても，夜泣きをするために，親が睡眠不足に陥ることがある。企業の福利厚生の一環として，フレキシブルな睡眠施策を求めることは，考え過ぎだろうか。

提供している。出産を機に就業継続を断念する女性が多く，管理職の適齢期に達するまでキャリアを継続する女性が少ないのが現状である。均等施策を推進する前提として，ワーク・ライフ・バランス施策の推進が必要とされる。

　育児休業や介護休業は男性も取得が可能である。しかし，実際に取得する男性はごく少数である（佐藤・武石，2004）。従来型の性別役割分業観もあり事実上，男性がワーク・ライフ・バランス施策を利用する機会が閉ざされている。男性によるワーク・ライフ・バランス施策の利用が女性と，結果として平等に

なるよう，積極的な対策が求められているのかもしれない。

　もっとも，ワーク・ライフ・バランス施策を活性化した結果として，企業経営が圧迫されてしまえば本末転倒である。企業や個々の従業員は管理職のリーダーシップのもと，日常業務の無駄を見直し，時間管理の効率化とあわせてワーク・ライフ・バランスを推進すべきである。場合によっては，無理な働きかたを改善するため，顧客や取引先からの理解を得ることも求められよう。

［4］ 労働組合への組織化

　日本で主流の企業別労働組合の組合員は，非管理職の正社員が中心である。同じ企業の従業員であっても，パートやアルバイト，契約労働者を組織している企業別労働組合は多いといえない。たとえ不満や要望があっても従業員個人でそれを訴えることは難しい。従業員が共通して抱える不満や要望というかたちで，労働組合が企業へ改善を求めていくことが望まれる。正社員と非典型雇用者とのあいだで，よりいっそうの均衡・均等を図るために，非典型雇用者を企業別労働組合へ組織化することが求められている。

　中小企業では企業規模が小さいこともあり，企業別労働組合が組織されていないことが多い。企業別労働組合では包摂することが困難な，中小企業で働く地域の労働者を組織する，合同労組やコミュニティ・ユニオンと呼ばれる労働組合が注目を集めている。これらの労働組合は，大企業に組織された企業別労働組合に比べて活動資金が少ない。もし労働組合が「社会の公器」であり産業民主主義の根幹であるならば，行政によるこれらの労働組合への財政的支援があってもよいだろう（呉，2011）。

［5］ 新たな企業コミュニティの創造をめざして

　日本企業の企業コミュニティ的な特質は，大企業の男性正社員を主とする，中核労働者に限定されてきた。均衡・均等の原則は周縁的労働者へ必ずしも適用されてこなかった。日本の企業コミュニティは今後，周縁的労働者を包摂することが可能だろうか。また，周縁的労働者へ均衡・均等の原則を適用することが可能だろうか。

　ある鉄道・バス会社はこれらを実現した。すべての契約社員を正社員化した

この事例は，もとは企業主導によって進められたのではなく，企業別労働組合の粘り強い活動によって可能となった。同じ企業に勤務し，同じような業務を担当しながらも，正社員と契約社員とのあいだに，賃金や雇用契約期間など労働条件に格差があった。均衡・均等な処遇のもと雰囲気のよい職場環境で働きたいという，正社員と契約社員の双方の願いを吸い上げたのは，この企業に組織された労働組合であった。労働組合は契約社員を組織化するだけでなく，その正社員化までも達成した（河西，2011）。
　この事例は，日本の企業別労働組合だけでなく，日本の企業コミュニティの潜在的な可能性を示している。

(引用・参考文献)

Cole, R. E. (1979) *Work, Mobility, and Participation : A Comparative Study of Amarican and Japanese Industry,* University of California Press.

Doeringer, P. B. and M. J. Piore (1985) *Internal Labor Markets and Manpower Analysis : With a New Introduction,* Armonk, M. E. Sharpe. ＝ドーリンジャー，P. B.・ピオレ，M. J.／白木三秀監訳（2007）『内部労働市場とマンパワー分析』早稲田大学出版部。

Dore, R. P. (1973) *British Factory-Japanese Factory : The Origins of National Diversity in Industrial Relations,* University of California Press. ＝ドーア，R. P.／山之内靖・永易浩一訳（1993）『イギリスの工場・日本の工場――労使関係の比較社会学』（上・下）筑摩書房。

本田由紀（2005）『若者と仕事――「学校経由の就職」を超えて』東京大学出版会。

兵藤釗（1997）『労働の戦後史』（上）東京大学出版会。

今田幸子・平田周一（1995）『ホワイトカラーの昇進構造』日本労働研究機構。

稲上毅（1999）「総論　日本の産業社会と労働」稲上毅・川喜多喬編『講座社会学6　労働』東京大学出版会，1-31頁。

河西宏祐（2011）『全契約社員の正社員化――私鉄広電支部・混迷から再生へ（1993年～2009年）』早稲田大学出版部。

小池和男（2005）『仕事の経済学［第3版］』東洋経済新報社。

今野晴貴（2012）『ブラック企業――日本を食いつぶす妖怪』文藝春秋。

小杉礼子（2010）『若者と初期キャリア――「非典型」からの出発のために』勁草書房。

松田茂樹（2013）『少子化論――なぜまだ結婚・出産しやすい国にならないのか』勁草書房。

Oakley, A. (1974) *Housewife*, Allen Lane. ＝オークレー，A.／岡島茅花訳（1986）『主婦の誕生』三省堂．
呉学殊（2011）『労使関係のフロンティア――労働組合の羅針盤』労働政策研究・研修機構．
労働政策研究・研修機構（2013）『壮年期の非正規労働――個人ヒアリング調査から』労働政策研究・研修機構．
佐藤博樹（1999）「日本的雇用システムと企業コミュニティ――国際比較とその行方」稲上毅・川喜多喬編『講座社会学6　労働』東京大学出版会，33-73頁．
佐藤博樹・武石恵美子（2004）『男性の育児休業――社員のニーズ，会社のメリット』中央公論新社．
諏訪康雄（1999）「キャリア権の構想をめぐる一試論」『日本労働研究雑誌』第468号，54-64頁．
武石恵美子（2006）『雇用システムと女性のキャリア』勁草書房．
都留康・阿部正浩・久保克行（2005）『日本企業の人事改革――人事データによる成果主義の検証』東洋経済新報社．

(Book Guidance)

①本章の理解を深める入門書
佐藤博樹・武石恵美子（2004）『男性の育児休業――社員のニーズ，会社のメリット』中央公論新社．
　法的には保障されている男性の育児休業の取得がなぜ少ないのかについて，豊富な調査データに基づき論じている．従業員の立場からだけでなく，企業の視点からも考察されている．ワーク・ライフ・バランスや性別役割分業について考える手がかりとなろう．
白波瀬佐和子（2010）『生き方の不平等――お互いさまの社会に向けて』岩波書店．
　日本社会に存在するさまざまな不平等について，データに即してバランスよく詳述されている．日本の雇用問題に焦点を当てた書籍ではないものの，本章で取り上げた若年層雇用や女性の就業をめぐる不平等についても，包括的な視点から論じられている．
②ステップアップのために
小杉礼子（2010）『若者と初期キャリア――「非典型」からの出発のために』勁草書房．
　若年非典型雇用者であるフリーターの実態と直面する問題について，豊富な調査実績に基づいて論じられている．フリーターが増加した背景とともに，フリーターを正社員へ移行させるときの課題について，能力開発を中軸に据えて検討している．

佐藤博樹（2012）『人材活用進化論』日本経済新聞出版社。
　日本的雇用慣行の変容から雇用形態の多様化，労働組合まで，日本における雇用の現状と課題を多角的に論じている。本章で扱えなかった企業経営の観点からみた雇用問題を，豊富な調査実績に基づいて詳述している。

（小川慎一）

第4章 地域とコミュニティ拠点の社会学

《章のねらい》
　地域の「共同性」を基盤として「公共性」を創出するための現代的な「コミュニティ拠点」の有効性について明らかにします。とくに共同性を生み出す装置となる「コミュニティ拠点」に注目します。公共施設にとどまらず「コミュニティ拠点」と呼びうるもの全般について，これまでどのような研究の蓄積があるのか確認します。そして近年の「コミュニティ拠点」機能の弱まりと，「コミュニティカフェ」という新しい拠点形成の動きを紹介します。

キーワード▶コミュニティ，共同性，一般的互酬性，公共性，コミュニティ拠点，居場所，第三空間，サードプレイス，コミュニティ施設，コミュニティカフェ，中間支援組織

第1節　地域とコミュニティ拠点への社会学的アプローチ： 視点・考え方・方法

1　コミュニティの要件としての共同性

　これまで，多くの論者が口をそろえてコミュニティ概念の多義性について語ってきた。しかし，地域社会学の領域において，似田貝香門が『社会学事典』において端的に説明したように，コミュニティとは「地域性と共同性という二つの要件を中心に構成されている社会のこと」（似田貝，1988：317）として共通に理解されてきた。地域性とは，コミュニティが何らかの地理的範域をもつものとして設定されることである。
　では，共同性とは何か。この共同性という概念が地域社会学にとって中心的な概念であったものの，「共同性を正面から取り上げて定義し，それに基づいて議論することは少ない」（田中，2010：49）といわれる。それは，「共同性と

いう概念は，社会学が研究対象とするすべての事柄に関わるほど，あまりにも内包の広い概念であり，そのためそれ事態で議論するのは生産的ではないと考えられてきた」(田中, 2010：64) からである。それでも，共同性という基盤から生み出される公共性について議論を展開していくために，ここで共同性を定義しておきたい。

共同性とは，長谷川公一によれば「多義的だが，最も一般的には，複数の行為者が，何らかの価値や利害を分かちあっているような関係のあり方をいう」(長谷川, 2003：55)。また，浅川達人によれば，共同性とは「それを構成する諸個人の間で社会的相互作用が交わされていること，そしてその社会的相互作用から生まれる相互依存性」を指す (浅川, 2010：45)。

これらの定義では共同性が単に人々の間の相互作用として把握されるだけではなく，共同性には価値や利害をともなった相互依存性が存在していることがわかる。

田中重好は，共同性の概念的な整理として，「人間の存在にとって根源的な共同性」と「場の共同性」に区分する。前者は，必ずしも特定の場所を想定しない共同性概念であり，人間は根源的に共同的存在であり，共同性なしには社会は成立，存続しえないとする立場である。後者は，場を共有する人々の間には，自覚しようがしまいが，潜在的な共同性が埋め込まれていると考える共同性である。「場の共同性」は，「共同性が社会的に具体的な形や行動に結びつく契機を獲得するという点」で「根源的な共同性」と根本的な違いがある。「場の共同性」は自覚化を経て，「自覚的な共同性」を成立させ，この中にはさらに行為に結びつく明確な「目的を持った共同性」が存在する (田中, 2010：70-71)。

「目的を持った共同性」は，その目的達成のためにアソシエーションを形成する。アソシエーションとは「人々が自由・対等な資格で，かつ自由意志にもとづいてボランタリー (自発的) に，ある共通使命や目的のために結び合う非営利・非政府の民主的な協同のネットワーク型組織である」(佐藤, 2007：75)。

コミュニティをアソシエーションの母胎と規定したのはマッキーバー (MacIver, R. M.) である。もともと個人がもつ「特殊的関心」が人々相互の「類似関心」になることによってアソシエーションは形成されるが，マッキー

バーによれば，アソシエーションは「類似関心」を経て「共同関心」を育てていくことがある。しかも，コミュニティを基礎づける「共同関心」がさまざまなアソシエーションを形成したり，既存のアソシエーション機能を促進することがある（マッキーバー，1975：135）。

人々のもつ関心にそくしていえば，マッキーバーのいう「特殊的関心」には「場の共同性」，「類似関心」には「自覚的な共同性」，「共同関心」には「目的を持った共同性」が対応するとみていいだろう。アソシエーションを形成した時点で共同性が自覚され，「共同関心」を共有することで「目的を持った共同性」が育まれるのである。

アメリカの政治学者パットナム（Patnam, R. D.）は，社会関係資本を「社会的ネットワーク，およびそこから生じる互酬性と信頼性の規範」（パットナム，2006：14）と定義したが，互酬性の規範については，「特定的互酬性」と「一般的互酬性」に区別しており，後者の規範の方が社会関係資本にとって有用だという。すなわち，「互酬性は『特定的』であることもある。『あなたがそれをやってくれたら，私もこれをしてあげる』のように。しかしより価値があるのは，一般的互酬性の規範である——あなたから何か特定の見返りを期待せずに，これをしてあげる，きっと，誰か他の人が途中で私に何かしてくれると確信があるから，ということである。……人々の多様な集合の間で頻繁な相互作用が行われると，一般的互酬性の規範が形成される傾向がある」（パットナム，2006：17）。

鳥越皓之は，相互依存性の基底としての「一般的互酬性」について，身近な人たちの間でよく生じる愛他的な互酬性であり，短期的愛他主義（その場の思いつきの愛他主義）と長期的自己利益変換（長期的にみれば，結果的にも自分にも利益が戻ってくる）がセットになったものを指すという（鳥越，2008：94-98）。

ここまでの議論から，コミュニティの要件としての共同性を「一般的互酬性を規範とする相互依存的な関係のあり方」と定義しておく。

2　共同性と公共性の交点

これまでの概念的な整理について，除雪（雪かき）の事例で考えてみたい。石川県金沢市では，2010（平成22）年度まで「登録　金沢しぐさ」という制度

があった。これは，金沢の人がみせる「もてなし」と「おもいやり」を登録するもので，市のHP（ホームページ）によれば，暮らしの気遣いとして，「家の前の雪かきは，お隣の前を少しはすかしたいものです」とある（金沢市HP）。降雪は，ふだんは潜在的である「場の共同性」を住民に自覚させる。制度として明文化されていなくても，雪は，住民相互の共有の課題として，「自覚的共同性」となって現れる。自宅前の除雪（敷地内処理原則）は「特殊的関心」であるが，雪への対応は近隣の「類似関心」となる。自分の家の前の路面に続く隣家の前まで除雪することは，「おたがいさま」の気持ちからでる一般的互酬性の規範である。

さらに，隣近所で除雪の困難な家の除雪を手伝うことは「共同関心」となる。これは昔から町内会・自治会（金沢市では町会という）といった単位で行われてきたことである。雪への対応という目的をもった共同性が，既存のアソシエーションとしての町会の機能を促進させる。

けれども，市内の中心街では高齢化が進み，家の前の除雪の困難な高齢者単独世帯などが増えてきた。地域住民だけでは対応が困難になり，かといって細い路地の隅々まで行政で除雪することはできない。そこで考えだされたのが，2008（平成18）年度から始まった「学生等雪かきボランティア」事業である（Box 参照）。毎年，初雪の報らせを聞く12月上旬に，連合町会等の地域，学生グループ等，金沢市の3者で「雪かきボランティア協定」を締結する。翌年の2月末までの間，地域からの要請に応じて学生等が雪かきに出向く。当初は7組だったが，2013年には19組にまで拡大した。[1]

このことは，「目的を持った共同性」から「公共性」が創出される過程と捉えることができる。田中重好によれば「共同性」と「公共性」の相違点は，以下の3点である。①公共性は社会の構成員全体に対して一種の強制力をもつが，共同性はもたない，②公共性は垂直的関係であるが，共同性は水平的な関係である，③公共性は普遍的言語を必要とするのに対して，共同性はそれを必ずしも必要としない（田中，2010：160）。

公共性は，行政サービスとして税金から機械除雪で雪処理をする行為を含むものの，すべてを税金で賄うには限界がある。その課題について，行政は「雪かきボランティア」を制度化し，町会と学生グループといったアソシエーショ

ンを仲介する中間支援的機能を果たしているといえる。ここに,「共同性」と「公共性」の交点を見い出すことができる。

だが,これは公私の中間的すき間領域を町会や学生のアソシエーションによる共同性が埋めているという単純な図式では捉えられない。吉原直樹は,共同性をゆるやかに媒介するアソシエーションとして町内会をみており,「町内会における〈公共性〉は,基本的にはこうした〈共同性〉が普遍化されて成り立つものである。すなわち,指摘されるような〈共同性〉の枠組のなかで社会的な規制→ルールができあがり,そこから公共的なものへの自己展開がみられるときに,〈公共性〉が発現する」(吉原,2000：146)という。

そこで以下では,共同性が公共性へ転換するプロセスについて「コミュニティ拠点」を事例に考察する。現代では少なくなった「コミュニティ拠点」は,「目的的な共同性」から「公共性」を導く契機となりうると考えられるからである。「場の共同性」を可視化させ,自覚させる機能を「コミュニティ拠点」がもつ。そこで「自覚された共同性」は,「目的的な共同性」に転化し,ひいては「公共性」を創出する。そのような視点から,「コミュニティ拠点」について検討していきたい。

第2節　コミュニティ拠点研究の系譜

1　コミュニティ拠点と居場所概念

「コミュニティ拠点」とは,端的にいえば地域住民の「居場所」のことであり,その場所を基点として人々の間に「場の共同性」が自覚される機能をもつものと捉えることができる。

従来,コミュニティ拠点として把握されてきたものには,公的なものとして,小学校,公民館,コミュニティセンター,児童館,体育館,地区集会所,公園などがある。これらの場所については,地域社会学の領域では「コミュニティ施設」として調査,分析されてきた。

「居場所」論の理論的枠組みを先行研究から検討した阿比留久美は,「居場所」論における「居場所」を,①受容的空間としての「居場所」,②社会的空間・創造的空間としての「居場所」,③関係性の中での「居場所」の3つに類

型化する。①は，自分を演じたり，つくろうことなく安心して存在できる受容的空間として想定される。それとは対照的に，②は，社会や他者へのつながりを能動的に築いていく空間として設定される。③は，①と②との結合をめざす立場である。すなわち，「受容されると共に，安心して自らの気持ちを発信し，能動的に行動することができるようになっていくプロセス」である（阿比留，2012：37-39）。

「コミュニティ拠点」を「居場所」概念に適合させて考えれば，「コミュニティ拠点」とは，そこに「他者との共同性が自覚される客観的な空間性がある場所」ということになる。人々がその場所をめざして集まってきて，また去っていくという拠点は，「場の共同性」をもつ。そこで社交が生まれれば，それは「自覚された共同性」へと変容する。

大久保孝治は，地域社会との社交が今求められているという。「家庭を持たない人でも，職場を持たない人でも，生活している以上，特定の地域社会に身を置いている。だから地域社会との社交は，個人が生活空間の中に『足場』を築こうとするときに，本来なくてはならないはずのものである」（大久保，2013：228）。彼は，この「足場」の具体例として地元の商店を挙げ，とりわけ飲食店，その中でも「カフェ」は格別な社交の空間であるとしている（大久保，2013：230-234）。

都市社会学の第一世代といわれる磯村英一は，まさに，大久保のいう「足場」を「第三空間」という概念の中に把握していた。磯村は，家庭を第一空間，職場を第二空間，盛り場・交通を第三空間として整理している。近代化にともなって機能分化してきたこれらの空間の中で都市性がもっとも顕著に現れるのは，「住居と職場以外の，道路・交通機関・広場・公共施設等を含めた空間」（磯村，1968：18-19）としての第三空間である。この第三空間は，積極的にレクリエーションの場となるものと，消極的な場になるものとに区別される（磯村，1968：56）。前者はなんらかの目的をもって空間を利用し，後者は単に交通機関を利用しているような状態を指す。同じ電車やバスに乗り合わせることは「場の共同性」をもつことである。それは匿名性を保ったまま瞬間的で非組織的に形成される共同性であるが，その第三空間の中に，「足場」を築くことは，匿名的空間がなじみの空間へと変化するさまを体験することに他ならない。「足

しげく通うことで，オーナー，店主，店員，常連らと顔見知りになった第三空間は，その時・その場かぎりの匿名的関係ではないなじみの空間になる」（田中，2013：141）。この空間の捉え方は，アメリカの都市社会学者のレイ・オルデンバーグ（Oldenburg, R.）が提案するサードプレイス概念に重なる。

2 サードプレイス

　レイ・オルデンバーグは，アメリカにおける場所の問題として，インフォーマルな公共生活が未発達なことを挙げる。その問題の解決策として，「くつろいだ充実の日常生活を送るには，以下に挙げる三つの経験の領域のバランスがとれていなければならない。第一に家庭，第二に報酬をともなうか生産的な場，そして第三に広く社交的な，コミュニティの基盤を提供するとともにそのコミュニティを謳歌する場」（オルデンバーグ，2013：57）があることである。

　この第3の場所こそ，「サードプレイス」であり，「インフォーマルな公共生活の中核的環境」の意味である。サードプレイスは，「家庭と仕事の領域を超えた個々人の，定期的で自発的でインフォーマルな，お楽しみの集いのために場を提供する，さまざまな公共の場所の総称」であり，「とびきり居心地よい場所」である（オルデンバーグ，2013：58-59）。

　オルデンバーグは，「コミュニティがその真価を発揮し，人びとがほかのどこよりも自然体でいられるこうした集いの場を，きちんと評価して記録した人はほとんどいないのだ。それどころかサードプレイスは過小評価され，見過ごされてきた」（オルデンバーグ，2013：65）という。そして，サードプレイスを評価するための実例として，ドイツ系アメリカ人のラガービール園，イギリスのパブ，フランスのカフェ，ウィーンのコーヒーハウス等を検討するのである。

　「サードプレイスでの交友関係は，まず第一に，より親密な関係を補完する。人間の孤独にかんする研究者の一致した見解によると，人には親密な関係が必要であり，どこかに帰属することもまた必要である。帰属するというのは，クラブや集団あるいは組織の一員になることだ。集団とのつながりは，個々の構成員とのつながりよりも強い。親密さと帰属には大きな違いがあり，一方を他方の代用にすることはできない。わたしたちには両方が必要なのだ」（オルデンバーグ，2013：127）。明らかに，クラブや集団は「目的を持った共同性」への帰

属である。サードプレイスが匿名性の高い空間であるうちは，そこに集う人々の間には単なる「場の共同性」しかない。通勤通学の電車内や駅構内がそうであるように。しかし，ひとたびなじみの場所に変化すると，そこは「自覚された共同性」の発現する場となる。

3　公的なコミュニティ施設

　サードプレイスのようなインフォーマルなコミュニティ拠点とは違って，フォーマルな公共生活のコミュニティ拠点の代表的なものとされる公共施設に関しては批判的な議論も多い。その理由として，第1に，1970年代に始まる日本のコミュニティ政策において，コミュニティセンターのような公共施設の建設に重点が置かれてきたこと，第2に，そこでは施設の計画・管理・運営に住民が参画することは少なかったこと，第3に，そのため，住民の豊富なコミュニティ活動を生み出す拠点性をもち得なかったことを挙げることができる。

　菊池美代志は，従来型の公共施設をその管理形態に関連させて3種類に分類している。第1は，市民，体育，文化センターのような町の中央部に建設された広域的大規模施設である。第2は，中規模で学区や住区のような中間地域に配置される中間施設であり，「公設民営」方式がとられる。第3は，町内会・自治会単位のような小地域に設置される地元集会所のような「民設民営」方式の施設である（菊池，1998：37-38）。

　中間地域に配置される公共施設としては，公民館を取り上げることができる。文部科学省によると，全国の公民館数は1万4681館である（2011年10月現在）。久田邦明は，「従来の公民館は，教育施設（社会教育施設）というきまりに忠実に学校建築をモデルにしてきたようにみえる。集会室・学習室・和室・調理室という構成は，学校の教室や特別教室の配置に似ている。最近では学校も変わりつつある。むしろ公民館の変化が遅れているのかもしれない」（久田，2010：179）と指摘する。

　鈴木孝男は，「これまで行政主導で整備してきたコミュニティセンターや公民館等の社会教育施設，学校等の教育施設，福祉関連施設等のコミュニティ施設の存在意義を問い直し，住民ニーズと一致した機能や空間構成に組み直し，新たな地域の拠点を作り出していく時期に差し掛かっている」（鈴木，2011：

157）として，廃校を生かした拠点づくり等を提案している。

　このように，公的に設置されてきたコミュニティ施設が，住民にとって，サードプレイスのような居心地のよい居場所になりうるのか，あるいは，その場の社交から「自覚的な共同性」が生み出され，地域問題の解決へとつながるような「目的を持った共同性」を創出する拠点となりうるのかどうかが，現代的な課題として問われているといえよう。

第3節　共同性の基盤となるコミュニティ拠点

1　コミュニティ拠点機能の弱まり

　これまでみてきたように，地域社会においては従来からさまざまなコミュニティ拠点が存在してきたが，近年その機能の弱化が指摘されている。2010年1月にNHKが「無縁社会〜"無縁死"三万二千人の衝撃〜」という番組を放送して以来，同年7月には「高齢者所在不明問題」が起こるなど，全国的に社会関係の稀薄化が顕在化している。このような状況の中，2011年3月の東日本大震災後に建設された仮設住宅へは，もともとの集落ごとの入居を勧めるなど，従来のコミュニティの連帯を住民が維持できるように各自治体が配慮している。また仮設住宅に集会所や花壇を設置することで，住民が自宅に引きこもらずに他者とのつながりを保てる居場所づくりが工夫されるなど，被災地ではコミュニティ拠点の重要性に気づき，対策が取られているときく。

　だが，公的施設といわれるものは，利用者層にはかなりの偏りがあり，高齢者，育児中の親，障がいのある人など，地域に気軽に集える場所がほとんどない住民も多い。かつては，これらの住民にとっても，インフォーマルなコミュニティ拠点として，井戸端，縁台，境内，寄り合い好きな家の居間など，村や町内において，居場所はいろいろなかたちで存在していた。しかし，都市化や個人化が進んだ現代において，自然発生的なこれらの拠点の存在に期待することは難しくなっている。公的に設置されたコミュニティ拠点に参加するには敷居が高く，とはいえ地縁による私的なコミュニティ拠点が存在していない地域の住民を孤立させないようにするには新たな「居場所」を誰かが創出していくしかない。

(2) 新たなコミュニティ拠点形成の動き

　現在,「コミュニティカフェ」という地域の居場所が注目されている。コミュニティカフェは,その名称だけではなく,担い手,場所の形態,利用者などが多様なかたちで全国に展開しており,一括りに定義できるものではない。たとえば名称は,まちの縁側,ふれあいの居場所,地域の茶の間,もう１つの家などさまざまであるが,総じて地域の人たちが自由に集えるサロン的な居場所のことである。これはまさに地域の新たなコミュニティ拠点として地域住民自らの手によって創出されてきたものである。コミュニティカフェは,誰にでも開放され出入り自由であるが,何かあったときには支え合えるという選択的な結びつきの１つとして,地域での人々の孤立を防ぐ機能をもっている。地域のどこにでもコミュニティ拠点としての人々の居場所ができることは,まさに一人ひとりを包摂する社会の具現化なのである。

　大分大学福祉科学研究センターが511カ所のコミュニティカフェを対象に2011年に実施した「コミュニティカフェの実態に関する調査結果」によると,コミュニティカフェは2000年以降に開設された施設が９割であり,近年の増加率が高い。設置主体・運営主体は,NPO法人,個人,任意団体などであり,運営目的は,地域活性化,保健福祉,地域への貢献が中心となっている。住宅街や商店街への立地が中心であり,場所の形態も自宅を開放したもの,空き家や空き店舗,テナントを借りたものなどがある。利用者の属性としては,女性が多いものの比較的幅広い年齢層が利用しており,徒歩圏内の地域住民の利用が８割となっている(大分大学福祉科学研究センター,2011)。

　コミュニティカフェの全国的動向としては,公益社団法人長寿社会文化協会(以下,WAC)が,これらのカフェのネットワーク化に向けて2009年11月に「コミュニティカフェ全国連絡会[(4)]」を設置している。かねてからWAC内には,介護認定を受ける前の元気な高齢者はふれあいや交流を求めているが,家の鍵をかけずに近隣にお茶を飲みに行くような関係は少なくなり,家に閉じこもるようになったとの問題認識があった。そこで地域の交流拠点に着目し,新潟市で「地域の茶の間」を提唱していた河田珪子氏と一緒にその普及に取り組むことになった。2002～03年には新潟市,2004年には広島市で「地域福祉推進コロキウム」という名称で,地域福祉活動拠点の全国集会を開催している。

しかし，地域の居場所づくりの全国的な動きが本格化したのは，5年ほど前からのことである。そのきっかけとなったのは，2007年12月にWAC編集の『コミュニティ・カフェをつくろう！』が出版されたことであった。WACではコミュニティカフェを，①人と人が交差する自由な空間，②あらゆる情報の交差点，③友達を作る（人的ネットワークを広げる），④もっと素敵な生き方にチャレンジするきっかけをもつ場，と定義している。2008年12月からは，「コミュニティカフェ研究会」を主催し，居場所の運営者を呼んで事例研究を行っている。[5]

また，公益財団法人さわやか福祉財団でも，「ふれあいの居場所」という名称で，そこでの出会いがさまざまな助け合いに発展していくようにと居場所を作るための研修会を全国で開催している（さわやか福祉財団ふれあい居場所推進プロジェクト，2008）。これらの影響力の強い全国レベルの中間支援組織が後押しするかたちで，コミュニティカフェがその現代的意義を確認され，全国に広まっていこうとしている。そこで以下では，この動向を踏まえて新たなコミュニティ拠点形成の実際として，コミュニティカフェの事例を紹介する。

3　コミュニティカフェの広がり：石川県羽咋市「おっちゃっ家」

石川県羽咋市の「おっちゃっ家」は，新潟県新潟市の常設型地域の茶の間「うちの実家」を視察に行った住民の有志が，それを参考にして開設した（写真4-1）。[6]羽咋市C地区の町会長が自宅の一部（6畳+8畳）を開放し，2010年10月より週1回日曜日（10:00～15:00）に開催している。近所に住む一人暮らしの高齢者（おもに70歳代後半～80歳代の女性）が集まり，折り紙やトランプをしながら話をし，用意される昼食を食べて過ごす。利用料は昼食代込みで300円である。10名ほどのボランティアがメンバーとなって，交代しながら昼食を用意したり利用者の話相手を務めたりする。ボランティアの中には民生委員も含まれており，地域での高齢者の見守り，支え合い活動になっている。

利用者によると，「おっちゃっ家」を訪れる目的は，「一人暮らしなので，みんなと話がしたい」（73歳女性：一人暮らし。近々敬老会に加入予定），「詩吟仲間との交流だけでなく，地区の人ともお話したい」（85歳女性：一人暮らし。2人の息子とその家族が東京と金沢に暮らす。地域では敬老会に所属），「みんなとご飯を食べ

写真 4-1 「おっちゃっ家」で折り紙を楽しむ利用者たち

る」(86歳女性：一人暮らしを始めて 9 年。地域では婦人会長や健康クラブの会長を務める)，とのことであった（金沢大学地域社会学研究室，2012：37-41)。

　さらに，2011年 5 月には，「おっちゃっ家」から約500 m 離れた地域で，「寄らんかいね」というコミュニティ拠点ができた。地元町会の老人会長が，「おっちゃっ家」の活動に刺激を受けて，住んでいなかった持ち家を月に 1 度（毎月第 2 水曜日），午前10時から 2 時間ほど地域住民に開放している。開設や運営に当たっては，羽咋市市民活動支援センターが協力している。利用者は地域に暮らす高齢者がほとんどで，「お茶代」として 1 回100円を支払い，茶の間でお茶を飲みながら会話に花を咲かせるなど思い思いに過ごしている。

　石川県羽咋市の事例として紹介したコミュニティカフェは，常設型地域の茶の間「うちの実家」を参考にしながらも，すべてを模倣するのではなく，地域の住民のニーズにあったかたちで「うちの実家」の良いところを取り入れて運営している。「うちの実家」から「おっちゃっ家」ができ，「おっちゃっ家」から「寄らんかいね」ができ，さらに羽咋市内のその他の地域にもコミュニティカフェが広がっていこうとしているという。

第4節　地域とコミュニティ拠点への政策的対応：課題と方向性

1　コミュニティ拠点が支援するコミュニティ拠点

　これでまでみてきたように，住民自身によって自発的に，かつ同時多発的に1990年代頃から全国で発生してきたコミュニティカフェであったが，今後の開設と運営を支援することは，今や行政が取り組むべき課題の1つとなったといってよい。行政の施策に取り入れられるようになるまでには，全国で地域の居場所づくりを支援してきたWACや公益財団法人さわやか福祉財団のような中間支援組織の果たしてきた役割が大きい。

　しかし，行政の助成金等で拠点を立ち上げることができても，経済的に自立しながら継続性を保っていくことは運営者それぞれの課題である。その課題を認識し，個々の事例の情報を共有しながらコミュニティカフェをサポートしていくことが，WACのような全国にネットワークをもつ中間支援組織に期待されている役割といえよう。2013年度には，WACが独立行政法人「福祉医療機構」の「社会福祉振興助成事業」から助成金を得て，WAC本部のほか，川崎市，京都市，金沢市，名古屋市のNPO法人とともに，5都市でコミュニティカフェの開設講座を実施した。講座は30時間前後で，コミュニティカフェ概論，実践例見学，起業プラン作成などから構成される。連携5団体は，いずれもすでにコミュニティカフェを開設していて，そのノウハウを周囲に伝えることができる団体が連携先として選ばれた（長寿社会文化協会，2013：5）。従来，中間支援組織はNPOを支援するNPOといわれてきたが，コミュニティカフェを支援するコミュニティカフェが出てきたのである。

　居場所づくりを進める中間支援組織の機能がなくては，ボランタリー・アソシエーションとしてのコミュニティ拠点の形成と継続は望めないであろう。全国のコミュニティカフェが緩やかなネットワークをつくることで，運営者を孤立させず，そのノウハウや悩みを分かち合っていくことが必要なのである。

　「コミュニティカフェ全国連絡会」事務局長は，コミュニティカフェと喫茶店との違いは何かという問いに，以下のように答えた。「喫茶店では，隣の人と20センチしか離れていなくても，よほどのことがなければおしゃべりは始ま

図 4-1 小さい-大きい,小文字の-大文字の公共性の移行パターン

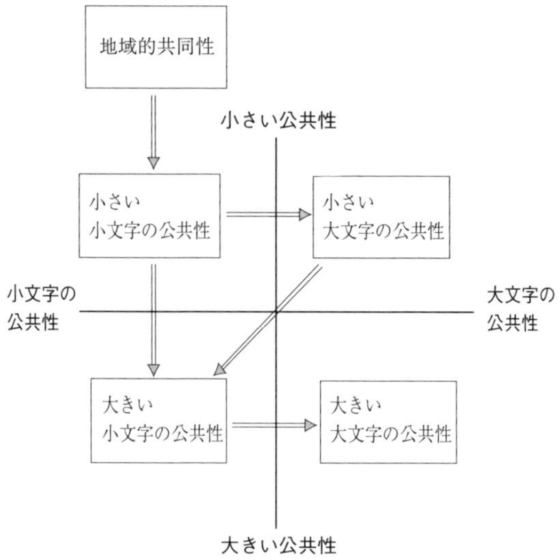

```
              地域的共同性
                  │
                  ▼       小さい公共性
         ┌──────────┐   ┌──────────┐
         │ 小さい    │   │ 小さい    │
         │小文字の公共性│→│大文字の公共性│
         └──────────┘   └──────────┘
小文字の       │  ╲                    大文字の
公共性 ────────┼───╲────────────────── 公共性
               ▼    ╲
         ┌──────────┐   ┌──────────┐
         │ 大きい    │   │ 大きい    │
         │小文字の公共性│→│大文字の公共性│
         └──────────┘   └──────────┘
                  │
              大きい公共性
```

(出所) 田中, 2010：174。

らない。だがコミュニティカフェとは，たまたま知らない人に会っても同じ空間で自然と会話が起きる場所である。その点で喫茶店とは違う」。今後もWACでは，開設支援，情報提供，書籍の販売などを通して全国にコミュニティカフェを展開する支援をしていくという。

2 公共性を創出するコミュニティ拠点

ここまでの事例から明らかなように，コミュニティカフェでの「共同性」は「公共性」を育む基盤として考えることができる。田中重好は，「これまで地域社会学は，共同性が公共性へ転換するプロセスについてほとんど研究してこなかった。今後，地域社会学は，地域という場から，いかに公共性が創出されるかを研究する必要」（田中，2010：169）があるという。その上で田中は，「地域社会のなかで公共性が形成されてゆく過程では，①自治体の政策的公準と，②その公準の正当性をつくり出す手続きに注目しなければならない」として，①に限定して「実証的に共同性から公共性が創出する過程を追ってゆくと，両者が画然と区別できるものではないことがわかってくる」という（田中，2010：

▶▶ *Box* ◀◀

学生のまち・金沢にあるコミュニティ拠点

　石川県金沢市は，全国でも有数の学都である。平成23年度学校基本調査によれば，人口10万人当たりの高等教育機関数は全国第3位，人口1000人当たりの学生数は全国第7位である。学都の歴史は，1886〜1887（明治19〜20）年，全国に官立の高等中学校が設置された5都市のうちの1つであったことに始まる（第四高等中学校）。その後，次々と高等教育機関が設置されたものの，その立地は郊外に集積する。金沢大学もキャンパスが金沢城内にあることで有名であったが，1994年には郊外への移転が完了した。中心市街地に学生の姿を見かけなくなって久しいといわれる。

　このような状況の中，「金沢市における学生のまちの推進に関する条例」が2010年4月1日から施行され，拠点の整備というハード面と，プロジェクトへの支援というソフト面との両方から，金沢市は学生のまちづくりを強力に推進し始めた。拠点とは，市内中心部に2012年9月にオープンした「金沢学生のまち市民交流館」である。大正時代の金澤町家を改修した「学生の家」と旧料亭大広間の部材を用いて新設した「交流ホール」の2つの建物からなる。2013年6月には，このホールで「平成25年度協働のまちづくりチャレンジ事業・学生まちづくり部門」審査が公開で行われた。書類選考を通過した15の学生団体のうち，この日のプレゼンテーションで7団体の事業が採択され，10万円を上限に金沢市から活動費が助成された。また，「学生まちづくり会議」が大学の垣根を超えた学生メンバー数十人からボランティアで組織され，金沢市とともに地域活性化に取り組んでいる。

　交流館を訪ねると，大勢の学生が新たなプロジェクトの実施に向けて熟議を重ねる姿をみかける。学生にとって交流館は，自宅とキャンパス以外の地域の居場所「コミュニティ拠点」であり，ここから共同性を基盤とした公共性が芽生えようとしている。

170)。そして，公共性の創出過程を概念的に整理して，①小さい小文字の公共性，②小さい大文字の公共性，③大きい小文字の公共性，④大きい大文字の公共性の4つに分類している（図4-1）。「小さい公共性」はある特定の地域に成立する公共性であり，「大きい公共性」は日本全体をベースに成立する公共性である。「小文字の公共性」は言説としての公共性であり，「大文字の公共性」は制度化された公共である。小文字の公共性は形成途上であり，大文字の公共性ほど構成員に対する強制力を確立していないが，まちづくりの当事者にはそ

れが活動の理念となっており，参加・討論を通して大文字の公共性になってゆく（田中，2010：171-174）。

　コミュニティカフェの利用者にとっては，その空間は居心地の良いサードプレイスであり，そこでは「場の共同性」を自覚化させる。コミュニティカフェの運営者にとっては，人々の孤立予防などの地域課題に取り組む居場所づくりの活動であり，それは「目的を持った共同性」が「小文字の公共性」へと移行することにほかならない。各地で単発的にさまざまなかたちのコミュニティカフェが生まれたことは「小さい小文字の公共性」の出現である。そして，WACのような全国レベルの中間支援組織の動向は，そこから「大きい小文字の公共性」を生み出そうとしている。WACが2013年度に全国5都市でコミュニティカフェ開設講座を実施したことは，コミュニティ拠点が新たなコミュニティ拠点を創出することにつながっており，「大きい小文字の公共性」の獲得へと導かれてゆくものであろう。

　『平成23年度版高齢社会白書』によると，新潟県では「うちの実家」を参考に地域の茶の間の全県普及を促進しており，すでに新潟県内には2000カ所以上あるといわれている（内閣府，2011：70）。コミュニティカフェの開設を政策的に支援してゆこうという動きは，「小さい小文字の公共性」が「小さい大文字の公共性」を獲得しつつあることを示している。

　今後は，コミュニティカフェが「大きい大文字の公共性」へとどう移行することができるかが問題である。人々がとびきり居心地のよい居場所をコミュニティ拠点としてもつことを可能にすることは，地域福祉領域での政策として提示されなければならない時期にきているのかもしれない。

注
(1) 2013年2月13日に金沢市市民協働推進課より提供をうけた情報による。
(2) 高齢者所在不明問題とは，厚生労働省によれば，東京都足立区において，生存していれば111歳の人が，実は30年前に死亡していたとの報道（2010年7月30日）等を受けて，全国の自治体において高齢者の安否確認をした結果，死亡者や行方不明者が相次ぎ判明し，その一部に年金の不正受給等があったという問題を指している。
(3) 金沢市では，2006年4月1日より施行された「金沢市における広見等のコミュニティ空間の保存及び活用に関する条例」において，「コミュニティ空間」を，広見

（藩政期に，火災の延焼の防止等のために設けられた場所で，道路の一部が広くなっているものをいう）・寺社等の境内・袋小路・用水・わき水と位置づけ，これらが市民共有の財産であるとしている。拠点としての建物があるわけではないが，これらの場所は住民のインフォーマルな居場所であったと想定される。

(4) WACは1988年に設立された高齢化問題に関する民間第1号の社団法人であり，2010年に公益社団法人に移行認定された。「コミュニティカフェ全国連絡会」はWAC内に事務局を置いている。連絡会については，リスト化はされているものの会員制度にして運営されているわけではない。

(5) 2012年9月24日に「コミュニティカフェ全国連絡会」事務局長を務める昆布山良則氏に聞き取り調査を実施した内容をまとめた。

(6) 常設型地域の茶の間「うちの実家」は2013年3月に10年間の活動を終えたが，この間全国から視察が相次ぎ，コミュニティカフェ運営の先導役を果たした。詳細は，『常設型地域の茶の間「うちの実家」10年の記憶2003-2013』(2013) を参照されたい。

引用・参考文献

阿比留久美（2012）「『居場所』の批判的検討」田中治彦・萩原建次郎編『若者の居場所と参加——ユースワークが築く新たな社会』東洋館出版社。

浅川達人（2010）「21世紀のコミュニティ」浅川達人・玉野和志『現代都市とコミュニティ』放送大学教育振興会。

長寿社会文化協会（2013）『ふれあいねっと』通巻第264号。

長谷川公一（2003）「共同性」宮島喬編『岩波小辞典　社会学』岩波書店。

久田邦明（2010）『生涯学習論—— 大人のための教育入門』現代書館。

磯村英一（1968）『人間にとって都市とは何か』NHKブックス。

常設型地域の茶の間「うちの実家」(2013)『常設型地域の茶の間「うちの実家」10年の記憶2003-2013』博進堂。

金沢大学地域社会学研究室（2012）『コミュニティカフェの実態と可能性』(平成23年度学長研究奨励費研究結果報告書）。

金沢市「登録　金沢しぐさ」(http://www4.city.kanazawa.lg.jp/22050/sigusa/　2013年1月19日アクセス）。

菊池美代志（1998）「コミュニティ施設の社会学」菊池美代志・江上渉『コミュニティの組織と施設』多賀出版。

MacIver, R. M. (1917) *Community : A Sociological Study : Beingan Attempt to Set Out the Nature and Fundamental Laws of Social Life*, Macmilan. ＝マッキーヴァー，R. M.／中久郎・松本通晴監訳（2009）『コミュニティ——社会学的研究：社会生活の

性質と基本法則に関する一試論』ミネルヴァ書房.
松野弘（2004）『地域社会形成の思想と論理——参加・協働・自治』ミネルヴァ書房.
文部科学省「公民館の振興」(http://www.mext.go.jp/a_menu/01_1/08052911/001. htm/ 2013年1月21日アクセス).
内閣府（2011）『平成23年度版高齢社会白書』.
似田貝香門（1988）「コミュニティ」見田宗介・栗原彬・田中義久編『社会学事典』弘文堂.
大分大学福祉科学研究センター「コミュニティカフェの実態に関する調査結果［概要版］2011年7月」(http://www.hwrc.oita-u.ac.jp/publication/file/Text_2011_2.pdf/ 2013年1月22日アクセス).
大久保孝治（2013）『日常生活の探求——ライフスタイルの社会学』左右社.
Oldenburg, Ray (1989) *The Great Good Place : Cafés, Coffee Shops, Bookstores, Bars, Hair Salons and Other Hangouts at the Heart of a Community*, Da Capo Press. ＝オルデンバーグ, R.／忠平美幸訳（2013）『サードプレイス——コミュニティの核になる「とびきり居心地よい場所」』みすず書房.
Putnam, Robert D. (2000) *Bowling Alone : The Collapse and Revival of American Community*, Simon & Schuster. ＝パットナム, R. D.／柴内康文訳（2006）『孤独なボウリング——米国コミュニティの崩壊と再生』柏書房.
佐藤慶幸（2007）『アソシエーティブ・デモクラシー——自立と連帯の統合へ』有斐閣.
さわやか福祉財団ふれあいの居場所推進プロジェクト（2008）『ふれあいの居場所ガイドブック』さわやか福祉財団.
鈴木孝男（2011）「コミュニティ再生にとっての拠点の意義」東北活性化研究センター『地域コミュニティの再生と協働のまちづくり』河北新報出版センター.
田中大介（2013）「コンビニとカフェ」中筋直哉・五十嵐泰正編『よくわかる都市社会学』ミネルヴァ書房.
田中重好（2010）『地域から生まれる公共性—— 公共性と共同性の交点』ミネルヴァ書房.
鳥越皓之（2008）『「サザエさん」的コミュニティの法則』NHK出版生活人白書.
WAC（社団法人長寿社会文化協会）編（2007）『コミュニティ・カフェをつくろう！』学陽書房.
吉原直樹（2000）「地域住民組織における共同性と公共性——町内会を中心として『社会学評論』第50巻第4号，572-585頁.

第4章　地域とコミュニティ拠点の社会学

(Book Guidance)

①本章の理解を深める入門書

田中重好（2010）『地域から生まれる公共性――公共性と共同性の交点』ミネルヴァ書房。
　これまで正面からあまり検討されてこなかった「共同性」に向き合い，それが「公共性」へと転換されるプロセスの重要性を主張する。「共同性」と「公共性」の概念的整理が参考になる。

Oldenburg, Ray (1989) *The Great Good Place: Cafés, Coffee Shops, Bookstores, Bars, Hair Salons and Other Hangouts at the Heart of a Community*, Da Capo Press. ＝オルデンバーグ，R.／忠平美幸訳（2013）『サードプレイス――コミュニティの核になる「とびきり居心地よい場所」』みすず書房。
　アメリカの公共生活におけるサードプレイスの減少は現代日本においても適合する。カフェやパブなどの実証的な事例の検討から現代のコミュニティ拠点を考えることができる。

②ステップアップのために

松野弘（2004）『地域社会形成の思想と論理――参加・協働・自治』ミネルヴァ書房。
　地域社会を捉える理論的な系譜について網羅的に整理されており，近年の市民と行政による協働の必要性まで提起されている。

MacIver, R. M. (1917) *Community: A Sociological Study: Beingan Atempt to Set Out the Nature and Fundamental Laws of Social Life*, Macmilan. ＝マッキーヴァー，R. M.／中久郎・松本通晴監訳（2009）『コミュニティ――社会学的研究：社会生活の性質と基本法則に関する一試論』ミネルヴァ書房。
　コミュニティを学ぶなら一度は手にとってほしい古典的名著。2009年にミネルヴァ・アーカイブズとして復刻され入手しやすくなった。

（眞鍋知子）

第5章	若者と現代文化の社会学
	——「刹那志向」と「家族主義」をめぐって——

《章のねらい》

　若者について考えることで現代日本の問題を浮かび上がらせることが，この章のねらいです。それはここ数年の「若者論」が取り組んできたことでもあります。たとえばニートやフリーターの問題を「若者の問題だ」と断じてしまうことは容易に自己責任論に転じてしまいます。いわゆる「ロスジェネ論壇」以降の論客たちはそれに抵抗してきました。若者を通じて社会をみる。本章ではそんな社会学的想像力を養ってもらいたいと思います。

キーワード▶若者，社会的弱者，ロスト・ジェネレーション，郊外化，ワーキングプア，家族主義，刹那志向，貧困の文化，日本型福祉社会論，家族の再生産，保守主義

第1節　若者と現代文化への社会学的アプローチ：視点・考え方・方法

　文化社会学とはいわゆる「文化研究」とは異なる。文化社会学で扱う「文化」とは何もないところに急にあらわれるものではない。それについて考えることは，その社会的な背景を考えることであり，そこから，今の状況を変革する方向を模索することでもある。本章で扱うのは，文化の中でも「若者文化」である。しかしだからといって，若者文化の変遷について表層的に追っていくことはしない。それは「若者文化研究」の役割だからである。むしろその背景にある社会の動きを中心に考えていく。

　概要を簡単に紹介する。

　第2節では，「若者論」をめぐる近年の動きを社会状況と併せつつ整理し，第3節では，実際に2011年に行った調査をもとに，現代の若者が置かれている

状況とそこでみられる若者文化について素描する。彼らの文化は，とくに階層の低い若者において「利那志向」が色濃い。第4節では，その文化の背景にある「家族主義」に注目し，その特性について考える。そこでは，「利那志向」は彼ら特有のものではなく，戦後の保守思想の孕む根本的な問題であることが示される。最後に，今後起こりうるであろう事態に対し，われわれがどう対処していけばよいのか考えたい。

第2節　若者論の課題

1　若者論の質的な変化

　「若者論」が隆盛である。しかしそれは，1990年代を境に大きく変化してきた。戦後日本における「若者論」(「若者」ではなく「青年」と呼ばれた) においては，主にアイデンティティ・クライシスの問題がクローズアップされていた。つまり，社会が豊かになっていく中で，「生きる意味」を失い苦悩する若者が問題化されたのである。小熊英二のいう「現代的不幸」(小熊，2009) こそが「若者論」の中心的課題であった。

　しかし，日本経済が低成長期に入り，若者を取り巻く経済的な状況が悪化し始めると，そうした若者論に質的な変化が生じていく。武川正吾は，名目賃金が下がり始め，日本経済がデフレーションに陥っていることが確実となった1998年を分岐点として，若者論に変化が生じたとし，その先駆けとして，若年の雇用・失業・無業を問題化した玄田有史の『仕事のなかの曖昧な不安』(玄田，2001) を挙げている (武川，2014：22)。

　その後，宮本みち子や本田由紀といった社会学者を中心に，若者を「社会的弱者」として位置づける議論が注目を浴びるのだが，その中でもとくに注目したいのが，そこで「弱者」と位置づけられていた若者たち本人が声をあげはじめた2000年代中盤以降の動きである。

　2000年代，就職氷河期のまっただ中で卒業から正社員へという「レール」に乗れなかった若者たちにとって，その矛先は戦後日本の社会体制に向かった。代表的なのは，2007年，『論座』誌上に掲載された赤木智弘の論文「『丸山眞男』をひっぱたきたい　31歳フリーター。希望は，戦争」である。赤木は1975

年生まれ。「結局，社会はリストラにおびえる中高年に同情を寄せる一方で，就職がかなわず，低賃金労働に押し込められたフリーターのことなど見向きもしなかった」(赤木，2007：56)という赤木の異議申し立ては，硬直化した日本型雇用制度を批判する城繁幸(1973年生まれ)の議論(城，2006)や新しく登場した若年貧困層＝プレカリアートの抵抗活動を世に知らしめた雨宮処凛(1975年生まれ)の活動(雨宮，2007)などと相まって，「新世代の若者論」を印象づけた。

社会学においても，若年層の雇用不安は先進国に共通した課題であるとし，それとナショナリズム(不安型ナショナリズム)との関連を指摘した高原基彰の議論(高原，2006)や若年不安定就業者のフィールドワークを通して日本型福祉社会の終焉を説いた阿部真大の議論(阿部，2007)など，同世代の社会学者の議論が注目され，『朝日新聞』の特集でこの世代が失われた世代＝ロスト・ジェネレーションと名づけられたことから「ロスジェネ論壇」と呼ばれた。

現在の若者論は，こうした1990年代から2000年代における質的な転換以降の流れにあると考えていいだろう(たとえばその「直系」が「ブラック企業」をめぐる議論である)。小熊の言葉をふたたび借りれば，経済成長の中でもはや解決されたと思われていた，貧困に代表される「近代的不幸」が，若者論の中で語られ始めたのである。

2　若者は不幸なのか？　幸福なのか？

しかし，それは本当なのかと疑問を投げかけたのが，「ポスト・ロスジェネ」世代の社会学者，古市憲寿である。『絶望の国の幸福な若者たち』(古市，2011)において，古市は政府統計における20代の生活満足度の高さを指摘し，若者たち自身の当事者意識としては「弱者」どころか幸福度は高まっていることを指摘した。

なぜそうなっているのだろうか。その満足度の背景にあるものが何かということに関しては次節に譲るとして，実際，2000年代，若者の労働問題がクローズアップされたのとは対照的に，目立った社会運動は起こらなかった。2011年，アメリカのウォール街でおこった若者を中心とした大規模なデモ「オキュパイ・ウォール街」の盛り上がりに比べ，盛り上がりに欠けた「オキュパイ・ト

ウキョウ」に触れて,古市はインタビューの中で次のように語っている。

　　雨宮処凛さんとか松本哉さんたちが,反貧困運動をずっとやってきましたけど,あれに集まるのは結局,一部の人だけじゃないですか。実際,ほとんどの若者たちは格差社会の被害者だという意識はないし,今の生活に満足している。(1)

挑発的な物言いだが,「ロスジェネ論壇」の問題点を言い当てている。たしかに,若者たちは満足している。一方で,労働環境が厳しいことは事実である。この,一見するとパラドキシカルな状況を解くことこそ,今の若者論の課題である。

　結論を先取りすると,この問題は「単身／世帯」という補助線を引いてみると,クリアになる。「ロスジェネ論壇」は「単身の若者」たちによって担われた言説であった。しかし社会を見渡すと「親と同居する若者」の数が圧倒的に多い。「ロスジェネ論壇」が見落としたのは,家族の問題であった(ただし,それは,「ロスジェネ論壇」がマスメディアや大学,研究機関の集中する東京を中心に盛り上がったことを考えると,仕方のないこととも言える)。

第3節　若者文化の現在

1　倉敷での若者調査

　この問題を考えるべく,2011年の夏,私は地方の若者の実態を調査すべく,岡山県倉敷市近郊にて,(学生ではない)42人の若者(性別は男性25人,女性17人。年齢は「20〜24歳」24人,「25〜34歳」18人。学歴は「大卒」13人,「短大・専門・高専」13人,「高卒」16人)(2)を対象にインタビュー調査を行った。調査のベースは岡山県高梁市の吉備国際大学で,轡田竜蔵氏との共同調査であった(3)。前後1年かけて,調査設計,実査,分析を行った(4)。

2　データの概要

　最初に,仕事,家族,友人,余暇,地域,社会の各項目に関して,「満足で

表5-1 満足である人の割合

項目	仕事	家族	友人	余暇	地域	社会
割合(％)	57.1	81.0	92.9	59.5	69.0	9.5

(注)「とても満足」、「やや満足」と答えた人の合計／総数。

表5-2 満足でない人の割合

項目	仕事	家族	友人	余暇	地域	社会
割合(％)	19.0	4.8	4.8	14.3	4.8	40.5

(注)「とても不満」、「やや不満」と答えた人の合計／総数。

ある」と答えている人の割合をみていきたい。結果を高い順にみると，友人：92.9％，家族：81.0％，地域：69.0％，余暇：59.5％，仕事：57.1％，社会：9.5％となっており，満足でないと答えている人の割合（友人：4.8％，家族：4.8％，地域：4.8％，余暇：14.3％，仕事：19.0％，社会：40.5％）と合わせると，高い方から，人間関係（家族，友人）＞地域，余暇，仕事＞社会という満足度のグラデーションが浮かび上がってきた（表5-1，表5-2）。

この結果とインタビューデータをあわせて分析すると，①郊外化の進んだ地方都市の「ちょうどよい」快適な生活環境が若者の「地元志向」を強めている，②収入の低さに起因する仕事への不満感は親の経済力によってカバーされている，③自立が困難な若者たちは将来に対する不安を感じている，ということが明らかになった。順にみていこう。

3 モータライゼーションと郊外化

調査の結果，イオンモールに代表される大型ショッピングモールが，地方の若者の余暇生活の中できわめて大きな役割を果たしていることがわかった。彼らにとってそれは，大都市ほどではないにせよ「ほどほどの楽しみ」を与えてくれるものであり，不便な田舎とも刺激的すぎる都会とも異なる，地方都市の「ちょうどよい」魅力につながっている。インタビューの中で，繰り返し出てきたのが，次のような言葉だった。

「地方都市ですかね。都会は人が多いし，自然が無いのが嫌ですね。田舎過ぎると今度は生活に不自由が出てくるんで，それも困りますし。今住んでいるぐらいの，ほどよい栄え方が暮らしやすいですかね。」（「都会，地方都市，田舎など，どういう場所で住むのが理想的か」に対する回答，20代，女性）

彼らのいう「ほどよい栄え方」を生んだものこそ，地方都市の消費秩序を一変させた巨大商業施設である。2000年の大規模小売店舗立地法（大店法）の廃止以降，爆発的に増えたこうした施設のおかげで，地方都市の消費生活は豊かなものとなった。

実際に私が倉敷駅の前にある大型ショッピングモールを訪れた際も，店内はとても混み合っていた。社会学者の南後由和は，2000年代の巨大ショッピングモールを，大阪万博を契機に洗練された工学主義的空間のテクノロジーの1つの到達点とみているが（南後，2013：179），確かにその風景は，まっすぐ見通しはいいが歩行者がおらず，車が高速で行き交う衰退した商店街の風景と対照的で，とても魅力的であった。

4 労働環境の問題

しかし，彼らの労働環境は決してよいものではない。個人年収の中央値は200～249万円。「ミドルクラス」の水準である300万円以上の収入があるのは，専業主婦の1人を除く41人中，男性については8人，女性については4人のみ。「収入に満足しているか」という問いに対しては，「満足している」と答えたのは41人中13人のみ。「満足していない」と答えたのはその2倍以上の28人。未来への見通しを図る変数となる「仕事をしていくうえで不安があるか」という問いに対しては，41人中27人が「ある」と答え，「ない」と答えた14人の2倍弱の数となった。「親よりも良い暮らしができるかどうか」という問いに対しては，42人中，「できる」は8人，「同等程度」が7人，「思わない」は18人にのぼった（「その他」は9人）。

しかし，若者たちの世帯年収をみてみると，中央値は400万円台と，個人年収の中央値，200～249万円を大幅に上回った。「単身独居者」17名の中央値は200～249万円，「世帯形成者」8人の中央値は500万円台であったが，とくに注目すべきは，「世帯内単身者」16人の中央値が600万円台と，もっとも高い数値が出たことである。「世帯内単身者」の個人年収の中央値が150～199万円であることを考えると，彼らが低賃金のディスアドバンテージを親との同居によってカバーしている状態が浮かび上がってくるだろう（ちなみに「世帯内単身者」の階層意識は9名が「世間並み」，5名が「低め」と比較的高かった）。

図 5-1　パラサイト・シングルから社会的弱者へ

1980年代 独身貴族	・長期化する未婚期 ・豊かな親の元で育つ若者の増加 ・豊富な正規雇用機会
1990年代 パラサイトシングル	・晩婚化の進行 ・若者の地域移動の鈍化 ・少子化を背景とする親元同居傾向
2000年代 社会的弱者	・若者の失業・不安定雇用 ・婚姻率の低下 ・離家できない若者の増加 ・結婚できない若者の増加

(出所)　宮本みち子(2007)「若者の家族形成条件の弱体化」第12回厚生政策セミナー「超少子化と家族・社会の変容——ヨーロッパの経験と日本の政策課題」報告。

　これは,「パラサイトシングル」(山田昌弘)の問題として社会学では長く議論されてきた問題だが,それを「社会的弱者」の問題として捉え直したのが宮本みち子である。宮本によると,1980年代には「独身貴族」と呼ばれ羨望のまなざしを向けられていた独身の若者が,1990年代の「パラサイトシングル」を経て,今では経済的な要因で結婚できず,親元を離れることのできない「社会的弱者」となっていることを指摘している(宮本,2007,図5-1)。

5　「貧困の文化」としての刹那志向

　ここからわかるのは,家族という「居場所」が彼らの満足度の高さの源泉となっているということである。しかし,それは彼らの自立を阻害する要因となっている。定位家族から生殖家族へ,若者たちが居場所を移していくことが必要なのに,親子関係の良好さがそれを阻んでいる。若者の自立を阻害する共依存関係が,親子間で成り立ってしまっているのである。
　こうした若者の実態は新しいタイプの「貧困の文化」として,ポピュラーミュージックの世界にもあらわれている。
　その象徴が,日本各地で活躍している地域密着型のレゲエ・アーティストたちである。彼らの特徴は家族と地元についての思いを歌い上げる「レペゼン文化」と呼ばれるものなのだが,80年代の労働者文化である,いわゆる「ヤン

キーカルチャー」にあって彼らにないものは，彼ら自身が家族を作るという契機である。

　たとえば，兵庫県尼崎市出身の THUNDER というレゲエ・アーティストの楽曲である「尼の唄」は，ひたすら尼崎への愛情（「絶やさないこの街への愛情」）と家族への感謝（「姉ちゃんの影響で音楽に惚れた」），友人たちへの感謝（「支えてくれた全員が仲間」）が歌われる。一見すると，それは旧来の労働者文化と同じように見えるが，「自分が家族を作る」という表象が最後まで出てこずに「このまま生きていきたい」とだけ歌われる点が，明らかに異なっている。彼女が出て行ったこの街で，仲間とともに「永遠の青春時代」を生きていく（「離れていったお前も聞いてて欲しいどっかで」）という思いの背後にあるのは「再生産の視点を欠いた家族主義」であり，まさしく先にみた自立できない若者の姿と符合する。

　「再生産という視点を欠いた家族主義」は，「今さえ良ければそれでいい」という「刹那志向」を帰結する。社会学者の益田仁は，「現在志向」について，過去の先行研究をまとめた上で次のように述べている。

　　現在志向に言及しているこれらの研究の共通項を探るとすれば，現在志向が醸成される社会経済的背景として将来の生活に対する見通しに何ら希望がもてず，現在において将来のために努力したとしても何の見返りも期待できないという状況が挙げられよう。(益田，2012：92)

　益田のいう「現在志向」とは本章でいう「刹那志向」と同じである。そして，それが「家族主義」と結びついているのが，日本の若者文化の特質なのである。

第4節　若者と現代文化への政策的対応：課題と方向性

［1］就労支援の現場にある対立

　それでは，われわれは現代の若者文化に色濃く表れる家族主義に対抗しうる言説をもっているのだろうか。ここで，少し視点を変えて，近年，就労支援において顕在化している若者の自立の問題について考えていきたい。

私は長年，大阪府の豊中市で調査をしているのだが，先に指摘したのと同じく，やはり就労支援の現場でも，問題となるのは，離家できない若者をいかにして支援していくかということである。そこではしばしば，若者の自立を妨げる家族主義とそれを利用している行政の姿勢が批判の対象となるのだが，注目したいのは，そこでめざされているのが個人の経済的な自立とそのための離家であって，批判する側も批判される側もともに彼らが新しい家族を作らなくてはならないとは考えていない点である。つまり，両者ともに家族の再生産という視点を決定的に欠いているのである。

　すると，批判する側も論理的には「親元を離れなくても経済的に自立さえ出来ていればそれでいい」ということになる。親と同居し続けながらも自分で働き，親が死んだ後もその家に住み続ける。こうしたライフスタイルに対して疑問が呈されることはない。

　つまり，誰も家族の再生産のことを考えていない。先にみた「再生産の視点を欠いた家族主義」を敷衍すると，家族主義を批判する側も「再生産の視点を欠いた個人主義」ということができるだろう。ともに再生産の視点を欠いた家族主義と個人主義が対立しているのである。

２　家族国家観から日本型福祉社会論へ

　しかし，個人主義が家族の再生産という視点をもたないのは当然といえば当然のことである。やはり問題は，家族の再生産という視点をもたない家族主義の方にあり，それはかなり特異な保守思想ということができる。なぜなら，保守思想が「今あるものを維持させる」ことを目的とするものであるなら，家族の再生産は真っ先に考えなくてはならない問題だからである。

　しかし，本当に日本の家族主義とはそのようなものだったのだろうか。ここで簡単に歴史を振り返ってみよう。

　戦前の日本では「家」が世代を超えて続いていくことこそ，社会の存続につながっていくと考えられていた。それは「家族国家観」と呼ばれる。かつての家族主義とは，この「家」的な家族主義のことを指していたのである。そこには明確な「家族の再生産」への意志があった。たとえば，戦後民法改正期の資料をみると，「家」的な家族主義（保守）と個人主義（革新）の間の対立図式が

明確にみてとれる。^(7)

　しかし戦後,「家」が戦中のファシズムを支えた「封建遺制」とみなされると,保守思想は,その理想の家族観,国家観の基盤を「家」に求めることができなくなってしまった。つまり,もはや「家」という言葉をもって,社会の持続性を正当化することはできなくなってしまったのである。

　その結果生まれたものが「日本型福祉社会論」である。日本型福祉会論とは一言でいうと,「家」なき家族主義である。布施晶子が「現代家族と『日本型福祉社会』論」の中で冒頭に引用している(布施,1984：88),1982年12月に行われた,国会における中曽根元首相の施政方針演説をみてみよう。

　　政治の光を家庭にあて,家庭という場をもっとも重視していきたいと思います。国民の皆様の具体的な幸せは,いったいどこにあるのでしょうか。家族が家路を急ぎ,夕べの食卓を囲んだときにほのぼのとした親密の情が漂います。
　　このひとときの何ともいえない親愛の情こそ,幸せそのものではないでしょうか。夕べの食卓で孫を膝に抱き,親子三代の家族が共に住むことが,お年寄りにとってもかけがえのない喜びであると思うのであります。勤勉な向上する心,敬虔な祈る心もそうした家庭に芽生えます。明るい健康な青少年も,節度ある家庭の団らんから巣立ちます。この幸せが一億一千万集まって日本の幸せができるのであります。この幸せの基盤である家庭を大切にし,日本の社会の原単位として充実させていくことこそ文化と福祉の根源であると固く信じています。また目指すべき社会は,政府と国民の皆様が手を携えて建設してまいらねばなりません。国民の皆様が自立・自助の精神に立って,互いの協力の中からそれぞれに求められた責任を果たすことが,政治を円滑に進める原動力であります。政府もまた,必要な施策を責任をもって果敢に実行いたします。

　日本型福祉社会論は(社会保障費の削減という本来の目的からするとそれで十分なのかもしれないが)「家族が助け合いの基盤にある」ということしかいっていない。その問題点は,(当初からそうなのかもしれないが)未来の家族や社会のこと

を考えない単なるノスタルジーに，容易に堕する危険性があるということである。そして第2節でみた現在の若者文化に色濃くあらわれている家族主義は，まさしくそれをそのままトレースしたようなものである。日本型福祉社会論者からすると，地元が好きで親のことも好きで，家族の中で助け合って生きている地方の若者たちは，たとえ彼が家族を再生産できなかったとしても，理想的な姿と映るかもしれない。

　はじめに「文化について考えることは，その社会的な背景を考えることである」と述べたのだが，現在の若者文化を通じてみえてきたのは，戦後日本社会の抱えている大きな問題，すなわち「家族の再生産」ということに対する認識の甘さであった。それが彼らの間に蔓延する「刹那志向」と結びついた「家族主義」を生み出してしている。繰り返しになるが，若者文化の問題は若者だけの問題ではない。それは，この社会の抱える問題の，1つのあらわれとも考えられるのである。

3　バックラッシュの危険性

　「若者の自立」ということがしばしば語られる一方，その足をひっぱっているものが「家族主義」であるということ自体は，しばしば指摘されていることである。本節でみてきたのは，それに対抗する言説の不在であった。

　まず「家族主義」に直接対抗する個人主義的な立場からは経済的な自立については語られるが，それ以上のことは求められることはない（もちろん，再生産を重視する個人主義という立場もあるだろうが，少なくとも日本において目にすることはあまりない）。当然，それでいいではないかという意見もあるだろう。家族をもつ，子どもをもつということは個人の自由であるから，そこに介入すべきではないという意見に関しては，私も賛成だし，少子化社会には少子化社会なりの制度設計があるだろう。しかし，世論は別の方向に流れる可能性が高い。経済のことを考えても少子化は問題だし，子どもをもっと増やさなくてはならないというとき，そうした声を前に個人主義の立場はあまりに無力だろう。

　そこで，「家」的な家族主義が再評価されるであろうことは想像に難くない。なぜなら，歴史的，経験的に家族の再生産の問題に対して真正面から取り組んできたのは「家」的な家族主義だけだったからである。そこから，あの「家族

▶▶ Box ◀◀

格差とインターネット

　本章で扱えなかったことを2点補足し，その上でグループディスカッションの課題を出したい。

　1つめは階層の問題である。本章で扱ったのは，地方に住む，階層のあまり高くない若者たちであった。彼らの特徴は刹那志向，地元志向，家族主義といったキーワードでまとめることができるだろう。しかし，そうではない若者たちもいる。計画的で，大都市志向で個人主義的な性向の強い若者たち，階層の高い（もしくは高くなるであろうことが予測される）若者たちである。

　こうした傾向を「若者が多様化した」などと分析するのでは，問題の本質を見誤らせることになるだろう。「二極化」でもない。問題は「格差」である。若者の間で格差が広がりつつあり，それが経済的な側面だけでなく，意識や文化の側面にまで影響を及ぼし始めていることに注意しなくてはならない。

　すると，本章では扱えなかった1つのテーマが浮かび上がってくる。それは，大都市志向で高学歴な若者たちの文化である。彼らは本章で扱ったようなレゲエ・ミュージックは聴かないかもしれない。むしろそういったものを「恥ずかしい」と思っているかもしれない。それでは彼らはどんな文化にコミットし，どんな文化を形成しているのか。これが1つめのグループディスカッションの課題である。

　本章で扱えなかったもう1つの問題は，インターネットの問題である。

　インターネットの普及は，本章でみたような若者たちの世界をどう変えたのか。それは若者たちの世界を広げたのか，逆に狭めたのか。私の仮説では，この問題にも階層が関係している。地元志向の若者たちはより深く狭い「地元仲間」のコミュニティにはまっていき，逆に大都市志向の若者たちはグローバルに自分の世界を広げつつある。これが私の仮説だが，この仮説の正否について考えていただきたい。これが2つめのグループディスカッションの課題である。

国家観」までは後一歩だろう。

　つまり，バックラッシュの問題である。今，若者文化の中心にある「家族主義」の限界に人々が気づいたとき，反動的な方向に向かうことが十分に想像できて，その理由も十分にある場合，社会学には何ができるだろうか。これが，本章で私が最後に考えたい問題である。

4　豊かな社会学の源流を探る

　そこで私が提示したいのは，政策的な解決方策ではなく，過去にこの問題を解こうとした社会学者に学ぶという，より社会学的な解決方策である。

　実は，同じように，敗戦直後，家族社会学者も悩んでいた。「家」の負の側面を捨てつつも家族の連続性を担保するにはどうすればいいのか。例えば戸田貞三は，「家」の象徴である家督相続の廃止を目的とした，厳格な遺留分の規定をともなう均分相続制度の創設に反対したひとりであった。そこで彼はユニークな家督相続のあり方を提案した。少し長くなるが引用しよう。

　　家督相続の慣習は放棄すべきであらうか。家系の存続は我が国民が従来尊重して来た事柄である。<u>これを尊重することにも大きな理由もあり，またそれには或る幣も伴なふとしても相当の効果もある。さればそれに伴なふ幣を出来るだけ縮小するやうにして家系存続の方法を講せんとする要求が国民の中にあることも一応は考へてみなければならない</u>。かやうな要求に答へんとするならば或る程度家督相続の如き慣習も認めなければならぬ。これを認めるとするならば相続形式は如何になるべきであらうか。元来家督相続の最も重きを置くところは家長たる地位，即ち一家の整序と行事遂行との任務の相続である。資産の相続はこの任務実現のための便宜的手段である。従ってこの任務の相続と資産の相続とは別に考へて差支はない。かやうに考へて家系存続の方法を講ずるとすると，<u>家長たる任務の相続は性別または出生順位別の如何を問はずその任務遂行に最も適した子であつて且つその相続を希望する者にこれをなさしめ，資産の相続は諸子均分とすべきであるといふが如き主張が行はれるやうになるのではなからうか。若し任務の遂行に幾分物的資産が必要であるとするならば，最小限に於てこの必要に応ずるだけの資産を任務相続者に相続せしめ，その他は全部諸子均分となるのではなからうか</u>。
　　（中略）
　　以上は新時代の要請に応じながら家督相続制の如きものを存続せしめんとするならばそれが如何なる形のものとなるであらうかを考へてみたのであるが，家の生活に於て最も大切なことは日常生活に於て一家の全員に生活の安定を与へ内心の慰安を与へることである。（戸田，1947：10-11，下線は引用者）

戸田はまず「家系の存続」を尊重することには大きな理由があるとする。しかしそれには弊害もある。だから，効果を最大限にし，弊害を最小限にする方法を提案した。それは家長の任務は性別，年齢を問わずもっとも適した子どもに任せ，それにかかる費用を相続資産から差し引き，残りはすべて均分相続にするというアイデアであった。つまり，戸田が目指したのは，「家」的な家族主義と近代家族的な家族主義の折衷案であった。戸田は相続制度のテクニカルな修正を通して，新時代の要請に応じた，民主主義的な「家」を再構築しようと試みたのである。

　日本的近代家族が行き詰まりをみせ，刹那主義的な家族主義へと堕した今こそ，かつて社会学者たちが乗り越えようとしていた課題を知り，共有すべきではないだろうか。豊かな「社会学の源流」を探ること。これが，遠回りながら，私なりに考えた解決方策である。

注
(1) 「若者はもっと『自己中』になって社会を変えろ——『絶望の国の幸福な若者たち』著者インタビュー」BLOGOS編集部（http://blogos.com/article/26268/　2016年12月9日アクセス）。
(2) その他の基礎情報を紹介すると，婚姻状況は「未婚」32人，「既婚」8人，「結婚予定」1人，「離婚」1人。住所は岡山県32人（倉敷市10人，岡山市6人，高梁市4人，玉野市・笠岡市3人，井原市2人，総社市・浅口市・吉備中央町・真庭市1人），広島県6人（広島市5人，大崎上島町1人），香川県4人（高松市4人）である。
(3) 同じく倉敷市近郊で行った以前の轡田の調査，分析に関しては轡田（2011）を参照。
(4) 吉備国際大学に通う学生たちがスノーボールサンプリングを行って収集した若者を対象に調査を行った。
(5) 1980年代の労働者文化として花開いたヤンキーカルチャーにおいては，しばしば「青春時代からの卒業」が描かれた。終わりがあるからこそ，彼らの青春時代は美しきものとされたのである。詳しくは，その名も『ヤンキー文化論序説』という本の中におさめられた拙稿（阿部，2009）を参照。
(6) 多くの社会学者が「家」の定義を家系の連続性に求めている。一例を挙げると，盛山和夫は，家の継承と家族の継承の差異を説明する中で，核家族（または核家族が複数結合した「多核家族」）と家の違いを，家の「超世代性」に求めている（盛

山，1998：207-212）。
(7)　詳しくは阿部（2012）を参照。

⦅引用・参考文献⦆

阿部真大（2007）『働きすぎる若者たち　自分探しの果てに』NHK 出版。
阿部真大（2009）「ヤンキーたちは地域に戻ることができるのか──労働世界の変化と逸脱集団の社会化」五十嵐太郎編『ヤンキー文化論序説』河出書房出版。
阿部真大（2012）「介護と相続をめぐる公共性」盛山和夫・上野千鶴子・武川正吾編『公共社会学2　少子高齢社会の公共性』東京大学出版会。
阿部真大（2013）『地方にこもる若者たち　都会と田舎の間に出現した新しい社会』朝日新聞出版社。
赤木智弘（2007）「『丸山眞男』をひっぱたきたい　31歳フリーター。希望は，戦争。」『論座』1月号。
雨宮処凛（2007）『生きさせろ！　難民化する若者たち』太田出版。
古市憲寿（2011）『絶望の国の幸福な若者たち』講談社。
布施晶子（1984）「現代家族と「日本型福祉社会」論」『文化批評』第281号。
玄田有史（2001）『仕事のなかの曖昧な不安　揺れる若年の現在』中央公論新社。
城繁幸（2006）『若者はなぜ三年でやめるのか？　年功序列が奪う日本の未来』光文社。
轡田竜蔵（2011）「過剰包摂される地元志向の若者たち　地方大学出身者の比較事例分析」樋口明彦・上村泰裕・平塚眞樹編著『若者問題と教育・雇用・社会保障　東アジアと周辺から考える』法政大学出版局。
益田仁（2012）「若年非正規労働者と希望」『社会学評論』第63巻第1号。
宮本みち子（2007）「若者の家族形成条件の弱体化」第12回厚生政策セミナー「超少子化と家族・社会の変容──ヨーロッパの経験と日本の政策課題」報告。
南後由和（2013）「建築空間／情報空間としてのショッピングモール」若林幹夫編『モール化する都市と社会　巨大商業施設論』NTT 出版。
小熊英二（2009）『1968〈上〉　若者たちの叛乱とその背景』新曜社。
盛山和夫（1998）「家族と継承」蓮実重彦編『東京大学公開講座66　家族』東京大学出版会。
高原基彰（2006）『不安型ナショナリズムの時代　日韓中のネット世代が憎みあう本当の理由』洋泉社。
武川正吾（2015）「若者論の物質的基礎」『学術の動向』1月号。
戸田貞三（1946）「新憲法と家の生活様式」『法律新報』732号。

(Book Guidance)

①本章の理解を深める入門書

原田曜平（2014）『ヤンキー経済　消費の主役・新保守層の正体』幻冬舎。
　博報堂ブランドデザイン若者研究所のリーダーをつとめる著者が新たなヤンキー像を提示した本。「マイルドヤンキー」という言葉は流行語にもなった。

坂倉昇平（2014）『AKB48とブラック企業』イースト・プレス。
　若者の労働問題に取り組むNPO法人POSSEの出版する『POSSE』の編集長初の単著。AKB48から日本の労働に迫る。

②ステップアップのために

Fitzgerald, Joan (2006) *Moving up in the new economy : Career ladders for U. S. workers*, Cornell University Press＝フィッツジェラルド，ジョアン／筒井美紀・居郷至伸・阿部真大訳（2009）『キャリアラダーとは何か』勁草書房。
　低賃金なサービス業従事者が労働市場の底辺に位置する「新しい経済」において，彼らがいかに上昇できるかを示した本書は，日本の若年労働問題を考える上で極めて示唆的である。

Drew, S. K., Mills, M. B. & Gassaway, B. M. (2007) *Dirty work : The social construction of taint*, Baylor University Press.
　「汚れ仕事」に従事する人々のエスノグラフィーである本書からは，「刹那志向」の対極にある，シニシズムとユーモア，職業的使命感をベースにしたアメリカ的な職業倫理の一端を垣間みることができる。

（阿部真大）

| 第6章 | 学歴社会と生涯学習の社会学 |

《章のねらい》
　本章は，学歴社会の歴史をたどりながら，学歴が重視されてきた理由ないしは意義を明らかにするとともに，その功罪，例えば学歴の形骸化などについて触れながら，生涯学習社会において求められる学歴社会の是正策について論じています。学歴社会の是正は臨時教育審議会以来，教育界では重要な課題とされつつも，実際にはなかなか実効を伴う政策がとられていないのは，学歴有効性を完全に否定できないからです。この点について改めて考えることにしました。

キーワード▶身分制社会，タテの学歴・ヨコの学歴，人的資本論，シグナリング論，学習歴，学歴の功罪，学歴格差，臨時教育審議会，学歴社会の是正，生涯学習政策

第1節　学歴社会と生涯学習への社会学的アプローチ：視点・考え方・方法

　普通，学歴へのこだわりは批判の対象になりやすい。学歴主義や学歴社会という考え方や言葉に対して好印象をもつ人は少ないからである。最近，「学歴フィルター」という言葉が大学生の就職活動の中で問題視されている[1]。企業が採用説明会の参加者を学歴，つまりどこの大学生かによってフィルターにかけているというのである。企業にとっては，学歴がそうした能力や人柄を比較的高い確率で反映する指標であるから，これを重視しようとするわけである。

　しかしながら，大学のAO入試や自己推薦入試などが広がり，また大学入学者が大きく増加し始めると，学歴と能力等が必ずしも一致しない場合が目立つようになる。実際に，高校程度の基礎教育を大学で復習させる例も現れている。

ようするに，学歴社会は，人生の早い時期に獲得した学歴が過度に重視されるだけでなく，学歴と能力等の不一致という問題を抱えることになったのである。そこで，その是正策の1つとして，生涯にわたって学習機会を分散させようとする理念である「生涯学習」の推進が期待されてくる。

　本章では，わが国において学歴社会が誕生した背景をさぐるとともに，その意味と功罪を吟味しながら，その是正策の1つである「生涯学習」の社会的役割と課題を探っていくことにしたい。

第2節　身分制社会から学歴社会へ：「学制」にみる学歴主義

1　学歴と学歴社会

　学歴とは，文字通りに解せば，公教育体系における学校修了履歴（修学歴）のことである。これを重視する社会を学歴社会と呼ぶが，麻生誠は，学歴社会を「成員の社会的地位を決定する学歴の力が相対的に大きい社会」だと定義する（麻生，2009：261）。つまり，個人の社会的地位，とくに職業的地位がその人の出身階層や財産，能力・人格よりも，学歴によって決められる度合いが大きい社会を学歴社会と称するのである。このように，学歴は職業的地位を左右する要素になるが，結婚や人物評価のあり方にも一定の影響を及ぼしている。

　しかしながら，学歴社会の捉え方には二面性があるとされる。岩田龍子は，学歴社会の捉え方が混同されているとした上で，学歴によって企業での昇進等が決まるという「学歴決定論」とは別に，学歴とその所有者が有する実力との符合の有無に着目して学歴社会を捉えるべきだと論じる（岩田，1981：23-29）。麻生の定義は「学歴決定論」に属するが，後者の側面については，学歴と実力がほぼ一致している場合も学歴社会と呼ぶべきか否かという問題提起である。仮に両者が高い確率で一致している状態であれば，実力主義だと名づけてもよいということになる。

　本章では，学歴と実力が一致しにくい状態を「学歴社会の弊害」と解し，麻生の定義に通じる「学歴決定論」の意味で，「学歴社会」の概念を定義しておきたい。

2　学歴主義の誕生

　現在のわが国において学歴社会は否定的に受け止められるが，近代社会成立期には身分制を改めるという意味で，きわめて革新的な思想に位置づけることができる。つまり，出身階層や門地，親の職業などの出自によらずに，本人が後天的に獲得した修学歴をより重視して，就職などの社会的評価の場面で活用するという意味では，きわめて理にかなった考え方だったのである。その学歴主義を政府文書として記したのが「学制」序文の「被仰出書」である。

　明治新政府が1872（明治5）年に発した「学制」は，わが国最初の近代的な教育法規であり，フランスの学区制を模して全国を8つの大学区に分けて，各大学区内に32中学区を，そして中学区内に210小学区を置いて学校を設置しようとするものであった。この「学制」の序文である「被仰出書」は，近代の学校制度のあり方として，以下のように述べている。

　　　人々自ラ其身ヲ立テ其産ヲ治メ其業ヲ昌ニシテ以テ其生ヲ遂ル所以ノモノハ他ナシ身ヲ脩メ智ヲ開キ才藝ヲ長スルニヨルナリ而テ其身ヲ脩メ智ヲ開キ才藝ヲ長スルハ學ニアラサレハ能ハス（「学制」抄）

　すなわち，人々が出世し，財産を治め，仕事を繁栄させて人生を過ごすには，修養を心がけて，知性を開花させ，才能を伸ばすことが不可欠である。それを行うことは，学ぶことなしには不可能だというのである。そして，「學問ハ身ヲ立ルノ財本」，つまり学問が立身出世の重要な手段になると位置づけ，近世までの身分制社会から学歴社会に移行すべきだという政府の考え方のもとに，国民に「学び」を促したのである。ちなみに，福澤諭吉が『学問のすすめ』を刊行したのも1872（明治5）年であった。

　「学制」はその後，1879（明治12）年の教育令の制定によって廃止されたが，学問や学歴を重視する考え方をわが国に根づかせることになった。ここにわが国における学歴主義が誕生し，親の職業や身分，出自などに関係なく，誰でも学歴を獲得すれば立身出世が可能になる社会に改められたのである。

　学歴は，近代における企業でも重視されるようになり，帝国大学を頂点にして，官立専門学校，早稲田大学および慶應義塾大学などの私立大学の卒業生が

大手企業に採用されるなど，立身出世を裏づける資格として活用されてきた。そうした中で「学歴エリート」が誕生してくる。それは，「全体社会の中で，威信と権力と優れた技能をもち，一定の領域と水準における意思決定の働きを通じて，一定方向をめざした社会的指導力を発揮する機能集団」だと定義される（麻生，2009：17）。エリート（elite）という言葉は，「個人」に対しても用いられるが，元々は選ばれた「人や集団（層）」を意味していた。

学歴エリートたちは，その多くが明治以降，官界や大企業に就職し，明治35年頃から実業界で定期的に採用されるようになり，実業界のエリートコースを形成することになった（麻生，2009：98-99）。その後，昭和に入ると，高等教育機関は，大学と専門学校に分かれるが，大学においても，帝国大学（東大，京大等），官公立大学，私立大学という学歴セクターが形成され，これらセクター内にも威信ヒエラルヒーが形成される（麻生，2009：110-111）。こうして，高等教育段階でも，大学と専門学校との間にタテのヒエラルヒーが形成されるとともに，学校間にもヨコのそうした関係づけが形成されてきたのである。いうまでもなく，高等教育機関・中等教育機関・初等教育機関との間にも学校段階によるヒエラルヒーがみられ，これらに応じた企業賃金体系が用いられていた。

その結果，学歴は次に述べる「タテの学歴」と「ヨコの学歴」という2つの側面を有することになる。

第3節　学歴の社会的意味

1　タテの学歴・ヨコの学歴

そうして，学歴は若年期に獲得した学校修了歴を意味するとともに，最終歴（タテの学歴）段階での特定の学校修了歴（ヨコの学歴＝学校歴）という2つの側面から，社会的評価の指標として用いられてきた。タテの学歴は，例えば，最終学歴が高卒か大卒かという点を重視し，ヨコの学歴は「学校歴」と呼ばれ，同じ大学でも具体的な学校名に注目することを意味する。学歴を論ずるときには，この2つの学歴の側面から捉える必要がある。とくに，高校進学率が90％を超え，さらに大学・短大進学率が50％を超えた現在，ヨコの学歴が教育格差

の問題として強く認識されるようになってきている。

　また，タテの学歴を前提にした上でヨコの学歴を重視するのが一般的ではあるが，タテの学歴がヨコよりも優先的に評価されるとは限らない。例えば，大学卒と高校卒の場合，後者の学歴の方が高く評価されることもある。主に首都圏や関西都市部などを除く地方でみられる現象だが，地元の旧制中学校を母体にした名門公立高校卒業者で就職した者と戦後誕生した新制高校卒の大学進学者とでは，前者に対する評価が高くなる場合がある。むろん，後者でも難関大学に進学すれば別である。また，東京大学法学部の場合，同学部教授の多くが学部卒のまま助手を経て准教授，教授に昇進しているように，研究職に関しても大学院（タテ）の学歴が必ずしも優位に扱われるわけではない。

　一方，ヨコの学歴も，「学力」のみを基準に序列づけられるとは限らない。例えば，かなり前の話だが，神戸大学の女子大学生と私立女子大学の学生がバス車内でトラブルになった時，憤然とした私立女子大学生が神戸大学の女子学生に対して「このイモ」と浴びせたところ，その神戸大学生は「このアホ」とやり返したという笑い話のような出来事が紹介されている（関，1983：2）。国立神戸大学の学生の方が学力の点ではかの女子大の学生よりも優れているが，垢抜けさという点では私立女子大学が勝るのだろう。

　実際，高校生や大学生などは，学力だけでなく，大学に対するイメージのよさで学歴を評価する傾向もみられる。昭和50年代頃から，いわゆるミッション系私立大学が受験生の人気を集め，結果として偏差値を上げることになったのは，その現れである。

　大学・短大進学率が50％を超えた現在，タテの学歴が延長し，大学・短大卒業の価値が相対的に低下してきているため，ヨコの学歴がより注目されるようになった。その結果，最近の大学生の就職活動（就活）に関して，前述した「学歴フィルター」という問題が提起されている。これは企業説明会のインターネットによる申し込み者数を大学によって精選する措置のことである。どこの大学生かによって，採用人事対象をフィルターにかけるわけである。この場合の学歴とは，ヨコの学歴のことである。

　前述のように大学のイメージによる評価もなされるが，学力が決して軽視されているわけではない。「イモ」か「アホ」のいずれを重視するかの基準が

人によって異なるのはもちろんだが，学歴フィルターにみられるように企業などでは未だ学力を優先的に評価しようとする傾向にある。

［2］ 人的資本論とシグナリング論

　学歴が企業等の採用人事には未だ強い影響を及ぼす理由は，経済学によれば，人的資本論とシグナリング論という2つの観点から説明される。人的資本論とは，学歴の高い人ほど，知識・技術・能力を身に付けていると解する考え方である。たとえば，医学部出身者は当然，医師としての専門的な知識・技術・能力を習得していると捉えるのは人的資本論に基づく。

　一方，シグナリング論は，高学歴は潜在的能力を備えている「証し（シグナル）」になるから，これを重視しようとする考え方である。この捉え方は，一流大学出身者など高学歴者ほど難関なスクリーニング（選抜）を経ているから，意欲や集中力などの潜在的な仕事適応力をもっているという評価につながる。むろん，それら適応力は仕事に直接用いられる資質ではないが，潜在的資質ないしは基礎的能力という意味で重視される。

　そのどちらが妥当な理論かというのではなく，大学なら学部の違いによって異なるであろう。前述のように医学部をはじめ自然科学系では人的資本論がより当てはまり，人文科学や社会科学分野ではシグナリング論が当てはまるかもしれない。医学系学部出身者が医学関係職以外の職に就くのは稀であるが，文学部出身者が文学関係の職に就いたり，法学部出身者が法職に就いたりする割合はきわめて低い。専門外の職に就く場合でも，人文・社会科学系では一流大学の学歴が高く評価されている。このことは文科系ではシグナリング論から説明できる。しばしば，わが国では，高校生が大学受験に際して，何を学びたいかという視点よりも，どこの大学に行きたいかという視点を重視する傾向があるといわれてきたが，このことはとくに文科系で特徴的にみられる現象だといえよう。

　ところで，医学部以外の理系出身者は企業等で昇進しにくい実態が指摘されている。その原因として，理系出身者に専門職志向が強いこと，そして企業はモノをつくることより，販売と組織管理という二本柱が高い比重を占めているからだと指摘される（橘木・松浦，2009：43-72）。その意味で，シグナリングと

しての価値は理系よりも文系の方で重視されているといってよい。

そのほか，ヴェブレン（Veblen, S. B.）の「誇示的表示」という意味も指摘できる（新堀・狩野，1987：108-109）。イメージのよい学校や評価の高い学校を卒業すれば，みずからのステータスシンボルが高く評価されるから，社会的評価の高い学校が選択されるというのである。たとえば，旧制帝国大学や6大学などのブランド大学の場合，そこに在学していたというだけで卒業生の評価が高くなるわけである。そうした価値，すなわちブランド性を求めて，大学が選択されることになる。

3 学歴と学習歴

以上の経済学的意味とは別に，教育学の観点からは，「学習歴」という意義が指摘できる。「学習歴」は，経済学的に有効かどうかという観点とは別に，何をどこまで学習し，どのような知識・技術を身に付けたかという「証し」としての意義をもつ。その場合，学習成果に注目すれば，人的資本論に近づくことになるが，学習プロセスを重視すれば，新たな独自の価値を見い出すことになる。

「学習歴」の価値とは，学習自体にやり甲斐や生きがい，楽しさなどを感じることである。例えば，公民館で「英会話教室」を受講した人が終了時に「修了書」（＝この「学習歴」がある種の「学歴」ともいえる）を授与されると，さらに高度な学習に挑戦したり，広く学習しようとしたりするのは，教室修了歴（学習歴）に教育的価値が存在することの現れだといえる。

もともと「学習歴」を正式に提起したのは，昭和59年に設置された臨時教育審議会であった。臨時教育審議会が学歴社会の是正策として「学習歴」を主張したのは，人的資本論やシグナリング論を踏まえたとしても，学歴の形式が内実に必ずしも沿わないであろうこと，そして過度にその形式が重視されることを問題視したからにほかならない。

むろん「学習歴」の概念が広く定着すれば，「学歴」の上位概念に位置づき，学校以外の場における「学習」も「履歴」として評価されることになる。このことについては最後に述べておくことにする。

第4節　学歴の功罪

⚪1　学歴社会の意義

　ところで，ドーア（Dore, R.P.）が指摘するように，産業化が遅れた国ほど学歴主義が根強く，その影響が大きいといわれる（ドーア，1978：18-19）。その意味で，学歴社会は本来批判されるべきではなく（三輪，2010：225），出自や身分等の枠を超克する考え方として，むしろ歓迎されるべき理念になるはずである。学歴主義は，冒頭に述べたように，近世までの身分制社会を超克し，人々が本人以外の条件にとらわれることなく，社会的上昇を遂げられる社会を築いたという功績をもつ。学歴社会において学生は，高い学歴さえ獲得できれば，出自に関係なく社会的上昇をとげる可能性が高くなり，また，「人間性」など評価基準の曖昧な努力目標をめざすことなく，「学習」という明確な目当てを得ることができる。

　一方，企業にとっての学歴主義は，シグナリング論に象徴されるように，新人採用を効率的，かつ適切に行うために都合がよい。ただし，学歴フィルターと同様の現象は最近特有のものではなく，1970年代から指定校制という方法で，大企業に押し寄せる就職希望者を絞り込む手段として行われていた（尾形：1976：245-248）。

　そもそも，「『学歴』の威信は，『学力』の威信によって支えられ」ており，その学力は，「教育の外部社会においても指標としての威信を発揮し，しかもこの指標の中に人々の一般的・全体的価値が読みとられてしまう」（沖津，1990：106）と考えられる。つまり，「学歴」→「学力」→「一般的・全体的価値」という図式が形成されてきたのである。

　ところが，近代以降，高学歴の獲得には，その負担に耐えられる水準以上の家庭経済力や親の教育的関心を要することとなり，結果として，出自や身分等に左右されるという「学歴による身分主義」という方向に進むことになった（関，1983：11）。

⚪2　学歴と社会的評価の関係図

　そのことを以下の図6-1によって説明してみたい。図6-1の左側にある

第6章　学歴社会と生涯学習の社会学

図6-1　家庭と環境と学歴の関係

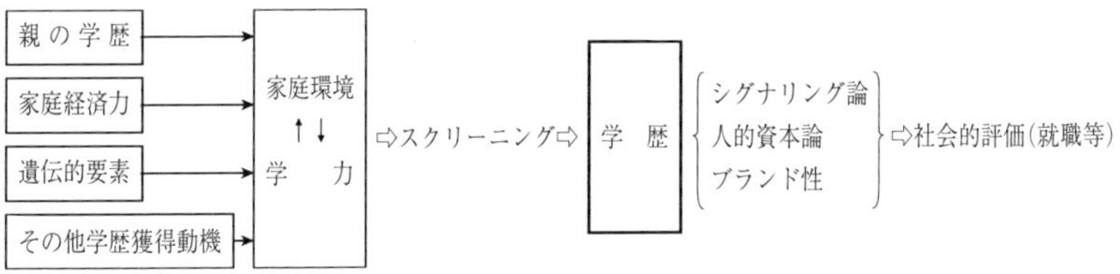

```
親の学歴  ─┐
家庭経済力 ─┼→ 家庭環境 ⇨スクリーニング⇨ 学歴 ┤シグナリング論  ⇨社会的評価(就職等)
遺伝的要素 ─┤    ↑↓                        ├人的資本論
その他学歴獲得動機┘  学 力                  └ブランド性
```

　「親の学歴」「家庭経済力」「遺伝的要素」などは本人が獲得できる条件ではないが，結局は本人が育つ家庭環境につよく影響を及ぼす。つまり，高学歴獲得に有利な環境，たとえば通塾や私学進学が可能な経済的条件，親の教育関心の高さなどが得られると，学力向上につながりやすいのである。むろん，本人自身に強い学歴獲得動機があれば，家庭環境条件の低さを乗り越えることもあり得るが，少数の域を出ないであろう。

　そして，良好な家庭環境のもとで高い学力を身につけて，受験というスクリーニングを経れば，期待する学歴が獲得しやすくなる。獲得された学歴は社会から，シグナリング，人的資本，ブランド性などの視点から評価されることになる。つまり，獲得された学歴に対する評価は，元をたどれば，家庭環境に関わる「親の学歴」「家庭経済力」「遺伝的要素」など本人以前の問題に行き着くことになり，その意味でもなんら身分制と変わらない。元々は，身分制を超克するための考え方であった学歴主義は，最終的には身分制に逆戻りする傾向にあり，このことが学歴社会の弊害の1つに数えられるわけである。

3　学歴の弊害

①学歴の「入口と出口」の問題

　学歴をめぐるそのような問題点は先行研究によってさまざまな観点から指摘されてきたが，大きく分けると，学歴獲得前の段階の問題と学歴獲得後の問題という二面から指摘できる。

　第1は，高学歴（学校歴）獲得にともなう受験競争が下級学校にも及び，高校以下の学校では受験中心の教育が行われたり，学習塾等への通塾が過熱化したりするなどして，本来の教育が行われにくくなり，社会的には受験競争が激化していることである。そうなると，私学と公立，進学校と非進学校との間に

教育格差が生じ，さらに，家計に余裕のある家庭とそうでない家庭との格差が拡大してくる。この問題は，主として教育学の立場から指摘されてきた。

　第2は，学歴が必要以上に就職や昇進，収入，さらに，人物評価や結婚などに影響していることである。前述したように，明治時代から学校歴の高い者が大企業に就職する傾向がみられ，今日でも「学歴フィルター」として就職活動者をふるい分けする実態がある。そうした状況下で，学歴と資質能力が符合している場合はともかく，その不一致による学歴の形骸化の方が弊害として問題になる。この問題は，主として社会学や経済学の関心の対象とされてきた。

　また，この点に関わって，学歴と職業とのバランスが崩れつつあるという問題がある。大学進学率が30％程度であった昭和時代には，大卒者と高卒者の就く職業にある程度の線引きがあった。たとえば，看護職や福祉職など就く者は高校卒業者が中心であったが，もはや4年生大学で養成された者が増えてきている。タテの学歴の観点からみると，下の学歴層の職業に大卒者が浸食したことになり，その意味で学歴インフレ現象の1つとして捉えられる。R. P. ドーアもわが国では大卒のタクシー運転手が存在することを指摘している（ドーア，1978：v-vi）。しかし，同時にこれら専門的職業に限っては，専門職の高度化として捉えることもできる。かつては高卒者で対応できた職種も，現代ではより高度な知識技術を要するようになったため，大卒者の採用が必要になったと考えられるのである。教員の場合も，短期大学卒が減少し，その一方で，6年制養成課程も検討されるようになった。

　一方，サービス業や販売業などの就職者に占める大卒者の割合が高くなったように，非専門職分野でも学歴インフレが進んでいる。これら職種は従来，高卒者を中心に採用されてきたが，とくに文科系の大卒者の浸食が目立ってきた。このことについて職務の高度化では説明しにくく，大卒求人ニーズの増加というよりも大卒者が増加した結果だと解するのが適当である。

　以下では，社会学的関心事である家庭環境が及ぼす学歴への影響について少し詳しく述べていきたい。

　②家庭環境による学歴格差

　2014年の開催された文部科学省の平成25年度「学力調査を活用した専門的な課題分析に関する調査研究」の報告（耳塚寛明による調査分析）の中で，保護者

の年収や学歴が高いほど全国学力調査の教科得点が高い傾向にあることが明らかにされた。とくにその傾向は母親の学歴との相関が強いと言う結果になった。たとえば，「中3数学Bでは，父親が『高卒』の子が平均正当率37.6％，『大卒』は51.4％，母親は『高卒』は36.6％，『大卒』は58.1％だった」と報じられた。
(4)

親の学歴と子の学力との関係を取り上げた実証的研究はこれまで経済学や教育社会学の分野で数多く取り組まれてきたが（たとえば，刈谷［2008］），耳塚らによる分析は，全国的規模で，しかも国によって実施された学力調査を活用した点で，かなり信頼性が高い結果を示していると考えられる。

学歴は本来，本人の学業努力の果実として評価されるはずであったが，前述の調査結果を待つまでもなく，明治時代から家庭環境など本人の属性の影響を受けていたといわれる。天野は，明治30年代の「学歴の世界」はきわめて小さい範囲すなわち都市部や富裕層に通用することであって，一般的には，地方から都市部の中学校などの上級学校に進学するのは困難であり，また家庭の経済的事情によって進学を断念せざるをえない者が少なくなかったという歴史的事実を指摘している（天野，1992：146-157）。すでに明治時代から地域や階層よって学歴が左右されていたのである。

大学生の親等の収入に関して，東京大学の学生の家計水準が高いといわれる。東京大学が毎年実施している『学生生活実態調査』（2012年）をみると，父親の年収は約1370万円と，一般的水準よりも高い傾向にある。これは，在学生の4分の1を対象にした調査で，対象者3346人のうち約45％が回答し，さらに収入に関しては717人の回答結果であるから，家計というデリケートな質問に対して，収入が低い家庭の学生が回答していない可能性はある。また，学生支援機構の『学生生活調査』（2012年）で明らかにされた全国国公立私立大学生の家庭収入の平均812万円に対して，東大調査ではこの金額を上回る家庭の比率は63.6％を占める。これらのデータに限れば，東京大学の学生の家計は恵まれているといえるが，このことは学歴とどう結びつくのか。

学力は，親の遺伝的要素の影響も受けるが，家計の豊かさは教育環境にもプラスに影響するであろう。前記の東大調査によると，東大生の親（家計の支持者のことで，90.7％が父親と回答）には，大規模企業に勤務する「管理職」

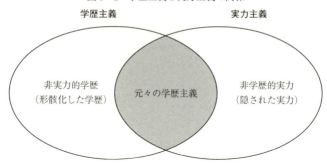

図6-2 学歴主義と実力主義の関係

(43.4%),「専門的・技術的職業」(22.6%) が多いことから,そうした家庭では,教育への関心が高く,わが子の教育環境に配慮している様子が推察できる。

また,NHK 放送文化研究所の調査 (2012年実施) によれば,進学目標を「大学・大学院」と回答した中高校生は,父親と母親の学歴が「高卒」の者よりも「大卒」の方で高い実態が明らかにされ,「生活程度」が「高い」と回答した中高校生は,同様に親が「大卒」の場合に多い傾向にある (NHK 放送文化研究所編,2013:119-123)。さらに,生活程度が「高い」家庭の父母は,教育費を負担と思わない者が多い。その結果,吉川 (2009:40) が注目する大卒と非大卒との境界である「学歴分断線」が拡大していくのである。

③学歴と実力とのズレ

しばしば学歴よりも実力(主義)を重視すべきだと主張される。一見して両概念は対立するかのようだが,実は,「学歴社会は,本来,メリットクラシィの原理をもっとよく実現するものとして現れた」(藤田,2005:126-127)といわれるように,学歴は,実力が反映されたものとして扱われたのである。人的資本論やシグナリング論はそうした原理に基づく。むしろ学歴主義で問題なのは,本人の実力が反映されていない実態である。

この問題は2つの側面に分けられる。これらの問題をポンチに示したのが図6-2である。学歴主義と実力主義は本来重なることが期待されていたが(図6-2の中央部「元々の学歴主義」),実力主義には重ならない学歴主義の部分である「非実力主義的学歴」が現れ,時代とともに広がりをみせつつある。かつて問題視された「分数ができない大学生」(岡部ほか,1999)のように,本人の学

歴にふさわしい実力が身についていない場合である。「分数ができない大学生」だけでなく，高校レベルの数学が理解できていない理系大学生が決して例外ではなくなったが，これは大学生としての資質能力が不足している実態を表している。これらはタテの学歴の弊害にほかならせない。また，近年，大学生に「常識」を身につけさせようとする図書も出版されているほどである（松野，2011）。また，一流大学の学生なのに，学力がふさわしくない学生が存在するというヨコの学歴の弊害化の問題もある。

　一方，学歴には表れない実力（「非学歴的実力」）の存在も次第に注目されるようになっている。コミュニケーション能力や社会性，企画力，創造力など人間性や実務に関わる能力は学歴に対応するとは限らず，それでは計りきれない部分でもある。そうした実力に注目すべきだとしたのが後述する臨時教育審議会であった。同審議会答申は，「評価の多元化」という言い方で，学歴等に表れない資質能力を評価すべきだと提言したのである。

　以上のようにみたとき，実力のともなわない学歴が過大に評価され，同時に学歴に現れない実力が評価されにくいことが学歴の弊害として指摘できる。最後に，そうした弊害に対して是正すべきだとした臨時教育審議会の答申を踏まえて，学歴社会における生涯学習の意義と課題について述べておくことにしたい。

第5節　学歴社会と生涯学習への政策的対応：課題と方向性

1　臨時教育審議会答申と「生涯学習体系への移行」

　伝統的な学校教育中心の考え方を改めて，生涯学習体系に移行すべきだと提言したのが臨時教育審議会であった。若年期に集中しがちな学校制度を改め，さらに学校外の教育も重視しようとするのが「生涯学習体系への移行」の考え方である。同審議会答申は，そうした考え方について，「人間の評価が形式的な学歴に偏っている状況を改め，どこで学んでも，いつ学んでも，その成果が適切に評価され，多元的に人間が評価されるよう，人々の意識を社会的に形成していく必要がある」と述べたところである。

　臨時教育審議会は，その「移行」が求められる背景の1つに，「学歴社会の

> > Box < <

なぜ今も学歴が重視されるのか

学歴を重視する傾向はなかなか是正されてきていないといってよい。なぜであろうか。

本章で取り上げた「学歴フィルター」は企業等にとっては学歴が有効だと認識されているため，一般社会においても学歴が人物評価の1つの指標として用いられているからである。数年前の話だが，ある企業が社員採用に際して，学歴の記載を求めなかったが，結果は学歴の評価が高い者が多く採用されたことがある。おそらく，人的資本論やシグナリング論が主張する意義が否定されなかったからだと考えられる。

また，大学関係者は，同じ大学の学生でも，旧制中学校や高等女学校などの流れを汲む評価の高い高等学校卒業者はすんなり就職先が決まる，としばしば口にする。そうした高校出身者は基礎学力を確実に身につけているからであろう。履歴書に高校の学歴から記載させる例が多いのはそうした認識の表われだと思われる。

ようするに，学校教育の考え方だけでは学歴の効用が完全に否定できないからである。生涯学習社会においてはそうした学歴に対する見方が少しでも改善されることが期待される。

弊害」を取り上げた。同審議会最終答申（「教育改革に関する第四次答申」1987年8月7日）は，「生涯学習体系への移行」を推進する理由として，①学歴社会の弊害があること，②所得水準の向上や自由時間の増大，高齢化の進展などを背景に人々の学習意欲が高まったこと，③科学技術の高度化や情報化，国際化などの社会変化の中で，新しい学習需要が生まれていること，④家庭や地域社会の教育力が低下する中で，家庭，学校，地域社会のそれぞれの教育機能の活性化と相互連携が求められていることを指摘する。そのうち，①の学歴社会の弊害に関しては，その是正を図るために「若いときに希望する学校や職場に進めなかった人々が，その後の人生で，それらに挑戦する機会が得られるように教育や社会の仕組みを改善する必要がある」と提言して，新たな観点から生涯学習を位置づけた。

そして，同答申は，「改革のための具体的方策」の1つとして，「生涯学習体制の整備」を提示し，そこでは「学歴社会の是正と評価の多元化」を取り上げ

ている。「学歴社会の是正」の具体策として，「①21世紀に向けて生涯学習社会の建設をめざす，②学校教育の改革を積極的に進める，③企業・官公庁における採用などの改善に一層積極的に努力する」という「3つの方向」を示したのである。

2 生涯学習による教育の統合

①2つの「統合」

「生涯学習」の前概念である「生涯教育」は，教育機会の垂直的統合と水平的統合をめざす理念であった。垂直的統合とは，成人期以降の発達段階にも教育機会が及ぶように改革する視点であり，一方の水平的統合は，学校や社会などにおける教育の場を統合させようとする視点である。

生涯学習政策において，若年期に集中していた教育機会を生涯にわたって延長することは「垂直的統合」に当たり，一方，学校以外の様々な生活場面おける教育機会を結びつける考え方は生涯学習の「水平統合」に該当する。

生涯学習の理念は，教育学的にみると教育機会の延長と多様化という意義を有するが，社会学的には教育格差の是正と資格付与という2つの意義を見い出すことができる。

②教育機会の延長と教育格差の是正

その2つの統合は，教育格差を時系列的な意味と空間系列的な意味で是正することにつながることになる。そのうちの時系列的な是正をめざす垂直的統合策の1つに，大学・大学院等の社会人開放がある。

大学・大学院等の社会人開放（社会人入試）は，臨教審答申がいう「②学校教育の改革を積極的に進める」策に該当し，いわゆる「学歴のロンダリング」を促すものである。このロンダリングは，タテの学歴を上昇させる側面をもつと同時に，ヨコの学歴も更新させるが，実際には非難関大学卒業者が難関大学の大学院への進学を遂げるように，タテとヨコ両方の学歴の修正と更新を図る形で行われている。なお，この学歴ロンダリングについてはここでは言及しないことにする。

③教育機会の多様化と資格付与

一方，臨教審答申が述べる「①21世紀に向けて生涯学習社会の建設を目指

す」ことに関しては，「評価の多元化」とも重なるが，そのための具体策として，同答申は，「人々の能力の様々な側面に着目し，特定の側面における秀でた能力を積極的に評価する」と述べた上で，本章でいう「非学歴的実力」のような側面にも評価の目を向けるべきだという。そのためには，「編入学，転学，転職，中途採用などヨコへの移動を円滑にし，学校・職場・地域の間の交流を促進する」よう改めるべきだとする。すなわち，学校教育制度内部における「ヨコの統合」（水平的統合）を図るとともに，学校と職場・地域など学校外における「ヨコの統合」を進めるよう求めている。後者の「統合」に関しては，学校外教育も評価対象にすることを意味している。

さらに，「公的職業資格制度の見直し」を行い，「資格の受験等に必要な要件を見直し，原則として学歴要件を除去する」こと，「高等学校職業科，専修学校，職業訓練校などで専門的な教育・訓練を受ける者に対し，公的職業資格取得の道を拡大する」ことを提言したのである。

ようするに，臨時教育審議会は「生涯学習体系への移行」という考え方によって学歴社会の弊害を是正しようと企図したのである。つまり，若年期以降でも学歴の獲得を容易にするとともに，学校以外の場で習得した「学習歴」も評価すべきだと提言したのである。そのようなことが実現した社会を「学習社会」と呼んだのである。そこに，学歴を生涯学習の視点から社会学的に考察する意義がある。

3 学歴社会是正策としての生涯学習政策をめぐる課題

①生涯学習のさらなる問題点

しかしながら，学習社会においても，学歴をめぐる問題を残すことになる。まず，生涯にわたって教育機会を得たとしても，結局，若年期に獲得した最終学歴がそれ以後に得た学歴よりも重視される可能性は残される。その理由は2つある。1つは，人的資本論の観点からみると，若年期の方が教育効率が高く，とくに累積的な学習内容に関しては基礎基本の習得が容易であるため，人的資本としての知識技術に対する期待が高くなる。もう1つの理由は，中高年期に開放される社会人入試などは，若年期入試に比べて難易度が低く，したがってスクリーニングの観点からの評価も低くなるからである。

第2に，若年期に学校教育を長く受けた者ほど，社会に出てからも教育機会により多く接近しようとする傾向がある。この傾向は，ピーターソン（Peterson, R. E.）によって The education-more education の法則と名づけられ（Peterson ed., 1979: 424），しかも，クロス（Cross, K. P.）によって低学歴者ほど資格や仕事の獲得などの外的条件によって学習が動機づけられるのに対して，高学歴者は学習自体に意義ややりがいを見い出すことによって動機づけられるという傾向が実証されたという（Cross, K. P., 1979: 129）。わが国においても同様の傾向が指摘できる。東京大学社会科学研究所の調査によれば，低学歴者に比べて高学歴者の方が仕事のためのスキルを高めるための研修等に恵まれている傾向がある。[6]

　第3に，学校外の教育機関が提供する教育の質的保障という問題も指摘できる。たとえば，公民館等の社会教育施設が実施する英会話教室の修了をどの程度まで評価できるのか。TOEFL等の資格に結びつけば一定の評価がなされるが，学習の修了自体が評価されるわけではない。教育機関等の多様性を評価し，その範囲を拡大しようとすればするほど，その教育の質的保証がより困難になるという問題に突き当たるのである。

　以上の点を踏まえたとき，「生涯学習」には今後どのような課題解決が期待されるのだろうか。

　②学歴社会における「生涯学習」の課題

　第1に，若年期に得た被教育経験とそれ以後の経験との間に学習効率の差があるとすれば，そもそも若年期に学歴獲得上の不利を取り除くことが不可欠になる。教育機会の延長策だけで学歴重視の考え方は大きく改まることが期待しにくいからである。そのための一つの策が大学等の学費援助である。たとえば，特待生制度や国立大学授業料免除枠の拡大，さらに奨学金制度の見直しである。中でも，現在の奨学金制度活用にともなう経済的負担の増加を是正し，返還免除や無利子枠の拡大を推進することが課題となる。国立大学と私立大学との授業料格差是正は皮肉にも国立大学授業料の値上げによって進められたが，結果として若年期に大学教育から遠ざけられる層が増えることになった。この見直しは若年期の学歴獲得上の不利を少なからず解消させることにつながるであろう。

第2に，低学歴者に対しては，学習を動機づける方法を工夫し，ノンフォーマルな教育機会であっても，教育機会に接近しやすい条件づくりが課題になる。前述したクロスの調査結果は低学歴者の資格・職業を動機とする学習参加傾向がわが国の現在においても当てはまるとすれば，むしろこの傾向を活用して，学歴としてではなく「学習事実」（単なる「歴」ではなく資格等の取得）を評価することも大切になる。その場合，ノンフォーマルな教育機会に社会的に有用な資格取得機会を付与することが重要になる。

　第3に，生涯学習事業の高度化と認証制の導入である。社会教育施設など学校外教育機関が提供する学習事業のうち，学校教育レベルに比肩しうる事業を設定し，これに外部機関が認証するような施策が期待される。これまでの「やりがい，生きがい」だけの学習だけでなく，学校相当の「学び」を保証し，教育機会を補償できるような施策の導入である。このことは学習の自由や自主性を損なう可能性はあるが，従来型の「やりがい，生きがい」型学習事業とは区別されてよい。

　以上の課題は，実際になかなか実現できないであろうし，また学歴社会をどこまで是正できるかという保障はない。ただ，吉川徹が指摘するように，大卒50％は現実的な限界点であり，世の中には大学等の高学歴を望まない層が現に存在する事実にも目を向けるべきなのである（吉川，2009：21-27）。職業の中には学歴に左右されないタイプも少なくないからである。

　そうした現実に注目すれば，生涯学習政策は，これまでの伝統的な学歴の価値とは異なる学習歴を提供する点に重要な意味をもつことになる。その意味で生涯学習施策が浸透し，評価されればされるほど，結果として学歴の価値が拡散していくというロジックが考えられる。

注
(1) 『朝日新聞』2014年3月30日朝刊。
(2) 東京大学法学部・法学政治学研究科教授および准教授86名のうち出身大学等を大学の公式ホームページで公表している78名についてみると，46名（59％）が法学部卒業後に進学せずに助手に就いている。なお，46名には，学部卒業後に弁護士等の法職や企業に勤務した教員を含んでいない（東京大学法学部・大学院法学政治学研究科「教員」http://www.j.u-tokyo.ac.jp/about/kyoin/　2014年7月28日アクセス）。

(3) 大学および短期大学進学率は55.0％（過年度卒を含むと56.8％），そのうち大学（学部）進学率は49.5％（同前56.8％）である（文部科学省「学校基本調査――平成28年度（速報値）結果の概要」2016年8月4日公表）。
(4) 『朝日新聞』2014年3月28日夕刊。
(5) 臨時教育審議会は，1984（昭和59）年，当時の中曽根首相の私的諮問として設置され，戦後教育の見直しを図るための審議が行われた。審議結果は，第1次答申（1985年）から第四次答申（1987年）までにわたってまとめられた。
(6) 東京大学社会科学研究所の『東大社研・壮年パネル調査（JLPS-M）wave1-5, 2007-2011』によると，「教育訓練を受ける機会がある」の設問に「かなりあてはまる」＋「ある程度あてはまる」と回答した者を学歴別にクロスすると，中卒39.3％，高卒40.5％，短大卒44.6％，大卒54.2％となり，高学歴者ほど教育訓練の「機会」があることがわかる。

引用・参考文献

天野郁夫（1992）『学歴の社会史』新潮選書。
荒井一博（2007）『学歴社会の法則 教育を経済学から見直す』光文社新書。
麻生誠（2009）『日本の学歴エリート』講談社学術文庫。
Cross, K. P., "Adult Learners : Characteristics, Needs, and Interests," in Peterson, R. E. ed., *ibid.*, 1979.
R. P. ドーア／松居弘道訳（1978）『学歴社会新しい文明病』岩波書店。
藤田英典（1977）「学歴の社会的効用」麻生誠・潮木守一編『学歴効用論』有斐閣選書。
藤田英典（2005）『義務教育を問い直す』ちくま新書。
本田由紀・平沢和司編著（2007）『学歴社会・受験社会』日本図書センター。
岩田龍子（1981）『学歴主義の発展構造』日本評論社。
刈谷剛彦（2008）『学力と階層』朝日新聞出版。
松野弘（2011）『大学生のための「社会常識」講座』ミネルヴァ書房。
三輪建二（2010）『生涯学習の理論と実践』放送大学教育振興会。
NHK放送文化研究所編（2013）『NHK中学生・高校生の生活と意識調査2012』NHK出版。
尾形憲（1976）『学歴信仰社会』時事通信社。
岡部恒治・西村和雄・戸瀬信之編（1999）『分数ができない大学生』東洋経済新報社。
沖津（本田）由紀（1990）「日本的『学力社会』の理論的考察」『東京大学教育学部紀要』30。
Peterson, R. E. ed. (1979) *Lifelong Learning in America : An Overall View of Current*

Practices, Available Resources, and Future Prospects, (The Jossey-Bass series in higher education) Jossey-Bass Inc Pub : 1st edition.
関崎一（1983）「大衆化時代の大学生」関崎一・返田健編『大学生の心理』有斐閣選書。
新堀通也（1977）「学歴社会から学力社会へ」麻生誠・潮木守一編『学歴効用論』有斐閣選書。
新堀通也・狩野芳正（1987）「第4章　学歴社会」新堀通也・狩野芳正『教育社会学』玉川大学出版部。
潮木守一（1978）『学歴社会の転換』東京大学出版会。
橘木俊詔・松浦司（2009）『学歴格差の経済学』勁草書房。
吉川徹（2009）『学歴分断社会』ちくま新書。

(Book Guidance)

①本章の理解を深める入門書
吉川徹（2009）『学歴分断社会』ちくま新書。
　格差社会の諸現象を説明する要素として大卒と非大卒という学歴分断層に注目して，この分断線が現代の日本にどのような現象を引き起こしているかを説く。
麻生誠・潮木守一編（1997）『学歴効用論』有斐閣選書。
　学歴の歴史や企業にとっての意味に触れつつ，その社会的・経済的効用を多様なデータを踏まえて説くが，その弊害の指摘も忘れていない。
②ステップアップのために
橘木俊詔・松浦司（2009）『学歴格差の経済学』勁草書房。
　パネル調査から学歴・階層・収入の関係を解明し，収入や昇進に有利な学歴を探るなどして，学歴の違いによる格差の解明に迫る。
荒井一博（2007）『学歴社会の法則　教育を経済学から見直す』光文社新書。
　学歴など教育問題を経済学の立場から取り上げている。「学歴社会」に関しては人的資本論とシグナリング論の視点から学歴の効果と問題点を指摘する。

（佐藤晴雄）

第7章　家族とライフコースの社会学

《章のねらい》
　少子高齢化，未婚化が進み，結婚しない／できない若者や，高齢期での単独世帯が増加しています。本章では，その理由を探りながら，これは家族の危機なのか，それとも個人と家族の関係の必然的な変化の現れなのかを考察したいと思います。さらに，個人化，グローバル化が社会に及ぼす変化をみすえ，世代の再生産を図り，個人の生命・生活を守るためには，今後どのような「家族」政策が必要なのか考えてみましょう。

キーワード▶少子高齢化，未婚化，ライフコース，家族の多様化，個人化，グローバル化，格差，ケア，コンボイ，シティズンシップ

第1節　家族とライフコースへの社会学的アプローチ：視点・考え方・方法

　家族現象を捉えるに当たってはいくつかの視点があるが，ここでは，(1)制度的アプローチ，(2)集団論的アプローチ，(3)ライフコース・アプローチ，(4)福祉／政策的アプローチの4つの視点から，現代家族にアクセスしてみよう。

1 　制度的アプローチ：家族制度の切替えと新たな方向性

①家制度の性格：直系家族制を志向した家父長的近代家族

　第2次大戦後に新しい憲法が公布され，「個人の尊厳」と「両性の本質的平等」を唱えた憲法の理念に基づいて，新たな民法（現行民法）が制定された。その制定にともなって，明治期以来ほぼ半世紀続いた法律としての家制度は廃止されたが，その家制度とは，明治民法5編のうちの，第4編「親族」，第5編「相続」を指している。

　1989（明治31）年に施行された家制度は，すべての国民を（戸主もしくは家成

員として)「家」に所属させ、戸主を通じて国民を統括する性格をもっていたが、これは、強力な中央集権的近代国家を志向する明治政府の思惑を体現するものであった。この家制度を支えたもう1つの柱が、戸主とその支配の及ぶ親族を規定した戸籍法（1871年制定）である。人々は戸籍を通じて、家族内部においてそれぞれ一定の身分をもった「国民」として、始動して間のない近代国家に組み入れられることになったのである。こうして作られた明治の家制度は、強大な戸主権、戸主は原則として男性（長男子）、戸主は家督を相続する、女性は婚姻によって無能力者となるなど、男尊女卑と明確な家族内秩序を特徴としており、この家制度がその後の家族生活や家族関係を強く規制することになる。

②夫婦家族制の定着：「家」を飲み込んだ民主的近代家族

1947年に施行された新しい民法（現行民法）では、近代的小家族モデルが法的家族理念として提示され、以後、夫婦家族制とその理念型である「夫婦とその子どもたちから成る小家族＝核家族」が新たな家族モデルとして広がることとなった。

夫婦家族制とは、結婚からスタートし、子どもを産み育て、子どもたちは自立して親元を離れ、また夫婦だけになり、最後はどちらか片方が残り、残された片方の死で終わる家族サイクルを理念型とする家族制度のことである。要するに、夫婦家族制とは原則的に、始まりがあって終わりがある1世代型の家族制である。一般に家族法と呼ばれる、現行民法の家族に関する法律は、家族・親族間の権利義務関係が明記されているだけで、特定の家族のかたちが示されているわけではないが、夫婦間の「対等な」権利義務と子どもに対する親の責任が柱となっており、明らかに「子育て家族」としての民主的な近代家族理念を反映したものであることがわかる。

実際、1950年代以降、3世代家族世帯は徐々に減少し、核家族世帯[2]が大半を占めるようになった。もっともこの現象は、単に法律が変わったから家族制が切り替わったというよりも、第1次産業従事者の減少（農家世帯の減少）や第3次産業の主流化など、経済／就労構造の変化の影響が大きい。要するに、勤労世帯の増加と都市化の進行の結果、日本社会全体において夫婦家族制を体現する都市型の民主的小家族が同時代の社会構造に適合し、60～70年代に急速に普及したとみるべきであろう。とはいえ、嫁入り、入籍、○○家と△△家の結婚

披露宴，あととり／あとつぎといった言葉が今日でも日常会話で使われており，「家」は民主的な近代家族と融合しつつ，今日の家族を形づくっている。その典型的な例が，いまだ根強い国民的人気の「サザエさん」ファミリーであろうか。

③家族の多様化とライフスタイル化

夫婦家族制が浸透し，一方，直系的な家族意識も消え去ってはいない状況の中で，かつて逸脱や偏見の対象となりがちであった「典型的でない」家族のタイプが，それぞれに「市民権」をもつようになった。たとえば，ひとり親家族，再婚家族（ステップ・ファミリー），および性的マイノリティのカップルなどである。これまで看過されてきたこうした現象は，日本では未婚化傾向が顕著になった1980年代後半あたりから「家族のかたち」の1つとして捉えられるようになった。

むしろ，典型的な夫婦家族制のサイクル——すなわち，誰もが然るべき年齢で結婚し，その何年か後に子どもをもうけ，子どもたちは「順調に」育って然るべき時機に親元から離れて自立し，残された親はかなり長い老後を2人で過ごす（離婚は想定されていない）という図式が，現実の家族および家族的行動とかけ離れてきたということである。そうした中，現代家族を制度というよりライフスタイルとして捉えようという認識が，研究者の間で共有されるようになった。夫婦と子どもの核家族，あるいは両親と祖父母と孫の3世代家族だけでなく，単身，結婚していない（異性・同性の）同棲パートナー，離婚後のひとり親家族，未婚で出産したひとり親家族，再婚同士，再婚した親と血のつながらない子どもの家族など，いくつもの家族のかたちを差別や排除の対象とすることなく，「個人が選びとった」ライフスタイルとして受容する風潮が，90年代以降，欧米を中心に日本でも広がってきている。このような多様な家族的現象を「家族」として容認する方向性を，「家族の脱制度化」という。

2　集団論的アプローチ：核家族と性別役割分業

①夫婦・親子という視点

集団論的アプローチは，現代家族を集団として，構造—機能的もしくは相互作用的に理解する立場である。戦後，夫婦家族制に立つ核家族が主要な家族モ

デルになったことはすでに述べたが，核家族は夫婦関係と親子関係を含む構造的特徴をもち，夫-妻，父-子，母-子の3種類の役割関係を含んでいる。集団論的アプローチはこの関係性に焦点を当てるが，夫婦家族制の広がりと軌を一にするように，1960年代から多くの研究で用いられ，80年代くらいまで家族研究の主流であった。

このアプローチでは，夫婦間の役割分担のあり方や親子関係が主たるテーマであり，60～80年代には，多くの実証研究がなされた。その中で，働く母親，鍵っ子，単身赴任，母子密着，父親不在，家庭内暴力，家庭内離婚など，時代を反映する数々のトピックを抽出し，世間に対して家族問題への関心を大いに喚起した。ただ，その当時は，夫が働き，妻が家事・育児に従事するという性別役割を家族機能のモデルとしていたところがあり，そういう背景の中で，「働く母親」に注目した当初の問題意識は，母の過重負担ではなく，母親が働く（すなわち昼間家にいない）ことによる子どもへの（悪）影響，といったものであった。また，「父母」がそろっていることが家族モデルの前提であり，離婚もしくは死別で父母のどちらかがいない家族を「欠損」家族と呼んだりもした。欠損家族もまた，（残された）親の過重負担の問題よりも，父親もしくは母親モデルの欠如の子どもへの影響に関心が置かれた。

このように集団論的アプローチでは，核家族での「夫婦」「親子」の構造を前提とし，両親の存在を所与としていたので，「問題家族」の指摘もまた，「あるべき状態からの逸脱」の意味合いが含まれていたことは否めない。とはいえ，家族内のコミュニケーションや親の就労のあり方と子どもの発達などの多くの問題提起は，時代状況を踏まえて（すなわち家族の集団システムの内と外の関連に目配りしながら），家族を考えることの必要性を再認識させることになったのも事実である。

②性別分業をめぐる夫婦間の役割葛藤とジェンダー視点

集団論的アプローチで議論された家族（夫婦／親子）の役割関係は，1960年代，70年代当時はパーソンズ（Parsons, T.）が提唱した核家族の役割構造の図式に依拠していたのは上述の通りである。すなわち，父／夫が手段的役割（稼ぎ手役割）を遂行し，母／妻が感情表出的な役割（家庭内の家事・育児役割）を遂行する，また，親の世代がリーダーで子世代がフォロワーであるといった，家

族という組織における性と世代による役割分業のあり方を基準として，役割関係を説明するというスタンスであった。しかし，80年代後半から90年代に入り，実際に共働き世帯が増加する中で，また，社会全体のジェンダー構造に関心が向けられる中で，家族の性別役割構造について見直しが迫られてきた経緯がある。

　今日では，ジェンダーによって家庭内役割を規定するのではなく，手段的役割と表出的役割を夫婦間でいかに分担し，また調整するかということが，中心的なテーマとなっている。

3 ライフコース・アプローチ：個人を基軸にすえた家族理解

①個人化と家族の多様性への対応

　さて，集団論的アプローチは一定の成果をあげながらも，時代の推移の中でいくつかの点で方法論の検討を迫られることになった。その1つは，家族の集団システムを暗黙裡に閉じたシステムとみなし，夫婦や親子の関係性を「規定的な」枠組みの中で考えがちであったこと，いま1つは，家族周期論にみられるような斉一的な変化のパターンをモデル化してきたことである。そうした規定性や斉一性が，1980年代以降，個人化の趨勢の中で方法的に問い直されるようになった。

　そこで登場してきた1つの視点が，ライフコース・アプローチである。ライフコースとは，生れてから死ぬまでの一生にわたる個人の人生の軌跡のことであるが，社会学的にはそれは，各種の役割経歴（家族役割経歴，教育役割経歴，職業役割経歴，地域役割経歴，友人役割経歴など）として捉えられる。このアプローチの特徴は，組織も集団も，個人を単位として考察することである。個人が生涯にわたって，ある時期に特定の組織や集団に（役割を通じて）所属するという視座に立つもので，たとえば家族も，最初に家族ありきではなく，個人の人生の過程でさまざまな家族役割を個人が取得すると捉える。いいかえれば，家族という集団は，個人の人生の過程でつねに変化すると想定されている。

　1980年代に，とりわけ欧米では離婚率が高まり，結婚からスタートして出産・子育てを経て子どもが巣立ち，老夫婦だけの生活のあと配偶者を亡くして単独世帯になる，という家族周期のそれぞれの局面を誰もが順々にたどると仮

定する,夫婦家族制の家族周期モデルに疑問がもたれるようになった。現実には結婚は1回だけとは限らず,子どものない夫婦もいれば,再婚後に初めて子どもをもつ夫婦もいる。そうした多様な家族の存在を,逸脱や例外として無視するのではなく,きちんと家族理論に取り込むべきだという発想が,「現実」の挑戦を受けて広がったのである。実際,ひとり親家族,ステップファミリー,事実婚のカップル(と子ども)など,今日では,多様な家族のかたちを念頭に入れて家族へのアプローチが試みられるようになっている。

このように,ライフコース・アプローチは,社会の個人化に対応した方法的個人主義の枠組みに立つもので,個人の視点を中心にすえることで,変動する家族を捉えようとする方法である。

②人口変動とライフコースの変容

ライフコースへの関心のもう1つの背景に,個人の人生時間の飛躍的な伸びがある。20世紀半ばまで過去数世紀にわたって50歳程度であった日本人の平均寿命は,1950年に女性がはじめて60歳を超えて以降,男女とも飛躍的に延びた。85年に女性の平均寿命が80歳に達し「人生80年時代」といわれたが,2010年には男性はほぼ80歳近く,女性は86歳に達し,2050年には「人生90年時代」が来ると予測されている。個人の人生時間がこれほど伸びたことは,当然個人の人生設計にも,夫婦や親子の関係のあり方にも影響をもたらすことになる。

ライフコースの現実的な変容——長期化と多様化——に対応して,ライフコース・アプローチは1980年代以降注目され,家族研究ばかりでなく,さまざまな領域で用いられるようになっている。とくに,多くの人が「老年期」を経験することになった今日,人生の後半期における暮らし方や家族との関わり方は,祖父母の世代では経験しなかった「新事態」であり,ケアや高齢単独世帯の孤独死などの新たな課題への取り組みへの視点ともつながっている。

4 福祉／政策的アプローチ

このアプローチは,これまでの制度的,集団論的,ライフコース・アプローチと並ぶ第4の方法論というよりも,必要に応じてそれらの枠組みを駆使しながら問題解決的な視座を強くもったアプローチといえる。

個人主義の伝統をもった欧米社会を中心に,ジェンダー,人種,民族,宗教

によらず，社会の構成員は誰もが公正・平等に扱われるべきという個人の尊厳と基本的人権の観点から，積極的な問題提起と，それを政策レベルで政治的に解決する志向性をもった福祉／政策的な研究スタンスが登場するようになる。子ども・若者・女性の貧困，社会的孤立，社会的排除，ケアの担い手など，「改善・解決を必要とする」社会的な課題への積極的な取り組みの姿勢を鮮明にしたもので，グローバル化と個人化が進む1990年代頃から活発になった。

　もちろん，社会学はその成り立ちから問題解決的な志向性を内在するものではあるが，一方で，研究者は研究に関して，科学としての価値中立性を厳しく自己規制してきた側面がある。しかし，研究の立ち位置を明確にすることと，データの中立性・客観性を保つことは二律背反ではない。データの客観性を確保した上で，個人の尊厳を脅かしているさまざまな問題点を指摘しつつ，ひとり親家族への支援，育児・介護休業制度の普及と充実，待機児童解消のための保育所の拡充など，さまざまな施策の必要性に言及することによって問題解決に結び付けようとするのが，このアプローチといえよう。

　この問題解決的な姿勢が，前述した集団論的アプローチと異なるのは，特定の家族のかたちや「標準的な」ライフコースに準拠するのではなく，生き方の多様性を受け入れて「個人」の福祉の実現をめざすところにある。とはいえ，価値の多様化の中で，「福祉」実現の方向性や費用負担の分担をめぐる議論もまた，具体的な政策と絡んで今後活発化すると思われる。

第2節　家族社会学の課題の歴史的変遷：1970〜2010年代

　ここでは，1970年代から今日まで，ほぼ40年間の家族社会学の主たる課題の時代的推移を3期に分けて概観してみよう。家族社会学の課題もまた，社会・経済変動と大きく関わっていることがわかる。

1　第1期（1970〜80年代）：核家族の定着と親子・夫婦の問題

　高度経済成長期を経て一気に進んだ豊かさの享受の陰で，さまざまな「家族問題」が登場した時期でもある。この時期には，家族の内部関係が多く取り上げられた。高度成長期を通じて「働く夫と専業主婦の妻」の家族像が定着し，

実際,1970年代半ばには専業主婦率がピークとなった。その一方で子どもの教育熱は高まり,まさに「教育する家族」「子どもの発達の基盤」としての家族観・家庭観が広まった時期である。

そうした背景の中で,家族問題も親子関係や子育て,夫婦関係に関するものが多い。右肩上がりの経済の中で,父親がせっせと働き,母親は子どもの教育に専心するという,ジェンダー的な家族内性役割構造が最も際立った時期である。父／夫は長時間労働や郊外化による長時間通勤に追われ,家事・育児担当者としての母／妻は子どもの「お受験」に振り回される。1983年に松田優作主演で話題をさらった森田芳光監督の映画『家族ゲーム』は,当時のそうした現象を見事に切り取っている。ちなみに,「子どもが3歳までは母親が自分の手で子どもを育てるのがよい」という3歳児神話も,(いわれ始めたのはもう少し前だが)この時期に一気に広まった。すでに述べた通り,そういう視点から,「働く母親」が問題視されたのもこの時期である。また,まったく家庭に関心をもたない(もつ時間も余裕もない)「会社人間」の夫の傍らで,心のむなしさを抱えてアルコール中毒(キッチン・ドリンカー)に陥る妻の姿など,専業主婦の妻の実態を描き出した斎藤茂男氏のルポ『妻たちの思秋期——ルポルタージュ日本の幸福』(共同通信社,1982年)や林郁氏の『家庭内離婚』(筑摩書房,1986年)が示すように,日本が経済成長にひた走る陰で,企業社会に取り込まれる夫と「家庭に取り残された」妻との夫婦関のディス・コミュニケーションにも大きな関心が向けられた。

1970年代後半からは徐々に女性の社会進出が進み始めた時期で,未婚女性の就労のみならず共働きも増え始めたが,しかし社会的にも政策的にも,基本的には「夫(男性)が働く」ことを前提にした家族内性別分業の理念は崩されず,その構造的きしみは家族内の問題に留まらず,80年代に未婚化・少子化が急速に進む引き金になった。

2 第2期(1990年代):少子高齢化の進展と性別役割分業観の変化

1990年代初めにバブル景気がはじけて以降,社会の様相がそれまでの好況の享受から一変した。とくに90年代後半からの景気の悪化と雇用の流動化が,家族への問題関心を,雇用と家族,若者,高齢者の問題へと向けることになった。

家族問題も，いわば社会全体のシステムとの関連が中心になっていく。「会社人間」は死語になり，いかに労働市場で生き残るかが論議を呼ぶ中で，「夫が働き，妻は家事・育児に専念」のモデルは好むと好まざるとにかかわらず，まずは経済の現実からの挑戦を受けた。つまり，90年代にはじめて共働き世帯割合が夫の単独稼働世帯割合を上回り，以降その差は開く一方となった。実質的な家族役割変容がこの時期に大規模に生じたのである。そうした動向を受けて，男女間のより平等な家族役割議論が活発化した。「育児をしない男を，父とは呼ばない」（1999年）という，厚生労働省の父親の子育て参加推進のキャンペーン標語は，当時あらゆる領域から賛否両論の物議をかもしたものだ。

　家族役割変容を促進したもう1つの背景が，急速な少子高齢化の進行である。1980年代に急激に進行した（とくに女性の）未婚・晩婚化や，89年の「1.57ショック」を皮きりに90年代になって実感されるようになった少子化（合計特殊出生率の低下）は，いずれも結婚後に女性が働き続けることの困難によって引き起こされている現象であるという認識から，（少子化に歯止めをかけるべく）政策的な提言も多くなされるようになり，この時期から，未婚化，少子高齢化などの人口変動が，家族研究の課題と直接関わるようになった。

３　第3期（2000年代以降）：個人化，グローバル化の影響と格差問題

　2000年代以降も未婚化，少子高齢化はさらに進行し，そこから生じる問題も複雑化，多様化してきた。「アラサー」（とくに女性の30歳前後の未婚者），「アラフォー」（同じく40歳前後の未婚者）などの用語が2000年代に雑誌やTVドラマなどマスコミを通じて広がったように（「アラフォー」は2008年の流行語大賞），未婚者層が30代，40代へと広がる中，そうした中年未婚者の親子関係（親との同別居，親の介護など）が注目された。

　その一方で，非正規雇用の増大など雇用の流動化や不安定就労が広がりを背景に，家族研究においても貧困や格差の問題にも焦点が当てられ，とくに，ひとり親家族や単身世帯における女性や子どもの貧困研究がなされるようになった。また，高齢単独世帯の孤独死などのルポをきっかけに，ケアの問題だけでなく，社会的排除／社会的包摂といった視座からの研究も重要視されるようになっている。

いずれにせよ今日,「個人」と「家族」を概念的に切り離した上で,未婚・少子高齢化,個人化,グローバル化といったマクロな人口／社会変動が,個人と家族にどのような影響をもたらしているかといった視点からの研究が主流になっている。

第3節　家族をめぐる今日的課題

1　「家族」を作ることの困難：未婚化と生涯未婚

すでにみてきたように,1980年代から20代,30代の未婚率が急速に上昇し(図7-1),晩婚化（結婚年齢の上昇）も確実に進んでいる。さらに,生涯未婚率(45〜49歳,50〜54歳の平均未婚率)も今後大きく上昇する予測である(図7-2)。未婚化とは,年齢階級ごとの未婚率が上昇することであるが,このことは,生涯未婚であることを直接意味するものではなく,また結婚を否定する非婚化とも異なる。ただし,結婚時期と想定される20代,30代の未婚率の急激な上昇に加えて,生涯未婚率も上昇の一途をたどっている現象は,結果的に「非婚」がライフコース選択の1つに浮上していることを示しており,家族形成にとっては深刻な事態といえる。

ところで,国立社会保障・人口問題研究所の調査によれば,日本の18歳から34歳までの独身男女のほぼ9割は「いずれ結婚するつもり」と答えており,結婚へ志向性は未婚化が進んだ1980年代以降も一貫して高い（国立社会保障・人口問題研究所,2011）。結婚志向があるにもかかわらず80年代から急速に未婚化が進んだ原因は,1つには,結婚モラトリアム（結婚の引き延ばし）ともいえる,独身であることの自由や気楽さへの希求であり,もう1つには,じわじわと進行してきた結婚観の変化,すなわち,結婚は人生の通過儀礼としてではなく,個人のライフスタイルという考え方の普及であろう。2010年調査によると,「まだ若すぎる」「（学校や仕事など）他にやりたいことがある」「まだ必要性を感じない」というのが,20代前半での,未婚でいることの主な理由であった。とはいえ,20代後半〜30代前半になると,「適当な相手にめぐり会わない」や「結婚資金が足りない」など,むしろ「結婚できない理由」が多くあげられるようになっている(図7-3)。未婚化の進行による社会的影響とは,実は,こ

第7章　家族とライフコースの社会学

図7-1　未婚率の推移

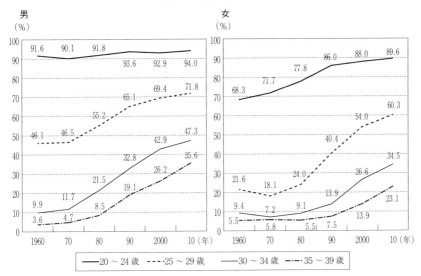

(注)　年齢別人口（配偶関係不詳を除く）に占める割合。1960年は沖縄県を含まない。
(資料)　総務省統計局『国勢調査報告』による。
(出所)　国立社会保障・人口問題研究所（2014）から作成。

図7-2　生涯未婚率の推移

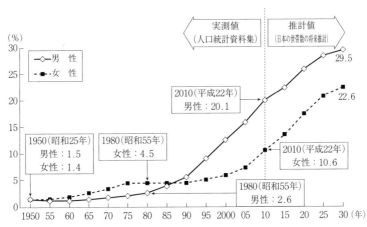

(注)　生涯未婚率は，45～49歳と50～54歳未婚率の平均値であり，50歳時の未婚率。
(資料)　国立社会保障・人口問題研究所「人口統計資料集（2012年版）」(2015年以降は「日本の世帯数の将来推計」2008年推計より)。
(出所)　内閣府（2012）。

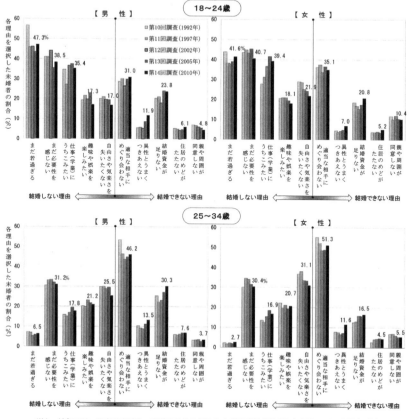

図7-3 調査・年齢別にみた，独身にとどまっている理由

(注) 対象は18～34歳の未婚者。未婚者のうち何％の人が各項目を独身にとどまっている理由（三つまで選択）として挙げているかを示す。グラフ上の数値は第14回調査の結果。設問「あなたが現在独身でいる理由は，次の中から選ぶとすればどれですか。ご自分に最もあてはまると思われる理由を最高三つまで選んで，右の回答欄に番号で記入してください（すでに結婚が決まっている方は，「最大の理由」の欄に12を記入してください）。」
(出所) 国立社会保障・人口問題研究所（2012：53）。

の20代後半～30代の未婚者の増加によるところが大きい。未婚化をめぐる今日の課題の1つは，結婚したくてもできない若者の「大量輩出」にあり，それは，社会の構造的な問題として捉えられる。

結婚が選択肢となり，結婚する・しないが当人の選択の結果としてみなされるようになると（＝結婚の個人化），以前なら当然のように行われていた他者

第7章　家族とライフコースの社会学

図7-4　調査別にみた，結婚相手の条件として考慮・重視する割合の推移

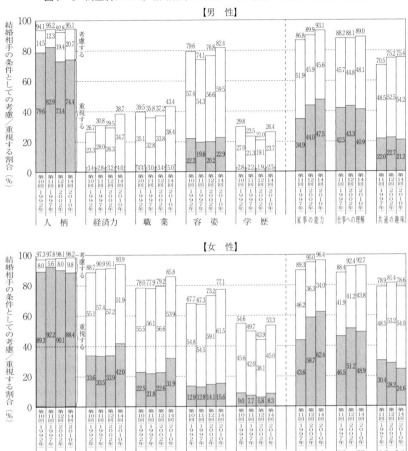

(注)　対象は「いずれ結婚するつもり」と答えた18〜34歳未婚者。
　　　設問「あなたは結婚相手を決めるとき，次の①〜⑧の項目について，どの程度重視しますか。それぞれあてはまる番号に○をつけてください」(1. 重視する，2. 考慮する，3. あまり関係ない)。
(出所)　国立社会保障・人口問題研究所 (2012：69)。

(たとえば親や親せき)の介入(後押し)がほとんどなくなる。親もまた，子どもの結婚は子ども自身の事柄ということで，子どもの結婚に「口出し」するのをためらう。さらに，結婚の個人化は，結婚の条件もまた個人化する(たとえば，人柄，容姿，学歴，職業などの当事者個人の属性が条件となる)ことを意味するので，

「結婚市場」において，より好まれる条件をもつ層とそうでない層に二分される傾向がある上に，互いに望む条件をめぐって男女間のミスマッチもおこりうる。

さらに，雇用の流動化の中で，フリーターや非正規雇用者の結婚難が指摘されている。恋愛結婚が主流となったいまでも，というより個人の属性が条件となる恋愛結婚だからこそ，とくに男性にとっては職業や収入が結婚市場での条件の1つとなっており，そうした条件において不利な若い男性が「結婚できない」ことになりがちである。ちなみに，結婚相手に望む条件をみると，男女とも「人柄」が圧倒的に重視されているが，次いで，男性では「容姿」が，女性では「容姿」と並んで「経済力」「職業」が重視されている。また，「家事能力」「仕事への理解」「共通の趣味」を重視するポイントは男女とも高いが，女性が相手の「家事能力」をかなり重視しているのは興味深い（図7-4）。

今日，若者が結婚しない／できない要因は，社会・経済格差や，結婚観の変容といった単純な変数ではもはや説明できない。その要因もまた時代的に変遷しており，かつジェンダーや年齢階級，あるいは，職業，収入，居住地域，家族資源状況などによって「構造的に」多様化している。また，20代，30代未婚者の親元同居率の高さが「離家できない若者」として90年代には問題視され（宮本・岩上・山田，1997；山田，1999），それが未婚化をさらに促している一要因ともみなされたが，2000年代に入ると，親元同居は不安定な社会での「家族戦略」の1つで，これは世界的な潮流でもあるという見方も浮上している（ニューマン，2012）。いずれにせよ，未婚化はさらに進行するという予測であり，20代，30代の結婚行動への注目は，今後もしばらく続くであろう。

2 単独世帯の増加と「ひとり暮らし」を支える枠組みの変容

1980年から2010年までの推移をみると，男性は25歳以上，女性は20歳以上のどの年齢階級（5歳ごと）においても，単独世帯が増加している（図7-5）。未婚化，高齢化の進行とともに，家族の個人化が進んでいる1つの証左であろう。ここでの着目点は，第1に，65歳以上の高齢単独世帯割合が男女とも大きく増加していることである。とりわけ75歳以上の女性の単独世帯割合が大きいが，増加率でみると同年齢階級の男性もまた倍増している。第2に，30代，40代，

第 7 章　家族とライフコースの社会学

図7-5　年齢階級別単独世帯率の推移（1980〜2010年）

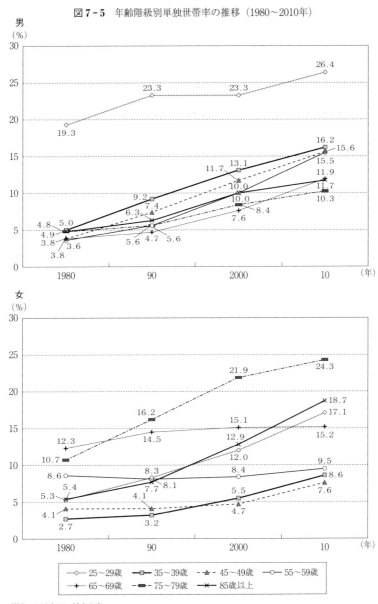

(注)　%は人口に対する率。
(資料)　総務省統計局『国勢調査報告』による。各年10月1日現在。
(出所)　国立社会保障・人口問題研究所（2014）から作成。

50代男性の中年期での単独世帯率が，高齢期よりもむしろ高いことである。未婚化と並んで，離婚率の増加もその理由であろう。この中年単独世帯層がそのまま高齢単独世帯に至るかどうかは，今後の推移を注視する必要がある。第3に，未婚者の親元同居率の高さがしばしば話題になるものの，男女ともやはり離家時期と想定される20代の単独世帯率は相対的に高い。図7-5が示すように，男性では20代が各年齢階層中で単独世帯率が最も高く，2010年では女性も20代前半で2割を超えている。20代前半では男女とも進学での離家があるためと考えられる。

ところで，「ひとり暮らし」で問題になるのは，当事者の家族や社会との関わりが総じて希薄になることであろう。高齢化社会の中で，ひとり暮らし高齢者の孤独死や引きこもりが問題になりがちであるが，実はそれは，ライフコースを通じて年齢を問わず起こりうる。実際，単独世帯に関しては高齢単独世帯をめぐる課題が議論の的になりがちであるが，これまでみてきたように，単独世帯はどの年齢階級でも発生し，またその出現率にはジェンダー差が顕著である事実は認識しておく必要がある。学生のひとり暮らしはさておき，中年期の，とりわけ男性のひとり暮らしの背景は，未婚，離婚，失業，倒産や借金などの経済的破綻，フリーターや非正規就労の長期化，親の介護など複雑であり，それゆえ課題も多様化している。

さて，第1の主題である高齢単独世帯の話に戻ろう。高齢者の単独世帯割合は男女ともに増加しているが，ジェンダー差も歴然である（図7-6）。夫婦家族制のライフサイクルの理念型では，（老）夫婦2人暮らしの次に最終段階では1人で暮らす時期が想定されており，高齢期に単独世帯が出現することはいわば必然である。その意味では，単独世帯自体，もしくは単独世帯の増加が特別に問題ではない。ただ，その「ひとり暮らし」を誰がどう支えるのか，尊厳ある人生をどのように最後まで全うするかは，当事者，家族，社会にとって大きな課題である。男女ともに世界のトップ水準の長寿を実現した今日，高齢期に単独世帯になる蓋然性は高まり，またその期間は長くなっている。

日本では伝統的に直系家族制が踏襲されてきた経緯があり，戦後の民法改正後もその「慣行」は長く続いたことはすでに述べた通りである。つまり，私たちは老後期に1人にならない／しない家族が「普通」だという感覚に慣れてき

図7-6 一人暮らしの高齢者の動向

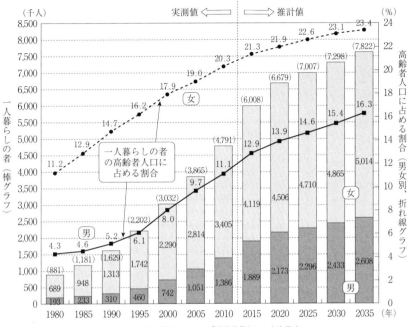

(注) 1：「一人暮らし」とは，上記の調査・推計における「単独世帯」のことを指す。
　　 2：棒グラフ上の（ ）内は65歳以上の一人暮らし高齢者の男女計。
　　 3：四捨五入のため合計は必ずしも一致しない。
(資料) 平成22年までは総務省「国勢調査」，平成27年以降は国立社会保障・人口問題研究所「日本の世帯数将来推計（平成25（2013）年1月推計）」，「日本の将来推計人口（平成24（2012）年1月推計）」。
(出所) 内閣府（2013：15）。

た。実際，子どもが結婚して独立しても，親が高齢になったり，どちらか1人になったりすると，再び同居することは今日でもしばしばみられる。問題は，別居がいいとか同居がいいとかということではなく，どちらの家族規範ももち合わせている／あいまい化した今日，本人と家族（多くは大人になった子ども）にとって最良の高齢期「戦略」が個別的に必要になったということであろう。それは，本人（親）の健康状態，資産状況，意向と家族（子ども）のそれとの調整であり，家族間で，また同じ家族でも時系列的なそれらの変化に応じて「戦略」もまた変わりうる。

　とはいえ，高齢期にある人に皆，都合よく子どもがいるとは限らない。また，ライフコース自体も多様化している。直近の高齢者予備軍である1950年出生

コーホート（出生コーホートとは，同じ年に生まれた統計的グループのこと）では，生涯単身は男性で12.6％，女性は5.8％とまだ少ない見込みだが，2000年出生コーホートでは男性の40％，女性の30％が生涯単身と予測されている。同じく2000年出生コーホートでみると，結婚するが子どもがいない人も男性で10.8％，女性で12.6％との予測である（厚生労働省，2013）。つまり，子家族との同居・非同居を議論する以前に，高齢期に配偶者も子どももいない人が，今後相当数にのぼるということである。

　たどってきたライフコースのいかんにかかわらず，高齢期の単独世帯は今後さらに広がることが見込まれているが，そうであるならば，ひとり暮らしを支える社会的・公的な支援の充実とネットワークづくりが喫緊の課題である。要するに，ひとり暮らしは避けられず，また，ひとり暮らしを支えるのは，家族（だけ）ではない時代になったということである。ひとり暮らしが「孤独な暮らし」にならぬような対策が福祉や行政の視点から求められているが，その実現は従来の「家族問題」の枠組みを超えるものであり，そのことは次のテーマに関してもいえることである。

３　ケアは誰が担うか：もっともホットで深刻な21世紀の争点

　高齢者のケアを誰がどのように担うかということは，高齢化が進む先進国共通の課題である。日本も1970年に高齢化率が７％を超え，さらに1995年に14％を超え，2007年に21％を超えて，世界に冠たる「超高齢社会」になった。ちなみに高齢化率はその後も伸び続け，65歳以上人口割合は，2010年には23.0％になり，2060年には39.9％と，将来的には主要国の中ではもっとも高い割合が見込まれている（図7-7）。

　こうした人口動向に対応するように高齢単独世帯も増加しているわけだが，ケアとなると，配偶者か，子どもあるいは子どもの配偶者などの近い親族が主たる介護者であり，いまだ家族介護が中心である構図がみてとれる（次章図8-6参照）。しかし，多くの指摘があるように，平均寿命が90歳近くに達し，介護期間も総じて長期に及ぶことが予測される今日，家族介護だけで乗り切るには限界がある。もっとも端的なのは「老老介護」であろう。これには２人暮らし夫婦のどちらかがケアの担当者になる場合と，超高齢の親を高齢の子がケア

図7-7 主要国の65歳以上人口割合（1960～2060年）

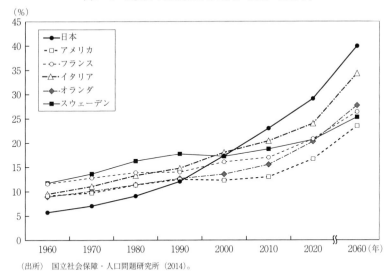

（出所）国立社会保障・人口問題研究所（2014）。

する場合の2通りがあるが，いずれにしても高齢者が高齢者の介護をすることへの心身の負担は想像に難くない。

すでに述べたように，かつての直系家族制のもとでは，親の老後の面倒は同居の子ども（嫁）がみることが基本であった。すでに大勢として夫婦家族制に移行し，かつその夫婦家族制も個人化によって揺らいでいる今でも，家族ケアへの依存と期待は大きい。子育てにせよ介護にせよ，長い間それは家族内の女性の役割とされてきたことは，欧米も日本も同じである。したがってケア問題はジェンダー問題であった。いまでもケア問題の本質にそれがあることは否めないが，しかし女性の就労が一般化し，共働きが普及した現在，家族ケアの様子も様変わりしてきた。いまや退職前の「息子」が仕事を辞めたり，仕事を代えたりして親の元へ介護に「通う」実態も多く報道されている。また最近の男性の未婚化現象の中には，中年未婚者が親の介護のために結婚できないでいることも報告されている。とはいえ，これらはケア役割をめぐるジェンダー格差が解消されつつあるという事例というよりも，親の介護が基本的に「子ども」の役割とされている（「適当な」娘や嫁がいなければ，息子が乗り出さざるをえない）事例と考えたほうがよいであろう。

高齢者のひとり暮らしで指摘したのとまったく同じ論理であるが，同居介護であれ，通い介護であれ，それは，実際にそういう資源（健康かつ時間のやりくりのできる娘や息子もしくは嫁）があって可能なことである。要は，皆がそういう資源をもち合わせているとは限らない，むしろそういう資源のあることは高齢者にとって「稀有な幸運」になりつつあるということである。親孝行規範や「してあげたい」という気持ちを否定するものではけっしてないが，少子高齢化が進む中で，高齢者のケアもまた，家族の枠組みに依拠しないスキームでの取り組みが必須である。家族は今後，多様な複数の資源の1つとして，ケアに関しても限定された役割を担うことになろう。また，グローバル化の中でケア担当者の広範な国際移動（外国人介護労働力への依存）が生じており，日本でも，そうした専門的／職業的なケアと家族ケアのようなインフォーマルなケアの組み合わせの議論が，ケアの枠組みやジェンダー視点ともからんで今後活発化するものと予想される。

第4節　家族とライフコースへの政策的対応：課題と方向性

1　個人を基軸とした制度への転換

　どの国の家族制度も，時代に応じて社会状況や文化を反映しながら存続してきた。その意味ではこれからも家族制度は続くであろう。ただ，これまでのように「家族」を施策の単位とすることには多くの矛盾が生じてきている。とくに，「夫婦と子ども2人の核家族世帯」を「標準世帯」とみなして，税制や住宅，医療，労働などあらゆる分野での算定基準とした時代は実質的に終わったといえる。実際，この「標準世帯」の4人家族が該当するのは1960年代半ばから70年代半ばまでで，70年代後半には平均世帯人数が3人台前半となり，90年代からは3人台も割り込むようになり（90年で2.98人），2013年では2.32人となった（総務省自治行政局『住民基本台帳人口要覧』）。また，核家族世帯のうち「夫婦と子ども」の割合が最高だったのは1970年の46.1％で，以後漸減し，90年には38.7％，2010年には28.4％であり（総務省統計局『国勢調査報告』），横断的な統計とはいえ，夫婦と子ども2人の核家族を「標準世帯」とすることが，いかに実態とかけ離れたものであったかがわかるだろう。

▶▶ *Box* ◀◀

日本はお母さんに「やさしくない」国!?

2014年5月11日の母の日に,「『お母さんにやさしい国』日本は32位」というWEBニュースが流れた。子どもの人権保護に取り組む,国際NGO「セーブ・ザ・チルドレン」が毎年,世界各国の母親と子どもの状況を分析して母の日に合わせて発表している。ランキングは,世界178カ国を対象に,①妊産婦死亡の生涯リスク,②5歳児未満の死亡率,③公教育の在籍数,④国民1人当たりの所得,⑤女性議員の割合,の5つの指標から,保健・医療,教育,経済,政治への女性参加を総合的に判断して算出した結果であるという。ランキング上位には,1位フィンランド,2位ノルウェー,3位スウェーデンと北欧諸国が占め,上位10カ国はいずれもヨーロッパの国々だった。30位韓国,31位アメリカ合衆国に続き,日本は32位でG7中最下位である。順位を落としている理由は,①〜④の指標はいずれもトップクラスとほぼ同水準であるものの,⑤が極端に低いからであるという。つまり,女性の声が政策に反映しにくい国とみなされたわけだ。

実際,日本は働く母親に「優しくない」。最初の育児休業法が施行されて20年余り経過し,この間に何度か改定されて,この制度もようやく根づいてきたようだが,実情はジェンダー格差が甚だしい。厚生労働省によれば,2011年の取得率は女性で87.8%に達し,1999年の56.4%と比べれば大きく伸びている一方,男性は2011年でもたった2.63%で,1999年の0.42%とたいした変化はみられない。いうまでもなくこれは,企業側のスタンスの問題と,いまだ根強い家庭内性役割分業のせいであろう。父親／夫の育児参加状況はきわめて心もとない上に,保育所待機児童の問題も解消されておらず,母親は育休明けの「保活」に奔走し,育児休業中も安心して育児に取り組めない。政府は,ワーク・ライフ・バランス政策を打ち出して少子化対策にやっきだが,働く母親に「優しくない」現状を改善しない限り,女性の未婚化も少子化も止まないと思われる。

日本の家族政策は「特定の家族のかたち」を基盤に据えて進められてきた。また,ほとんどの社会保障政策は,(成人は)生殖家族をもっていることが前提である。今日では,ひとり親で子育てをしている人や,未婚で親の介護をしている人も多い。それゆえ,こうした「前提」に当てはまらないライフコースを歩んでいる人は,手当や保障の対象にならないなど,家族のかたちによって社会保障格差が大きい。

高度成長期に従来の地域社会の多くが解体したが、「家」の記憶は人々のうちに長くとどまった。しかし1970年代の家族はすでに、地域社会と親族組織に支えられた伝統的な家族ではなく、50年代、60年代を通じて新たに登場し普及した、「孤立した小家族」であった。マイホーム主義の名のもとで高まった家族への憧憬と愛着とはうらはらに、家族は小規模化、個人化し、生活保障基盤としてはきわめて脆弱なものへと変貌した。それにもかかわらず、その後今日に至るまで、そうした脆弱な「家族」を主要な資源とみなした政策がとられ続けている。

　ライフコースが多様化し、「夫婦と親子」の家族ばかりでなく、ひとり親家族や夫婦だけの家族、ステップファミリー（子連れ再婚家族）、あるいはひとり暮らしなど、暮らし方のかたちもまた多様化している今日、それを無理やり「理想的な」特定のかたちに合わせようとするのではなく、どのような生き方をしても排除されず、個人の尊厳と福祉が守られる社会的な仕組みづくりこそ、人口減少とグローバル化が進む今日、現実的な方向性といえるのではないだろうか。それには「個人」を基軸とする制度への切り替えが必要である。そのことは家族を否定したり、排除したりすることではなく、いま現にある家族の存在価値を最大限いかしつつ、一人ひとりの「幸福」追求を実現する道であろうと思う。

［2］ シティズンシップ概念の普及と新しい公共性

　個人を基軸とした制度への転換とは、「家族」という覆いをひとまず取り除き、一人ひとりを個人として認識する、ということから始まる。つまり、今日、法的にはそうであるが、社会的にも個人の権利と義務や責任を基軸に据えるということである。「個人」は、男性、女性、子ども、高齢者、若者、障がい者、性的マイノリティーなど、さまざまな社会的カテゴリーに位置しているが、基本的には「社会への参加者」としての同じ義務と権利をもつことを、当人も社会も認識することが肝要である。

　シティズンシップとは、西欧世界で成熟してきた市民としての義務と権利のことである。日本では、「家」という共同体への所属意識が20世紀半ばまで強固であったので、民主的な体制になってから久しいとはいえ、シティズンシッ

第7章　家族とライフコースの社会学

プ概念がいまだ十分熟しているとはいい難い。しかし，シティズンシップの視点で家族をながめれば，夫婦関係や成人の親子関係のあり方は，これまでとは異なるかもしれない。社会参加の機会が誰にもひとしくあるべきという理念に立てば，たとえば，ワーク・ライフ・バランスや高齢者介護への対応も，当事者の希望や可能性がもっといかされるはずである。これまでの，夫婦はこうあるべき，子は親にこうするべき，という規定的な役割観に代わって，ともに暮らす「親密な他者」としての互いの配慮と調整を踏まえた，柔軟な役割創造こそ必要である。それには，自立した個人としての自覚と，家族メンバー（その範囲は流動的だが）に対しても同等な「一個人」として向き合う態度が不可欠であり，そういう「個人」の連帯の様式としての新たな家族倫理がこれからは求められている。

　シティズンシップ概念の普及は，他方で「見知らぬ他者」との連帯を可能にする。東日本大震災でみられたように，多くの他者間のボランティアな連携やネットワークこそ，もう1つの結びつきの倫理である。個人化社会で必要になってくるのは，「自立した個人」を前提にした，新しい「おたがいさま倫理」であると思われる。

3　生涯を通じて多様なコンボイを創る

　長寿社会となり，またライフコースも多様化している今日，長い人生を誰と生きるか，また誰と支え合うかは大きな課題である。これまでは，ある時期まで親の元で過ごし，一定の年齢になると親元から自立し，結婚し家族を作って人生を送ることが規範化されていた。そうしたライフコースにおいては，支え合う存在は，まず家族であっただろう。今日も基本的にはその構図は変わっていないとは思われるが，すでに述べたように，家族と過ごす時間には個人差が大きい。結婚しないかもしれないし，離婚するかもしれない，あるいは結婚，子育てののち，夫婦2人の生活からひとり暮らしになるかもしれない。すでに述べたように，どのようなライフコースであろうと，つねに「家族」が周りにいるとは限らないのである。若い人の結婚志向の中には，「孤独死はいやだから」という答えも多いようだが，結婚してもひとり暮らし高齢期は訪れる。『おひとりさまの老後』（上野，2008）で示されたような状況は，いまや高い確

率で現実のものである。

　では，どうするか。それに備えての方法の1つは，家族以外の資源をできるだけ多くもつことである。自分を取り巻くそうした「支え合う仲間」（家族・友人・近所の人など）を，ライフコース論では「コンボイ」（convoys［元の意味は護衛船団］）と呼ぶ。コンボイが必要なのは，なにも高齢期に限らない。ライフコースを通じて，つねにそうしたコンボイに囲まれていることが，個人化社会ではいっそう大事である。たしかに，今日でも家族（子どものときには親やきょうだい，成人後は配偶者や子ども）が多くの人にとって最重要のコンボイ，もしくはコンボイの中心部分を占めるであろうことに異論はないが，家族だけに頼ることは社会的に孤立するリスクの高い選択である。

　日本は国際的にみても「社会的孤立度」の高い国であるようだ。この社会的孤立度の尺度は，社交などで家族以外の者と会う頻度を基準としており，日本はOECD 20カ国中，もっとも社会的孤立度が高い結果となった（OECD, 2005）。それにはさまざま理由があるが，広井は，高度成長期以来，日本人は「カイシャ」と「家族」と「ニッポンというコミュニティ」に頼ってきたが，その関係構造が壊れて，個人の社会的孤立の問題が浮上した，と指摘している（広井, 2009）。私たちは家族を唯一の「安全保障」とすることに慣れてきたが，今後，むき出しの個人が社会と直接に対峙して生きる場面が否応なく多くなろう。それゆえに，家族を唯一の「安全保障」とせず，さまざまな人からなる「コンボイ」をもつ努力とそのための環境整備が，とりわけこれからの社会においては必須になろうと思われる。

注
(1) 近世以降に成立したとされる「家」制度とは，日本の伝統的家族の一歴史的形態である「家」を社会構造の単位とする社会制度であり，人々の生活の隅々にまで実質的に深く根を下ろしていた。一方，明治期における「家」は，いかに封建的色彩が強くても近代的法関係——すなわち個人的権利義務関係が基盤となっている点で，伝統性，共同性を存立基盤とした近世の「家」とは一線を画しており，その意味で，「近代家族」とも呼びうる性格を備えている。もっとも，近代家族でありながら，他方で系譜の観念，家墓や先祖代々といった共同体的な色合いを強く残し，家督相続というかたちで一子相続型の直系家族的な理念を保持していることから，明治以

降の「家」を，日本型近代家族と呼ぶこともある。この日本型近代家族の理念と形態は，その後長く（現行民法施行後も）日本人の1つの家族モデルであり続けた。
(2) 核家族世帯とは，「夫婦と子ども」「父親と子ども」「母親と子ども」「夫婦のみ」の家族形態を含む。
(3) 人類学者のプラースは，長い人生の途上で，折々にともに歩んでくれる人たちを「コンボイ（自己をとりまく道連れ）」と呼んだ（プラース，1985）。

引用・参考文献

阿部彩（2014）『子どもの貧困Ⅱ――解決策を考える』岩波書店。
Anttonen, Anneil and Zechner, Minna (2011) "Theorizing Care and Care Work," Pfau-Effinger, Brigot and Tine, Rostgaad, eds., *Care Between Work and Welfare in European Societies,* Palgrave Macmillan.
朝日新聞「孤族の国」取材班（2012）『孤族の国』朝日新聞出版。
林郁（1986）『家庭内離婚』筑摩書房。
広井良典（2009）『コミュニティを問い直す――つながり・都市・日本社会の未来』筑摩書房。
岩上真珠（2013）『ライフコースとジェンダーで読む家族［第3版］』有斐閣。
岩上真珠・鈴木岩弓・森謙二・渡辺秀樹（2010）『いま，この日本の家族――絆のゆくえ』弘文堂。
国立社会保障・人口問題研究所（2012）『第14回出生動向基本調査Ⅱ独身者調査』。
国立社会保障・人口問題研究所（2014）『人統計資料集2014』。
厚生労働省（2013）『厚生労働白書平成25年版』。
宮本みち子（2004）『ポスト青年期と親子戦略――大人になる意味と形の変容』勁草書房。
宮本みち子・岩上真珠・山田昌弘（1997）『未婚化社会の親子関係――お金と愛情にみる家族のゆくえ』有斐閣。
内閣府（2012）『男女共同参画白書平成24年版』。
内閣府（2013）『高齢社会白書平成25年版』。
Newman, Katherine, S. (2012) *The According Family : Boomerang Kids, Anxious Parents, and the Private Toll of Global Competition,* Bacon Press. ＝ニューマン，K. S.／萩原久美子・桑島薫訳（2013）『親元暮らしという戦略――アコーディオン・ファミリーの時代』岩波書店。
NHK「無縁社会プロジェクト」取材班編著（2010）『無縁社会』文藝春秋。
OECD（2005）Society at glance : OECD Social Indications.
Plath, David. W. (1980) *Long Engagements : Maturity in Modern Japan,* Stanford

University Press. ＝プラース，D. W.／井上俊・杉野目康子訳（1985）『日本人の生き方——現代における成熟のドラマ』岩波書店．
斎藤茂男編（1982）『妻たちの思秋期——ルポルタージュ日本の幸福』共同通信社．
上野千鶴子（2007）『おひとりさまの老後』法研．
山田昌弘（1999）『パラサイト・シングルの時代』筑摩書房．
山田昌弘（2014）『「家族」難民』朝日新聞出版．

(Book Guidance)

①本章の理解を深める入門書
岩上真珠（2013）『ライフコースとジェンダーで読む家族［第3版］』有斐閣．
　少子高齢化，個人化，グローバル化が進み，かつ格差の広がる現代社会における家族現象を，ライフコースとジェンダーの視点を軸に読み解いたテキスト．
宮本みち子・岩上真珠編著（2014）『リスク社会のライフデザイン——変わりゆく家族をみすえて』放送大学教育振興会．
　現代社会は個人にとってリスキーな社会であるという前提に立って，家族の変化をふまえて個人に必要なライフデザインを考えるテキスト．

②ステップアップのために
藤森克彦（2010）『単身急増社会の衝撃』日本経済新聞出版社．
　近年の単身世帯の内実とその急増の構造的背景を探り，単身世帯の増加に個人と社会がどう対処すべきかを論じたルポルタージュ．
小杉礼子・宮本みち子編著（2015）『下層化する女性たち——労働と家庭からの排除と貧困』勁草書房．
　女性の貧困の背景を可視化し，社会におけるジェンダー・バイアスと家庭や労働からの排除の実態を通して社会的支援の方向性を提示する論文集．

（岩上真珠）

第8章　福祉の社会学

《章のねらい》
　この章では,「福祉の社会学」として,これまでの「福祉」に込められた否定的含意を克服する可能性を展望します。そのために必要な視点は,「支援者の視点」ではなく,「当時者の視点」です。(1)孤立,(2)介護,(3)いじめ,不登校という社会的課題を解決する方法について,具体的に検討します。

キーワード▶当事者の視点,孤立,介護,いじめ,不登校,ICT,家族会,支え合い,ナラティヴ・アプローチ

第1節　福祉への社会学的アプローチ：視点・考え方・方法

1　「問題」としての福祉

　「福祉」は,私たちが社会生活を送る上で欠かすことのできない要素の1つである。たとえば,共働きの夫婦の間に子どもが生まれれば,保育サービスを利用することになる。また,年齢を重ね介護が必要になれば,介護サービスを利用することになる。このように,現代の「福祉」は,かつてのような一部の人が対象となる特別なものではなく,すべての人が利用する可能性のある,とても身近な存在となっている。

　このことを象徴するのは,TVや新聞などのマスメディアにおける報道である。たとえば,保育所が不足している,児童虐待が増加している,年金制度が破綻しかけている,介護労働者が足りない,生活保護費の不正受給があったなど,「福祉」の話題が取り上げられない日はない。また,インターネットなどの双方向メディアにおいても,「福祉」は,主要な話題の1つである。掲示板（BBS）やTwitter（SNS）などでは,発達障害や不登校,児童養護などをめぐり活発なやり取りがある。現代社会において,「福祉」は,専門家などごく限

られた人だけのものではなく,多くの人の関心事である。

このような「福祉」をとりまく現状を踏まえた上で,一点,気になることがある。それは,「福祉」が,いつも「問題」として論じられているということだ。「福祉」は,夢や希望に満ち溢れたものとしてではなく,課題が山積し,憂慮すべき「問題」として論じられる傾向が強い。

もちろん,「福祉」は,貧困や虐待などの社会問題と不可分の関係にあるため,ネガティヴな要素が含まれている。しかし,ここで注目されるのは,貧困や虐待などの社会問題それ自体が,「問題」として論じられるだけでなく,そうした社会問題の解決,解消を目ざすはずの「福祉」が「問題」として論じられている点である。

もともと,「福祉」の「福」の字は,文字通り「幸せ」という意味が込められている。また,「福祉」の「祉」は,訓読みで「さいわい」であり,「福」と同じように「幸せ」という意味が込められている。さらに,welfare や well-being という「福祉」の英文も「幸せ」という意味である。

なぜ,「幸せ」が含意される「福祉」が,「問題」として論じられるようになったのだろうか。この点を明らかにすることは,「福祉の社会学」の課題であり,「福祉の社会学」誕生の背景・要因である。

2 「福祉」の捉え方

一口に「福祉」といっても,その対象や方法はきわめて幅広い。ここでは,「福祉の社会学」を論じるまえに,まず「福祉」とは何かをみていきたい。

①「福祉」の"領域"

「福祉」を整理するもっとも一般的な方法は,児童福祉,障害者福祉,高齢者福祉というように「福祉」の対象となる人に注目することである。

たとえば,児童福祉,障害者福祉,高齢者福祉は,福祉の3大領域と呼ばれている。しかし,現代の「福祉」の対象となる範囲は,この3つの領域に収まらない。最近では,患者を対象とする医療福祉,児童・生徒を対象とする学校福祉,罪を犯した人を対処とする司法福祉などの新しい領域も登場している。

さらに,福祉の3大領域といってもそれぞれの内容は複雑である。たとえば,「障害者福祉」という分け方はあまりにも大雑把する。障害者福祉は,対象者

別に，身体障害者福祉，知的障害者福祉，精神障害者福祉という3つの領域から成り立っている。最近では，自閉症スペクトラム，ADHDなどの発達障害という新しい領域も加わった。また，精神障害者福祉といっても統合失調症の患者を対象にした「福祉」もあれば，鬱病の患者を対象にした「福祉」もある。

② 「福祉」の"方法"

「福祉」のもう1つの見方は，「方法」に注目するものである。「福祉」は，困難を抱えた人々や地域，社会システムを支援するという「実践」をともなう。そのため，「福祉」は，「どのように支援するか」，という実践のための方法によって整理することができる。

一般的に福祉の方法は，ミクロ，メゾ，マクロという3つの水準に分けて考えることができる。ミクロの水準では，個人や家族を対象にした支援が行われる。メゾの水準では，地域社会を対象とした支援が行われる。マクロの水準では，法制度等の社会システムを対象とした支援が行われる。

ミクロの水準の支援方法としては，個人や家族を支援するためのさまざまな方法が開発されている。たとえば，行動変容アプローチでは，個人がかかえる特定の問題行動の変容を目標に働きかける。ナラティヴ・アプローチでは，クライエントが紡ぐ物語を手がかりに支援を行う。解決志向アプローチでは，特徴的な質問法を用いてクライエントを支援する。

メゾの水準の支援方法としては，コミュニティ・オーガニゼーション（CO）と呼ばれる地域社会の福祉向上のために組織的・計画的な活動を行う方法がある。また近年では，コミュニティ・ソーシャルワーク（CSW）と呼ばれる，支援を必要とする地域住民に対し，福祉施設や行政サービスなどの公的サービスだけでなく，ボランティアなどの非公的サービスをコーディネートし，住民の支え合いを目指したネットワークを築く方法がある。

マクロな水準では，ソーシャル・アクション（社会活動）やソーシャル・プランニング（社会計画）と呼ばれる，社会システムに対する支援が行われる。

3　「支援者の視点」と「当事者の視点」

以上みてきたように，「福祉」には，多様な「領域」と「方法」がある。しかし，その「領域」と「方法」を見渡したことで，「福祉」を理解したことに

はならない。また，その一部を切り取ったとしても，「福祉」とは何かを理解することはできない。私たちは，「福祉」を論じるまえに，「福祉」の"根っこ"を知る必要があるだろう。

　筆者は，一般的にいわれている「福祉」という言葉の"根っこ"には，「支援者の視点」があると考えている。つまり，さきほどみた，「領域」や「方法」も，この「支援者の視点」による分類のあり方といえよう。サービスや援助を提供する上では，「領域」ごとの法制度が整備されている必要がある。また，より効果的なサービスや援助を提供するためには，専門的な「方法」が必要である。

　このことは，私たちが「福祉」という言葉をどのような文脈で使っているかにも表れている。たとえば，「Aさんには，"福祉"が必要だ」といったとき，「福祉」には，Aさんに提供されるサービスや支援という含意がある。私たちが「福祉」という言葉を使用するときは，「支援者の視点」が密輸入されているのである。

　この「支援者の視点」は，より良いサービスや支援のあり方を考えている上では，たしかに有益である。たとえば，この視点からいえば，「福祉」の支援者には，「専門性」が必要であり，支援に必要な高い知識，技術，倫理を身につけることが求められる。周知の通り，社会福祉士や精神保健福祉士など「福祉」の資格は国家資格化されている。資格取得希望者は，大学等で専門的な教育を受けることがもとめられ，また，資格取得後も研修を受けて自己研鑽を積むことが期待されている。

　しかし，この「支援者の支援」が強調されることは，「福祉」にとって望ましいことばかりではない。たとえば，本章の最初で提起した「福祉」が「問題」として捉えられるということと無関係ではない。

　少子高齢社会が進行し，また現代社会が多様化，複雑化する中，人々がかかえる困難の内実も多様化，複雑化している。そのような中で「良い福祉」を展開することは容易ではない。私たちは，「支援者の視点」に立って，「良い福祉」を追い求める限り，結果として「問題」として論じられる傾向が強い。このジレンマを克服するためには，一般的な「福祉」に埋め込まれた「支援者の視点」から距離をとることが必要である。

この章で「福祉の社会学」を論じる上では、「支援者の視点」とは異なる「福祉」の捉え方が必要といえよう。それは、支援を必要としている人自身の視点、つまり「当事者の視点」であると考えられる。

　同じ「福祉」を論じる上でも、「支援者の視点」に立つのか、「当事者の視点」に立つのかでは、その方向性はまったく異なる。「良い福祉」といっても、何が「良い」のかということは、「支援者の視点」に立つのと、「当事者の視点」に立つのでは同じではない。場合によっては、相反することもあるだろう。

　「当事者の視点」に立つことで、「支援者の視点」からはみえない「福祉」の可能性に注目することができる。そして、埋め込まれたネガティヴなイメージを払拭し、そして「福祉」がもともともっていた「幸せ」という含意を取り戻す上でも必要なことといえよう。

第2節　「福祉の社会学」の課題

1　「問題」としての「福祉」の構築①

　すでにみたように、「福祉」には、ネガティヴなイメージが埋め込まれ、現代社会において「問題」として論じられる傾向がある。そもそも、「福祉」がこのように「問題」として論じられるようになった背景には何があるのだろうか。ここでは、この点について歴史的背景を踏まえてみていきたい。

　「福祉」は、2000年を前後して大きく変貌を遂げた。少子高齢社会の進展を踏まえて、社会福祉基礎構造改革と呼ばれる大改革が行われたのである。そこでは、日本の「福祉」を基礎づける法律である「社会事業法」は、「社会福祉法」に改められた。「福祉」は、2000年を境に、それ以前とそれ以降ではまったく異なるものに変わったのである。

　それでは、2000年以前の「福祉」とはいかなるものだったのであろうか。この点をみていく上で、高齢社会福祉の領域に注目したい。2000年以前の高齢者福祉は、「措置制度」と呼ばれるものである。この「措置制度」とは、介護が必要となったとき行政処分として、施設への入所が行政処分として「措置」される（取り計らう）というものである。この「措置」という方式には、メリットとデメリットがある。メリットは、当時者である高齢者が保護的に守られる

▶▶ Box ◀◀

「福祉」を利用するということ

　ここに福祉サービスを利用することにともなうあるエピソードを紹介したい。いまから数年前，デイサービス（通所介護）の事業所に寄せられた「要望」についてである。

　ある家族では，祖母に介護が必要になったため，デイサービスを利用していた。デイサービスを利用すると朝のきまった時間に「○○デイサービスセンター」と書かれたマイクロバスが迎えにくる。しかしこの家族にとって，デイサービスを利用しているということは，表立っていえることではない。近隣から，「なんでちゃんと家族がいるのに，お婆さんを施設に預けるのだろうか。お婆さんが可哀想」という想い抱かれることが懸念された。家族は，このような目線を向けられることを避けるため，事業所に，「自宅から50メートルほど離れたところにマイクロバスを停めて，迎えにきてほしい」という「要望」をした。

　事業者には，こうした「要望」はほかからも寄せられた。そこで，その事業所は，「○○デイサービスセンター」というマイクロバスの文字を，ペンキで塗り，隠したというのである。

　これは「福祉」に抜き難く埋め込まれたネガティヴなイメージが今でも拭い去られていないことを示すエピソードといえよう。

ということだ。措置制度では，とくに意識しなくても介護が必要になれば，行政の責任で施設に入所が決まる。高齢者やその家族は，「福祉」に対して受け身であっても，サービスを利用することができた。

　しかし，この「措置」というやり方には，大きなデメリットがある。それは，「福祉」のサービスを受けることに，ネガティヴな意味が付与されるということである。「福祉」が措置されるということは，社会のお世話になることを意味し，社会に迷惑をかけるという含意がある。現代社会では，介護サービスを受けることは「権利」として認められているが，今でも措置時代の影響を少なからず受けている。「福祉」を受けるということは，どことなく後ろ暗いネガティヴな行為として受け止められているのである。

第8章 福祉の社会学

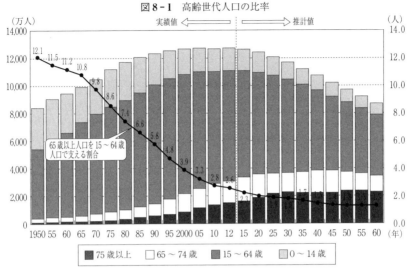

図8-1 高齢世代人口の比率

(出所)「平成25年版高齢社会白書」6頁。
(資料) 2010年までは総務省「国勢調査」,2012年は総務省「人口推計」(平成24年10月1日現在),2015年以降は国立社会保障・人口問題研究所「将来人口推計(平成24年1月推計)の出生中位・死亡中位仮定による推計結果。

2 「問題」としての「福祉」の構築②

　さて,先ほどみた「福祉」が「問題」として捉えられる背景として,社会福祉基礎構造改革が行われた2000年より前の「措置制度」についてみてきた。それでは,この「措置制度」のあとに登場した,「契約制度」に基づく,今日の「福祉」はどのようになってきているのだろうか。

　筆者は,「契約制度」になった現代の「福祉」においても,「福祉」は相変わらず「問題」として捉えられていると考えている。それどころか,「措置制度」時代よりも深刻化している側面もあるだろう。その最大の要因は,人口高齢化の進展とそれにともなう社会保障給付費の増大である(図8-1,図8-2)。

　日本の65歳以上の高齢者人口(高齢化率)は,1950年には総人口の5%に満たなかったが,1970年に7%を超え「高齢化社会」となった。さらに1994年には14%を超え「高齢社会」となった。そして,2007年には21%を超え「超高齢社会」となった。

　高齢化率はその後も上昇を続け,2035年には33.4%に達し,3人に1人が高

図8-2 社会保障給付費の推移

(注)1：高齢者関係給付費とは，年金保険給付費，高齢者医療給付費，老人福祉サービス給付費及び高年齢雇用継続給付費を合わせたもので昭和48年度から集計。
2：高齢者医療給付費は，平成19年度までは旧老人保健制度からの医療給付額，平成20年度は後期高齢者医療制度からの医療給付額及び旧老人保健制度からの平成20年3月分の医療給付額等が含まれている。
(資料) 国立社会保障・人口問題研究所「平成22年度社会保障費用統計」。
(出所) 「平成25年版高齢社会白書」10頁。

齢者となることが予測されている。さらに，2060年には39.9％に達して，約2.5人に1人が高齢者となる社会が到来することが予測されている。

とくに注目されるのは，75歳以上の「後期高齢者」の増加である。今後は，65歳以上74歳以下の「前期高齢者」よりも，75歳以上の「後期高齢者」の増加が顕著になる。近年の前期高齢者は，健康で活動的な人々が多くなっているが，後期高齢者は介護と不可分の関係にある。

こうした高齢化の現状において，医療，年金，介護などにかかる費用は右肩上がりで増加する。国立社会保障・人口問題研究所「平成22年度社会保障費用統計」によると，社会保障給付費（年金・医療・福祉その他を合わせた額）全体は，2010年度は103兆4879億円となり過去最高となった。また，国民所得に占める割合は，1970年度の5.8％から29.6％に上昇し，過去最高となった。社会保障給付費のうち，高齢者関係給付費（年金保険給付費，高齢者医療給付費，老人福祉サービス給付費，高年齢雇用継続給付費を合わせた額）は，2010年度は，70兆5160億円と，全体の大きな部分を占めている。

このように，人口高齢化とそれにともなう社会保障給付費の増大は，現代社会の大きな課題となっている。こうした現状は，介護保険料，年金保険料の増大として，私たちの負担に直結するトピックであるため，注目を集める。たとえば選挙の際には解決すべき「問題」として論じられる。

以上，措置制度以降においても，「福祉」が「問題」として位置づけられる要因として，人口高齢化の進展とそれにともなう社会保障給付費の増大というマクロな側面をみてきた。こうしたトピックは，メディアなどで繰り返し否定的文脈で報道されることで，「問題」としてのリアリティを帯びる。

第3節　「福祉」の現代的課題

1　孤　立

　以上を踏まえた上で，「福祉」に関する現代的課題を抽出し，具体的に論じていきたい。ここでは，現代社会において特に注目を集めている(1)孤立，(2)介護，(3)いじめ，不登校という3つの課題を取り上げる。

　まず孤立についてみていきたい。現代社会において，孤立は大きな課題として論じられている。そのことを象徴するのは，戦後の世帯構造の変化である。この点を，「平成24年版厚生労働白書」を参考にみていきたい（図8-3）。

　世帯構成の変化をみると，高度経済成長期には「夫婦と子」の世帯の割合が大きく，夫婦子ども2人の世帯が「標準的な世帯」とされた。しかし，近年では，単身世帯の割合が増加し，夫婦と子どもの世帯，3世代同居などの世帯の割合が大幅に低下している。

　1960年当時，4.7％にすぎなかった単身世帯が2005年には29.5％に増加し，夫婦のみ世帯も8.3％から19.6％に増加した。60年はあわせて約13％であったが，2005年には，ほぼ5割に達した。他方，夫婦と子ども世帯とその他世帯は，8割程度からほぼ半減し，両者あわせて4割程度となった。

　近年ではとくに単身世帯の増加が著しい。そして，今後も単身世帯は増加が予測されており，2030年には4割弱が単身世帯となる。その中でもとくに注目されるのは，高齢者の単身世帯の増加である。

　ひとり暮らし高齢者は，社会的に孤立し，生きがい喪失や生活不安，孤立死などの問題を引き起こすリスクが高いといわれている（内閣府，2011a）。たとえば，ひとり暮らし高齢者は，ほかの世帯と比べて「心配ごとや悩みごと」を抱えている割合が高い（内閣府，2009a）。またひとり暮らし高齢者は，他の世帯と比べて日常の会話が少ない傾向にある（内閣府，2009b）。

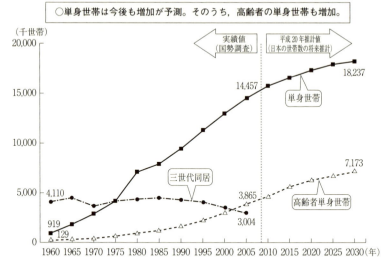

図8-3 単身世帯(高齢者単身世帯),三世代同居の推移

(注)1:集計の出発点となる基準人口は,総務省統計局「国勢調査」(2005年)に調整を加えて得たものである。
2:三世代同居とは,「夫婦と子どもと両親から成る世帯」「夫婦と子どもと片親から成る世帯」を合計したものである。
3:高齢者単身世帯の1960年は世帯主の年齢が70歳以上,1965年以降は世帯主の年齢が65歳以上の単身世帯である。
(資料) 国立社会保障・人口問題研究所「日本の世帯数の将来推計(全国推計)(2008年3月推計)」。
(出所)「平成24年版厚生労働白書」17頁。

　高齢者の社会的孤立の問題がとくに深刻化するのは,地域のつながりが希薄化する大都市である。大都市において,「地域のつながりは必要」だと思う人は91.7%と高いが,実際に自分の居住地域で「地域のつながりを感じる」人は69.1%にとどまる(内閣府,2011b)。孤立死を身近に感じる人の割合は,大都市がもっとも高い(内閣府,2011c)。大都市における孤立死の件数も増加傾向にある(東京都監察医務院,2010)(図8-4)。
　近年では,このようなひとり暮らし高齢者を対象に,民生委員や近隣住民による見守りネットワークの構築や,「ふれあいきいきサロン」などのインフォーマルな居場所づくりなどの取り組みが盛んである。だがこうした取り組みは,必ずしも十分な成果を挙げていない。都市におけるひとり暮らし高齢者は,プライバシーを重視するライフスタイルから,「見守る/見守られる」と

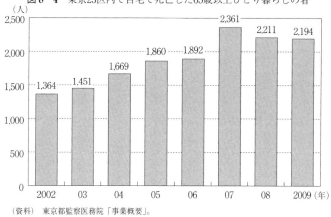

図8-4 東京23区内で自宅で死亡した65歳以上ひとり暮らしの者

（資料）東京都監察医務院「事業概要」。
（出所）「平成23年版高齢社会白書」69頁。

いう支援関係に抵抗感を抱く人もいる（桝田・金谷・大井他，2009）。また，日常的な交流が少ないなど支え合いの前提となる「地域のつながり」が欠落している場合もある（内閣府，2011a）。さらにいえば，インフォーマルな居場所に参加する高齢者は，そもそも孤立していない高齢者という本質的な課題もある。

このように，都市部における孤立高齢者の支援は，大きな課題をかかえている。

2 介　護

次に介護についてみていきたい。すでに確認したように，人口高齢化という社会構造上の変化の結果，介護は現代社会における非常に大きな課題となっている。

介護保険制度における要介護者等は，2010年度末で506.2万人となっており，01年度末から207.9万人増加している。65歳以上の人の数についてみると，10年度末で490.7万人となっており，01年度末から203万人増加している（図8-5）。

なかでも注目されるのは，75歳以上の後期高齢者における介護を受ける人の割合である。要支援，要介護の認定を受けた人の割合をみると，65〜74歳の前期高齢者で要支援の認定を受けた人は1.3％，要介護の認定を受けた人が3.0％

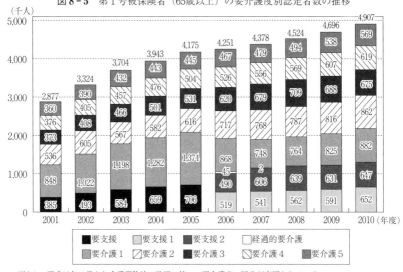

図 8-5 第 1 号被保険者（65歳以上）の要介護度別認定者数の推移

(注) 1 : 平成18年 4 月より介護保険法の改正に伴い，要介護度の区分が変更されている。
   2 : 東日本大震災の影響により，報告が困難であった福島県の 5 町 1 村（広野町，楢葉町，富岡町，川内村，双葉町，新地町）を除いて集計した。
(資料) 厚生労働省「介護保険事業状況報告（年報）」。
(出所) 「平成25年版高齢社会白書」25頁。

であるのに対して，75歳以上の後期高齢者では要支援の認定を受けた人は7.8％，要介護の認定を受けた人は22.1％となっている。後期高齢者は，要介護の認定を受ける人の割合が大きいことがわかる（内閣府，2013：25）。

　今日の日本が，高齢者施策の方針は重度な要介護状態となっても高齢者の住み慣れた地域で行う「地域包括ケアシステム」と呼ばれるものである。この方針では，団塊の世代が75歳以上となる2025年を目途に，住まい・医療・介護・予防・生活支援が一体的に提供することが目指されている（地域包括ケア研究会，2013）。

　要介護になった高齢者が施設ではなく，住み慣れた地域で生活を送ることは，その人らしい尊厳ある生活を守る上でもとても重要である。国が行った調査の結果でも，「介護を受けたい場所」への回答は，「自宅で介護してほしい」がもっとも多くなっている。また，「最期を迎えたい場所への回答は，「自宅」がもっとも多くなっている。

図8-6 要介護者等からみた主な介護者の続柄

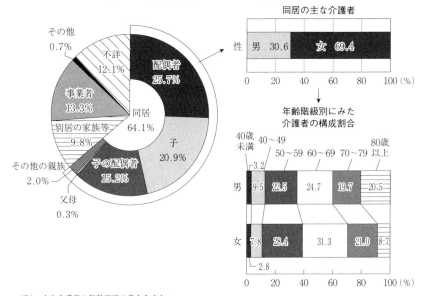

(注) 主な介護者の年齢不詳の者を含まない。
(資料) 厚生労働省「国民生活基礎調査」2010年。
(出所) 「平成25年版高齢社会白書」27頁。

しかし,このような地域で高齢者の介護を担うという前提に立てば,誰がその負担を担うかということが大きな課題となる。要介護者等からみた主な介護者の続柄をみると,6割以上が同居している人が主な介護者である。その主な内訳は,配偶者が25.7%,子が20.9%,子の配偶者が15.2%である。また,性別にみると,男性が30.6%,女性が69.4%と女性が多い。介護の負担は,主に家族,とりわけ女性が多くを担っているといえる(図8-6)。

こうした家族にかかる介護負担は決して小さいものではない。同居している主な介護者が1日のうち介護に要している時間は,要介護度が高くなるにしたがい増加する。要介護3以上では「ほとんど終日」がもっとも多くなっている。要介護3で33.8%,要介護4で48.4%,要介護5で51.6%が「ほとんど終日」と回答しており,文字通り24時間の介護が行う必要がある(厚生労働省,2010)。

こうした家族の負担を軽減することは,高齢者が住み慣れた地域での尊厳ある生活を担保する上でも重要な課題である。

3 いじめ，不登校

　最後に，いじめ，不登校などの学校現場における福祉的課題をみていきたい。従来，いじめや不登校などの学校現場における問題は，あくまでも学校の問題であり，福祉の課題としては捉えられてこなかった。しかし，いじめや不登校の背景には，貧困や虐待，家族問題などがあり，近年では徐々に福祉的課題として位置づけられるようになった。子どもたちの悩みや不安を受け止めて相談を受けつける体制を整備することは今日の学校のあり方を考える上で差し迫った重要な課題である。

　文部科学省は，学校での教育相談体制などの充実を図るため，2001年度から臨床心理の専門的な知識・経験を有するスクールカウンセラーの配置を行い，12年度は公立中学校や小学校約2万校に配置されている。また，08年度から社会福祉の専門的な知識・技術を有するスクールソーシャルワーカーの配置が行われ，12年度は1113人が配置されている。スクールカウンセラーは，面接を中心としたカウンセリングによって問題解決をめざすのに対し，スクールソーシャルワーカーは児童生徒が置かれたさまざまな環境へ働きかけたり，関係機関などとのネットワークを活用して支援を行う（文部科学省，2008：99；2012：145）。

　このように今日の教育現場には，心理や福祉の専門家が入り，教員だけでは解決の難しいさまざまな問題に対処することが一般化しつつある。このことは，今日の学校現場では，いじめや不登校などの問題が深刻であることを物語っている。

　近年のいじめ問題は，大津市中学生いじめ自殺事件をきっかけに社会問題化した。この事件は，2011年10月11日に滋賀県大津市内の市立中学校の当時2年生の男子生徒が，いじめを苦に自宅で自殺したものである。いじめの内容の壮絶さと学校や教育委員会の対応をめぐり大きな議論を呼んだ。この事件を契機として，2013年には「いじめ防止対策推進法」が成立，公布された。

　いじめの認知件数は統計のとりかたが一貫していないため，正確な推移をみることはできない。2011年度の調査では，全国の国公私立の小中高等学校および特別支援学校におけるいじめの認知件数は7万231件であった。また，いじめを認知した学校数は，約1万5000校で学校総数に占める割合は約38.0％にの

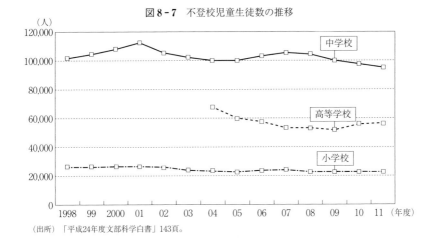

図 8-7 不登校児童生徒数の推移

(出所)「平成24年度文部科学白書」143頁。

ぼる。

2012年8月には，大津市中学生いじめ自殺事件を受け，「いじめの問題に関する児童生徒の実態把握並びに教育委員会及び学校の取組状況に係る緊急調査」が実施された。この調査の結果，2012年4月から5，6カ月間のいじめの認知件数は約14万4000件であった。5，6カ月という短期間のうちに2011年度の1年間の件数の2倍以上の認知件数があったということは，いじめ問題が表に出てきづらい問題であることを物語っている。なお，学校として，児童生徒の生命または身体の安全がおびやかされるような重大な事態に至るおそれがあると考える件数は，小・中・高・特別支援学校を合わせ，計278件にのぼった。

いじめ問題に適切に対処するために，スクールカウンセラーやスクールソーシャルワーカーなどの専門家による教育相談体制の充実が求められている。

つぎに不登校についてみていきたい。不登校とは，文字通り学校に登校しないことを意味するが，きちんとした定義としては，「何らかの心理的，情緒的，身体的，あるいは社会的要因・背景により，児童生徒が登校しないあるいはしたくともできない状況にあること（ただし，病気や経済的理由によるものを除く）」をいう。また，統計調査の際には「年度間に連続又は断続して30日以上欠席した児童生徒数のうち不登校を理由とする者」が対象となる（文部科学省，2012：143）。

不登校の児童生徒数の推移を小学校，中学校，高等学校別にみると，中学校がもっとも多く10万人前後で推移している。ついで，高等学校が多く，6万人前後で推移している。もっとも少ないのは小学校で，2万人前後で推移している（図8-7）。
　このグラフをみて気づくことは，小学校，中学校，高等学校のいずれにおいても，少なくない児童生徒が不登校であり，その数は大幅に増加しているわけではないが，減少もしていないということである。スクールカウンセラーやスクールソーシャルワーカーなどの専門家が配置されてもほぼ同水準で推移しているということは，不登校問題の解決が一筋縄ではいかないことを表しているといえよう。

第4節　福祉への政策的対応：課題と方向性

1　孤立問題の解決方法

　以上，孤立，介護，いじめ・不登校という現代社会における3種類の課題をみてきた。以下では，それぞれの課題を解決する方法について論じたい。
　まず，孤立問題であるが，都市における高齢者の孤立をどのように解消するかということは容易ではない。すでに述べたように，これまでも見守りネットワークの構築や，インフォーマルな居場所づくりなどの取り組みが行われてきた。しかし，必ずしも十分な成果をあげているとはいえない。孤立傾向にある高齢者は，「見守られる」ことに抵抗を示す。また，「ふれあい生き生きサロン」などのインフォーマルな集まりに参加できる高齢者は，そもそも孤立していない。
　こうした難しさを踏まえた上で，孤立を防止するためには，「当事者の視点」に立った方法が必要であろう。孤立傾向にある都市高齢者は，必ずしも強力な見守りネットワークを望んでいない。また，フェイス・トゥ・フェイスの人間関係に煩わしさを感じているケースもある。このような孤立傾向にある都市高齢者に相応しい支援方法とはどのようなものであろうか。
　近年，高齢者が主体的に社会関係を維持・構築するツールとして，ICT（Information and Communication Technology，情報通信技術）が注目されている。

ICT は，情報の入手，発信，共有を容易にすることから，高齢者のエンパワメントを図り，地域のつながりを強化する可能性がある。ICT が媒介する「緩やかな繋がり」(Granovetter, 1973) は，孤立傾向にある都市高齢者を支援する新しいツールとして注目される。

たとえば，一般社団法人シニア社会学会が実施した社会実験は注目される。この社会実験では，大都市における大規模集合住宅地を対象に，高齢者でも操作し易いタッチパネル式の機器を使用して実施された。そこでは，ICT 機器を活用することで，家族，近隣住民との「緩やかな繋がり」が維持・構築される様子が確認されている（シニア社会学会，2011；2012）。ICT は，孤立傾向にある都市高齢者の孤立防止方法として一定の有効性があるといえよう。

2　介護問題の解決方法

次に，介護問題の解決方法であるが，すでに確認されてように，「地域包括ケアシステム」という国が推し進める高齢者施策を踏まえると，これからの介護は，高齢者が住み慣れた地域で担うことが期待されている。地域で介護を担うということは，その負担の多くを家族が負うことなる。しかし，家族が自宅で近親者を介護するということは，身体的にも，精神的にも容易なことではない。

たとえば，認知症を患った要介護高齢者を介護する場合，その介護負担は深夜に及ぶこともある。また，失禁などの問題行動に対して，感情を抑えて適切に対応することは簡単ではない。徘徊がある場合，近隣住民に理解してもらうための気苦労もある。

このような介護を担う家族に対しては，きちんとした支援が必要であろう。これまで，介護を必要とする高齢者本人に対しての議論は盛んに行われてきた。しかし，介護の負担の多くを担う家族への支援は必ずしも十分でなかった。今後は，介護の必要な高齢者本人だけではなく，介護の負担の多くを担う家族への支援が求められるといえるだろう。

家族への支援を考えていく上で注目されるのは，「家族会」の活動である。家族会では，定期的にミーティングが開催され，複数の家族介護者が集って介護経験について話し合う場（交流会）が設定される。この交流会に参加できる

のは，原則的として介護をしている家族である。交流会では，同じ立場の複数の介護者が車座になって座り，日々の介護の悩みなどについての率直な意見交換が行われている（荒井，2013）。

たとえば，次のようなものである。

　　Ａさん：もう支離滅裂。話の途中で，自分の話を投げ出す。泣いたと思っ
　　　　　　たらもう笑っている……。
　　Ｂさん：ついていけませんよね（笑）。
　　Ａさん：そうなんです。真面目に話を最後まで聞くことがストレスなんです。

これは，介護者であるＡさんが，認知症を患っている義母の話す内容が首尾一貫していないことを訴えている場面である。このＡさんの訴えに対して，介護経験を共有するＢさんは，「ついていけませんよね（笑）」と共感的に反応している。ここで重要なのは，Ｂさんが，「認知症の患者さんでは，よくあることですよ」と認知症介護の知識をもとにＡさんの経験を一般化したり，「そういう場合は，○○したほうがいいですよ」とアドバイスしていないということである。Ｂさんは，自分の介護経験を踏まえた上で，Ａさんの困難な介護経験に寄り添い共感的に反応しているのである。このような，Ｂさんの反応は，Ａさんから「ストレス」という率直な気持ちを引き出すことに成功している。

このようなやり取りができたのは，ＡさんもＢさんも介護経験を有した当事者であったからといえる。このような当事者同士の支え合いは，専門家であっても難しい当事者の気持ちに寄り添った支援を可能にする。

今後，このような当事者同士の支え合いを活用した家族支援が普及することが期待される。

3　いじめ，不登校問題の解決方法

いじめ，不登校の問題を解決することは，一筋縄ではいかない。現在，スクールカウンセラーやスクールソーシャルワーカーなどの専門家が学校に配置され，解決に向けた取り組みが行われている。しかし，すでにみたように，いじめ，不登校の件数は減少していない。

いじめ，不登校の問題を解決するための方法として，まず考えられるのは，スクールカウンセラーやスクールソーシャルワーカーの配置を増やすなど学校現場における相談体制を強化することである。現在，ほとんどの学校におけるスクールカウンセラーやスクールソーシャルワーカーの配置は非常勤体制であるため，週に1回，あるいは2回程度しか児童生徒と関わることができない。こうした専門家の配置を常勤化し，相談体制を強化することで，いじめや不登校の件数が減少することが期待される。

　だが，人員配置を強化するだけでは，いじめ，不登校の問題を解決することは難しいといえよう。なぜなら，いじめ，不登校の問題解決は，1つの原因を特定し，その原因を取り除けば解決する，というほど単純ではないからである。いじめ，不登校の問題の解決に向けて，より適切な支援方法の開発が必要といえよう。

　このことを考える上で注目されるのは，ナラティヴ・アプローチである。ナラティヴ・アプローチでは，従来的な専門的な支援方法から距離をとり，徹底的に「当事者の視点」に立つ。

　たとえば不登校児を支援する際，ナラティヴ・アプローチでは，まず「不登校」という行為を「問題」とみなさないことから出発する。一般的な方法では，不登校児になんらかの「原因」があって，「不登校」という問題行動を起こすと考える。しかし，ナラティヴ・アプローチでは，「問題」の「原因」を突き止め，その「原因」を取り除くことで児童生徒の状況が改善する，とは考えない。むしろ，「原因」を取り除こうと関わることにより，「問題」が強化される，と考える（荒井，2014）。

　そのためナラティヴ・アプローチでは，不登校児を支援する上で，「不登校」という「問題」をその児童から切り離すように関わる。具体的には，児童が紡ぐ物語（ナラティヴ）に耳を傾け，「不登校」の「例外」を探すように面接を進める。たとえば，「不登校」であっても，通信教育で学習をしっかりしているようであれば，そこに注目し，その頑張りを評価する。

　教室には入れないが保健室登校をしているようであれば，そこに注目し，その頑張りを評価する。こうした「不登校」という「物語」からズレた「例外」が発見されたら，児童にはその内容を分厚く語ってもらい，児童と支援者の2

者間で共有する。またさらに，家族や教員とも共有する。このような関わりを繰り返していくことで，その児童は，自身が抱えていた「不登校」という「問題」から一定の距離をとることが可能になる。「問題」の拘束から自由になった児童は，"結果として"再び学校にいくことができるようになる可能性がある。

このナラティヴ・アプローチの支援方法は，徹底的に「当事者の視点」に立ち，当事者の物語に丁寧に耳を傾ける。そして，その物語を糸口に希望の物語を紡ぐ方法として注目される。

以上，本章では，「福祉の社会学」の可能性を展望してきた。ここでは，「当事者の視点」に立つことにより，これまでの閉塞的な「福祉」が置かれている状況が改善できることを論じた。「福祉の社会学」を探求することで，「福祉」が本来もっている「幸せ」という含意を取り戻すことを期待する。

引用・参考文献

荒井浩道（2013）「〈聴く〉場としてのセルフヘルプ・グループ——認知症家族会を事例として」伊藤智樹編『ピア・サポートの社会学——ALS，認知症介護，依存症，自死遺児，犯罪被害者の物語』晃洋書房，33-68頁。

荒井浩道（2014）『ナラティヴ・ソーシャルワーク——"〈支援〉しない支援"の方法』新泉社。

地域包括ケア研究会（2013）「地域包括ケア研究会報告書」。

Granovetter, M. (1973) "The Strength of Weak Ties," *American Journal of Sociology*, 78, pp. 1360-1380.

岩間伸之（2008）『支援困難事例へのアプローチ』メディカルレビュー社。

厚生労働省（2010）「国民生活基礎調査（平成22年）」。

桝田聖子・金谷志子・大井美紀他（2009）「都市部と農村部における高齢者の地域見守りネットワーク活動の実態」『甲南女子大学研究紀要，看護学・リハビリテーション学編』3，33-44頁。

文部科学省（2008）「平成20年度文部科学白書」。

文部科学省（2012）「平成24年度文部科学白書」。

内閣府（2009a）「高齢者の地域社会への参加に関する意識調査結果」。

内閣府（2009b）「高齢者の生活実態に関する調査結果」。

内閣府（2011a）「平成23年版高齢社会白書」。

内閣府（2011b）「高齢者の住宅と生活環境に関する意識調査結果」。

内閣府（2011c）「平成21年度高齢者の地域におけるライフスタイルに関する調査結果

（全体版）」31-46頁。
内閣府（2013）「平成25年版高齢社会白書」。
シニア社会学会（2011）「ICTによる高齢者孤立防止モデル開発事業報告書」。
シニア社会学会（2012）「ICTによる高齢者孤立防止モデル普及事業報告書」。
東京都監察医務院（2010）「平成22年版統計表及び統計図表」22-53頁。

Book Guidance

①本章の理解を深める入門書
崎山治男・伊藤智樹・佐藤恵・三井さよ編著（2008）『〈支援〉の社会学——現場に向き合う思考』青弓社。
　犯罪被害者，被災者，介護職，保険制度の利用者，認知症，障害者など，困難を抱える当事者とそれを支える人々の経験について論じている。
木下大生・後藤広史・本多勇・木村淳也・長沼葉月・荒井浩道（2015）『ソーシャルワーカーのジリツ——自立・自律・而立したワーカーを目指すソーシャルワーク実践』生活書院。
　ジリツしたソーシャルワーカーとはなにかということを，「価値」「理念」「専門性」などをキーワードに問うている。

②ステップアップのために
レスリー・マーゴリン／中河伸俊他訳（2003）『ソーシャルワークの社会的構築』明石書店。
　ソーシャルワークにおいていかに権力が行使されているのか，ソーシャルワークにおいていかに言語が使用されているのかが分析されている。
伊藤智樹編著（2013）『ピア・サポートの社会学——ALS，認知症介護，依存症，自死遺児，犯罪被害者の物語を聴く』晃洋書房。
　ALS，認知症介護，依存症，自死遺児，犯罪被害者におけるピアサポート（仲間同士の支え合い）についてナラティヴ・アプローチの立場から論じている。

（荒井浩道）

第9章　メディアの社会学

《章のねらい》
　私たちは，情報入手の手段や友人との連絡ツールとして，日々メディアに触れて生活しています。そのメディアをとりまく環境が激変しています。インターネットの普及により，伝統的なメディアへの接触が減少し，影響力の低下も指摘されています。メディアのありようや付き合い方が問われている今，メディアの機能や役割，ジャーナリズムの可能性について考え，成熟した民主主義社会確立のための方策を探ります。

キーワード▶マス・コミュニケーション，マス・メディア，インターネット，公共性，メディアの影響力，ジャーナリズム，世論，発表ジャーナリズム，オルタナティブ・メディア

第1節　メディアへの社会学的アプローチ：視点・考え方・方法

1　メディア社会の「いま」

　気がつくと手元の液晶画面に見入っている……。誰しもそんな経験があるだろう。私たちにとって数百グラムのデバイスはコミュニケーションの欠かせない道具になった。スマートフォン1台があれば世の中で起きる情報が即座に手に入り，友人とのつながりを常時もち運ぶこともできる。

　インターネットの登場によって人々のコミュニケーション行動は変化を遂げた。私たちの社会生活はIT（Information Technology＝情報技術）に支えられ，情報テクノロジーに媒介されたデジタル化の進展は既存のメディアやジャーナリズムのあり方にも影響を及ぼしている。ネット社会の到来は新聞やテレビなどの伝統的なメディアの影響力を低下させ，人々の情報の入手方法や世論形成のあり方を変容させることになった。

　では，このまま新聞やテレビは衰退し，インターネットがそれらに取って代

わるのだろうか。おそらくそのような簡単なものではない。不特定多数に大量の情報を伝える新聞やテレビが世論形成の重要な役割を担っていることは確かであり，ネット社会の今だからこそ，マス・メディアの役割を問うことも必要である。

　こうした問題意識のもと，本章では，メディア社会の現状と課題を浮かび上がらせ，公共的言論空間を担うマス・メディアの役割を再確認しながら，新たなメディア社会のあり方やジャーナリズムの方向性を探っていきたい。

2　メディア・コミュニケーションの意味するもの

①コミュニケーションとメディア

　私たちは日々，他者と関わりながら生活している。こうした相互依存関係を成り立たせているのが，「コミュニケーション」である。

　コミュニケーションとは「社会的相互作用を行う当事者間における情報の伝達・交換，およびそれによって生じるその情報に関する当事者間における意味の共有」（大石，2016：5）と定義づけられる。この言葉は「共有の」という意味を示す「common」から派生していることからわかる通り，意図した情報が共有されてはじめて成立する。コミュニケーションとは循環的な営みであり，情報の伝達・交換，そして受容というダイナミックな動態的な過程を示しているのだ。

　そして，コミュニケーションの仲立ちをしているのがメディアである。メディア（Media）とは，メディウム（Medium：「中間の」という意味のラテン語に由来）の複数形であり，中間物，媒介物，媒体と訳される。つまり，メディアとは誰かと誰かをつなぐものであり，通常，情報（メッセージ）を運ぶ働き，言い換えれば，「情報の乗り物」としての役割を果たしている。

②マス・メディアとマス・コミュニケーション

　メディアの発達は人類にマス・コミュニケーション時代をもたらした。では，マス・メディアとは，マス・コミュニケーションとは何を意味するのであろうか。マス（Mass）が「不特定多数」や「大量の」を意味することから明らかなように，マス・メディアは不特定多数に大量の情報を送る働きを担う。

　藤竹暁はマス・メディアについて，「新聞，ラジオ，テレビ，雑誌，書籍，

映画，CD，ビデオ，DVD など最高度の機械技術手段を駆使して，不特定多数の人々に対して，情報を大量生産し，大量伝達する機構およびその伝達システム」（藤竹，2012：18）と定義づける。メディアとは「情報の乗り物」であると述べたが，マス・メディアでは大衆に大量の情報を送り届ける必要があるため，それを可能にするための技術の存在が不可欠となる。

　マス・メディアに媒介され，情報を人々に送る営みがマス・コミュニケーション（Mass Communication）であり，「大量の情報が一方向的に一般大衆に向けてまき散らされる社会現象」（水越，2011：27）を意味する。マス・コミュニケーションでは，コミュニケーションが本来もっていた相互作用の側面よりも，一方向的な大量の情報の伝播に重点が置かれている。このほか，マス・コミュニケーションは，公開性，同時性，速報性，定期性，周期性などを特性として有している（藤竹，2012：19）。

　インターネット出現以前，メディア社会学では，不特定多数の大衆に情報が届けられる営みである「マス・コミュニケーション」とその仲立ちをしている「マス・メディア」のあり方を問うことを課題として，社会や人間関係，人々の意識とメディアとの関わりが研究されてきた。

3　メディア社会学の視座

①マス・コミュニケーション論とメディア論

　デジタル化の進展によるネットワーク社会の出現は，メディア社会学のあり方をも変えることとなった。かつてメディア学の主流は「マス・コミュニケーション論」であった。マス・コミュニケーション論では，送り手と受け手の二分法でメディアの活動を捉え，受け手は字義通りの「受けるだけ」の存在とされてきた。

　マス・コミュニケーション研究が盛んになった20世紀には，送り手が発する情報がいかに受け手に影響・効果を及ぼすかに関心が払われ，数量的にメディアの影響や効果が分析された。ナチス政権下のドイツやアメリカで盛んに行われた政治的プロパンガンダ研究がその代表例である。同時に，メディア産業が発達し，新聞に代表される活字メディアが社会的影響力をもって世論形成に寄与するようになると，新聞社やジャーナリストの活動を研究対象とする

「ジャーナリズム論」が確立される（伊藤編著，2015：2-3）。

その一方で，テレビが爆発的に普及しメディア変容が進行した1960年代以降，メディアの媒介機能に焦点を当てた「メディア論」の潮流も存在する。マクルーハン（McLuhan, M.）が「メディアはメッセージ」（マクルーハン，1987）と評したように，メディアは単に情報の伝達手段にとどまらない。透明な伝達媒体というよりも，それ自体がメッセージ性を帯び，私たちの現実認識の構成や身体図式を更新する役割も果たしている。

ここで重要なのは，メディアが人間の思考形態に作用し，社会の構造を組み変える力を有している点である。それは，媒体であるメディアを所与のものとして扱い，人々への効果・影響を問う「マス・コミュニケーション論」とは異なる視点をもっている。現在では，メディア変容による社会の構造的変化や受け手のメディア実践にも焦点をあてた視座が重視されている。

②メディアを問うことの意味

情報の技術革新は，マス・コミュニケーションと，個人と個人とをつなぐパーソナル・コミュニケーションとが交錯する新たなメディア社会を現出させることになった。こうした社会を矢野直明は「総メディア社会」と呼ぶ（矢野，2007）。総メディア社会では，伝統的メディアの退潮ぶりが顕著となり，パーソナル・メディアへの関心が伝統的メディアを上回る傾向にある（矢野，2009：10-11）。

総メディア社会では，送り手側が独占的に有していた「表現の自由」を受け手が行使することも可能になった。それにより，「送り手」「受け手」の固定した役割が消え，両者は相互に入れ替わるものとなった。新聞社や放送局など，送り手の情報強者としての地位が脅かされ，一般市民からすると，全世界に向けた情報発信による影響力の行使が可能になった。

さらには，メッセージとメディアの分離が進み，新聞は紙に印刷されたもの，テレビは映像を無線で運ぶものといった各メディアの区別が曖昧になっている。情報のデジタル化によってメディアのみならずメディア産業の融合も進行している（矢野，2007：165-168）。

③これからのメディア・リテラシー

送り手と受け手のボーダーレス化はこれまで主に受け手に求められてきたメ

ディア・リテラシーの意味合いも変容させている。メディア・リテラシーとは「メディアをクリティカルに読み解く力」を指す。従来の考え方では，テレビや新聞で伝えられる情報に批判的に接し，マス・メディアの情報に踊らされないことが求められた。

しかし，インターネット上に膨大な情報が存在する「情報爆発」の現状では，マス・メディアの情報のみならず，ネット上の不確かな情報の見極めも求められている。ネット情報は多種多様であり，個人情報の流出など負の側面も指摘されている。電子ネットワークによる監視社会化も進行し，公的空間と私的空間が交錯する現代のメディア社会では，私たちはより多くの困難に直面することとなった。ネット社会におけるメディア・リテラシーにおいては，より広範囲の「クリティカルな読み解き」と同時に，送り手としていかなる情報を発信するのかといった，メディアを活用した総合的なコミュニケーション能力が問われている。

以上のように，デジタル情報化により，マス・コミュニケーション，マス・メディアといった概念そのものが曖昧化，希薄化するとともに，情報伝達と受容過程が根本から組み換えられているのだ。近年のメディア社会学では，こうしたメディア変容を前提としてメディアのありようを考察する必要に迫られているのであり，以下では，メディアとメディア研究の系譜をたどりながら，メディア社会学が取り組むべき課題を探っていきたい。

第2節　メディア社会学の射程：何が問題とされてきたのか

1　メディアの発展は私たちに何をもたらしたのか

①メディア変容の4つの位相

メディアの発展により，人々のコミュニケーションの範囲は拡大した。人間の基本的な意思疎通形態である対面コミュニケーションから，道具や機械を獲得したことによる，より高度なメディアを介したコミュニケーションへと至ることで，原初の「いま，ここ」の局所的なコミュニケーションは時空を超えて広がることとなった。

その流れは，①身体を中心として基本的には複製不可能な〈口承〉の形態，

②文字が発明され口承が固定化，複製化されるが大量には複製できない〈筆記〉の形態，③大量に文字が複製可能になる〈活字〉の形態，④複製可能であり文字依存から脱却し，より多様な記号が登場する〈電子〉の形態，以上の4つの位相にまとめることが可能である（吉見，1994：75-78；児島，2005：14）。

②身体メディアから電子メディアへ

いま述べたメディア発展の系譜を簡単に振り返っておく。まず，人間にとって原初のメディアは身振り手振りなどの身体そのものであった。その後，人類は言語を獲得し，メッセージの発信がより正確で厳密なものとなる。そして，音声言語から視認可能な文字が生み出され，書き言葉の時代が到来する。15世紀には，ドイツのグーテンベルクによって活版印刷術が発明されて，ヨーロッパに印刷本が大量に流通する。この発明によって，書き言葉は大量に複製されて流布することになり，マス・コミュニケーション時代が幕を開ける。「印刷革命」（アイゼンステイン，1987）による「出版資本主義」の成立は，18世紀以降の国民国家誕生を促した。出版物の講読によって，読む公衆の国民意識が醸成され，「想像の共同体」（アンダーソン，1997）が誕生することになる。

19世紀には音声や映像を伝達する電気通信が発達する。写真や電話，蓄音機，映画といったものである。有線から無線への流れの中で場所の制約なく電気信号を伝達する技術が発展していった。その技術を基盤とし，20世紀になるとラジオ，テレビが発明される。世界初のラジオ局はアメリカのピッツバーグで1920年に誕生したKDKA局とされ，日本では1925年に東京放送局（翌年，大阪と名古屋放送局が統合され社団法人日本放送協会が発足）が誕生する。テレビは，1930年代半ばにイギリス，ドイツで定期放送が始まる。日本では戦後の1953年2月にNHKが，8月に日本テレビが開局し，公共放送と民間放送との二元的併存放送体制がスタートすることになった。

③インターネットの誕生とインパクト

ラジオ・テレビの登場を経て，現在はインターネットを基盤とするネットワーク社会のただ中にある。インターネット出現以前，1960年以降に盛んに喧伝されたのが脱工業化社会論としての「情報社会論」であった。ベル（Daniel, B.）による『脱工業社会の到来』（1973年）やトフラー（Toffler, A.）の『第三の波』（1980年）が代表的な著作であり，これらの言説では，大量生産・大量消費

の時代から情報による付加価値の生産を中心とする情報サービス産業中心の経済への転換が叫ばれ，情報環境の整備によるユートピア的な社会が描かれた。こうした動きを受け，日本では1970年代末から1980年に「ニューメディア」や高度情報社会の到来が盛んに語られ，90年代以降，「インターネット」や「IT革命」がブームとなっていった（田畑，2004）。

インターネットそのものは1960年代に構築されたアメリカ国防総省によるARPANET（Advanced Reseach Projects Agency Network）が原型とされる。当初の研究者用のネットワークから商用へと移行し，95年のWindows95発売以降にパソコンの普及が進むと，本格的な「インターネット社会」が到来した。

インターネット出現以前，メディアとコンテンツは一体のものであった。しかし，ネット上では音声，映像情報もデジタル化され，メディアを越えた情報の保存，検索，伝送などの共有化が可能である。橋元良明はインターネット登場のインパクトを「メディアの発展史上，電話やテレビと同等，それ以上に画期的」（橋元，2011：44）と表現する。

インターネットの普及は，送り手と受け手との関係と情報の流れを根本から変容させた。ネット型の情報はマス・コミュニケーション時代のトップダウンではなく，ボトムアップ型の流れを作り出し，さまざまな社会的境界を横断する。さらには，情報伝達の過程は不確定なものとなり，予測不可能な効果をもちながら流通する。この新たな情報過程は，知のあり方や人間の社会意識，政治過程などのあらゆる社会過程に影響を及ぼすと考えられている（伊藤，2013：18）。

2 マス・メディアの影響力

①マス・コミュニケーション効果研究の流れ

続いては，マス・コミュニケーションの機能を考察の中心としてきたメディア研究の知見をまとめておく。

20世紀の「マス・コミュニケーション効果研究」では，送り手のメッセージがいかなる力をもちうるのかといったメディアの世論形成への寄与に関心が注がれた。その潮流は，メディアの圧倒的な力が解明された第1期の「強力モデル」（1910～40年代），メディアの影響は限定的で，個人の傾向を促進・補強す

る働きが注目された第2期の「限定効果モデル」（1940年代後半〜1960年代半ば）を経由して，テレビ誕生後のメディアの効果の強さに言及した第3期の「再・強力モデル」（1960年代後半以降）へと至る（早川，2010：9-24）。

　このうち，第3期の代表的な考え方が「議題設定機能」である。この機能では，マス・メディアは人々の態度の方向性や強度変化には間接的な効果しか及ぼさないが，「何が問題なのか」という争点（アジェンダ）の設定に大きな影響力をもつとする視座が提示された（マコームズ・ショー，2002）。またこの時期には，受け手によるメディア情報の多様な読み取りに着目した能動的オーディエンス論も登場した。そこでは，受け手は一枚岩ではなく，能動的にメディアテクストを理解し，解釈する存在として捉えられており，複雑で多面的なメディアの影響が明らかにされている。

　②社会的現実の構築と新たなリアリティの獲得

　以上のように，メディアの影響は一様ではないが，マス・メディアの出現が個人の現実認識の構成や思想の流布に寄与し，社会のあり方を規定してきた点は疑いない。マス・メディアによる間接的なコミュニケーションの発達は，自分自身の身体で直接得られる現実認識に加えて，人々にとっての新たな現実認識（社会的リアリティ）をもたらした。アメリカのジャーナリスト，リップマン（Lippmann, W.）は20世紀初頭，定期的に届けられる新聞の社会構成力に注目し，『世論』（*Public Opinion*）（原著1922年）を著した。リップマンは新聞によって人々の頭の中に形作られる絵（Pictures in our heads）を「擬似環境」（Pseudo-Environment）と呼び，それは現実環境が正確に再現されたものではなく，メディアからの情報によって認識の歪みをともなうと述べた。また，擬似環境の構成には固定観念を意味する「ステレオタイプ」が作用していることを指摘した。新聞が伝える事実によって，頭の中に擬似環境が形成され，人々はステレオタイプをもとに物事を判断する。「われわれはたいていの場合，見てから定義しないで，定義してから見る」（リップマン，1987：111）と指摘されるように，人々は思い込みで判断してしまうのである。

　擬似環境の「擬似」性は圧倒的な力をもつメディアの現実構成力のもと，メディアへの接触の累積によって弱まっていく。藤竹暁はこの現象を「擬似環境の環境化」と名付けた（藤竹，1968）。その際，環境を確定させるのは「社会的

な承認という権威を背後に予定した共通項をもつ他人」すなわち，専門機関としてのジャーナリズムである。マス・メディア時代の「擬似環境」は日々の報道（ジャーナリズム活動）によって構成されていく。

3 ジャーナリズムの理念と確立

①マス・メディアの機能とジャーナリズム

ラスウェル（Lasswell, H. D.）は，社会的コミュニケーションの機能として，①環境の監視，②環境に反応するにあたっての社会の構成要素間の相互作用，③社会的遺産の伝達を挙げている（ラスウェル，1968）。①は，社会や社会の構成員に，社会を取り巻く環境の変化を伝達する機能で，マス・メディアの「報道機能」が該当する。②は，情報の選択，評価，解釈の作業を通して，社会の環境の変化への対応の仕方を提示する機能で，「論評機能」を指す。③は，社会内部における価値観や規範，思考様式などの文化を継承する機能で，広義の「教育」が相当する（ラスウェル，1968；大石，2016：31-32）。このほか，ライト（Wright, C. R.）は構成員に楽しみや気晴らしをもたらす「娯楽」機能を付加している（ライト，1966）。

このうち「報道」と「論評」活動を主な目的としているのがジャーナリズムであり，現在に至るまで，その「あり方」が問われてきた。

ジャーナリズムとは，ジャーナル（Journal）という「日々の記録」から派生した言葉であるが，単に出来事の記録・報告にとどまらず，出来事を意味づけ，社会や人々にいかなる影響を及ぼすのかという解釈，批評活動をともなう。共同通信社の編集主幹や社長を務めた原寿雄が「事実の報道も論評も，現実に対する批判性がなければジャーナリズムとしての機能を果たしえない」（原，1997：ⅱ）と指摘するように，ジャーナリズムは社会正義実現のため，権力行使の妥当性を問う活動である。マス・メディアは，人々に世の中の動きに関する基本的情報を提供し，そして自らも環境監視の役割を担うことで民主主義社会の維持・発展のための重要な役割を担っている。

これまで，ジャーナリズムは主に新聞やテレビ局などのプロフェッショナリズムに支えられてきた。日本国憲法第21条では，表現の自由が保障されており，国民一人ひとりがもっている「知る権利」に奉仕する目的で報道の自由が認め

られてきた。

②ジャーナリズム発展の系譜

では、ジャーナリズムはどのように発展してきたのであろうか。ジャーナリズムの源泉は15世紀の活版印刷術の時代にさかのぼる。印刷術によって複製物が大量に世に出回り、主にキリスト教思想が伝播していく中で、人々は言論・出版・印刷の自由など市民的権利を獲得した。また、印刷革命によって新聞や雑誌、パンフレットが社会に定着して、市民社会を形成するための表現思想活動の役割を果たした。これが近代ジャーナリズム確立の基盤となった（柳澤, 2012：73）。

市民革命期の17世紀には、ヨーロッパ各地で新聞の刊行が拡大する。17世紀半ばにドイツのライプチヒで世界初の日刊新聞が発刊され、定期的に届くようになった新聞が多数の読者を獲得する。19世紀には、大衆紙が流通し、ペニープレスと呼ばれる安価な新聞が人気を得た。しかし、大衆化の流れは「売らんかな」のセンセーショナリズムに傾き、低俗なイエロージャーナリズム[3]の時代に入る。新聞は犯罪・スキャンダル・猟奇的な事件などを煽動的に取り上げ、人々を興奮させる手法に手を染め、その言葉の発祥となったアメリカでは新聞の激しい部数獲得合戦が展開された。

商業主義から市民を守り、民主主義再生に向けて新聞の責任を明確にしたのが「新聞の社会的責任論」である。アメリカでは、1947年に招集された「プレスの自由委員会」において、言論・表現の自由だけでなく、新聞の存在意義は公共性であることが宣言されたのである（林, 2010：86-87；シーバートほか, 1953）。

③日本のジャーナリズムの確立

日本の場合、日刊新聞の誕生は明治期であった。江戸後期に外国人向けの英字新聞や翻訳新聞が発行され、1871年には日本初の日刊新聞『横浜毎日新聞』が発刊された。その後発行された『東京日日新聞』『郵便報知新聞』などは党派性・政治性を前面に押し出す政論新聞の色合いが強かった。

しかし、自由民権運動が活発化する中で政府の言論弾圧が激しくなると政治性は弱まり、次第に娯楽中心で一般大衆受けするわかりやすい紙面作りに移行する。前者の新聞を大新聞（おおしんぶん）といい、後者を小新聞（こしんぶん）

と呼ぶ。新聞がマス・メディアとして機能するようになるのは，社会の大衆化が進行する1920年代から30年代であり，小新聞の流れをくむ朝日，毎日系の新聞が発行部数を増やしていった。これらの新聞は「不偏不党」「客観報道」を標榜し，大衆化とあいまってその姿勢を強化していく（大石，2016：78）。その傾向は昭和に入ってより顕著となって，時事的な批評よりも報道中心になった（柳澤，2012：82-83）。

その後，日本のジャーナリズムは1930年代から40年代にかけての戦時期に，国家権力のコントロールのもと大本営発表といわれる政府の主張を繰り返し報じ，多大な犠牲を生む。この反省から戦後のジャーナリズムはスタートしている。なお，1942年の新聞事業令によって，日中戦争当時に1200紙あった新聞は終戦時には57紙に整理統合され，一県一紙体制が整い現在に至っている（佐藤，1998：92）。

④テレビの発展

戦後，大衆に浸透しもっとも影響を与えたメディアは何といってもテレビであろう。テレビは1953年の登場以降，戦後復興のシンボルとなった。当時，高額で高嶺の花であったテレビを普及させるきっかけを作ったのは日本テレビの正力松太郎であった。正力は日本各地の盛り場に街頭テレビを置き，プロレスや野球，ボクシングなどのスポーツ番組を放送して人気を博した。当時の国民的ヒーローであった力道山の試合では新橋駅に2万人が詰めかけたとされている。

その後，1959年4月の皇太子ご成婚パレードは，家庭への白黒テレビ普及を後押しし，前の年に100万台だった白黒テレビはこの年の4月には200万台，10月には300万台を突破する（吉見，2012：181）。さらには，1964年の東京五輪では日本対ソ連の女子バレーボール決勝が66.8％の高視聴率を記録するなど，テレビは人々に「共通の娯楽と情報を提供し，記憶を共有化する装置」（萩原，2013：ⅰ）の役割を果たしてきた。

⑤テレビジャーナリズムの確立と課題

テレビコンテンツには，ドラマや情報番組，スポーツなどさまざまなジャンルがあるが，ここではジャーナリズムを主に担うニュース番組を取り上げたい。開局当初，テレビにとってニュース番組はそれほど重視されていなかった。し

かし，次第に映像機器の発達や衛星回線の整備によって速報性や同時性，映像再現能力を高め，ニュースはテレビ局にとって重要なコンテンツになった。1985年には元TBSアナウンサーの久米宏をキャスターに配した『ニュースステーション』(テレビ朝日)がスタートし，この番組で確立された「とっつきやすく」「わかりやすい」ニュースの方向性はその後のニュース番組のスタンダードとなった。

　公共の電波を用いる放送メディアには，放送法による規律が存在する。テレビジャーナリズムのあり方を考える際にはこの点に留意しなくてはならない。放送法第1条では，放送規律の根拠・原則を「公共の福祉」に求め，その健全な発達を図るため，放送の不偏不党や自律を保障することで放送による表現の自由を確保することなどがうたわれている。その一方で，番組編集準則[4]（第4条）が存在し，政治的公平性や多角的に論点を解明することなどが定められている。

　こうした放送規律に関して，細川連立内閣が成立した1993年の椿事件では，放送の政治的公平性が問題となった。これは，当時のテレビ朝日・椿貞良報道局長による日本民間放送連盟の会合における「非自民の政権が生まれるよう指示した」との発言が問題になったもので，放送法違反が問われた。椿氏は国会の証人喚問で謝罪したものの，指示そのものは否定して幕引きとなった。

　放送事業は国家による免許交付によって成り立っている。椿事件のような放送事業への政治・行政の介入は自由な言論の妨げとなりかねない。監督官庁は放送局が法令違反を犯した場合，免許取り消しの権限を有しており，免許取り消しの威嚇による送り手側の萎縮も指摘されている（岩田，2000：77）。

　以上，第2節ではメディアやジャーナリズムの基本的な考え方について，歴史的な経緯を中心に整理してきた。こうした点を踏まえ，メディアやジャーナリズムが抱えている現代的な課題について以下で掘り下げてみたい。

第3節　新聞・テレビの「現在」とジャーナリズム・世論

1　進む伝統的メディア離れとインターネット社会の到来
①新聞離れの現実

　インターネットへの接触が日常化する中で，マス・メディアの圧倒的な影響力の低下が指摘されている。とりわけ言論活動を担ってきた新聞の凋落傾向が目立っている。テレビ出現後の新聞は，視覚や感性に訴えるテレビメディアに主役の座を奪われた。そして，ネット隆盛の21世紀では，紙媒体としてのあり方そのものが問われている。

　新聞の発行部数をみていく。日本新聞協会のデータによると，1997年に5377万部あまりを誇った部数は，2015年に約4425万部（前年比，約112万部減）まで落ち，11年連続の減少となっている。1世帯当たりの部数も，1980年代初頭に約1.3部であったものが2008年に1部割れとなり，2015年には0.80部にまで減少した（日本新聞協会　http://www.pressnet.or.jp/data/circulation/circulation01.php　2016年4月29日アクセス）。

　また，NHK放送文化研究所が5年ごとに行っている「国民生活時間調査」によると，2015年の新聞の行為者率（1日15分以上接触している人の割合）は平日で33％であった。2010年調査に比べると8ポイント減と減少幅が大きく，1995年調査に比べると19ポイントも減少している。どの年層においてもおしなべて減少傾向にあり，新聞離れは幅広い年代に広がっている。60代以上では50％を何とか維持しているが，男女とも10代，20代では一ケタの行為者率となっている（NHK放送文化研究所　http://www.nhk.or.jp/bunken/research/yoron/pdf/20160217_1.pdf　2016年4月29日アクセス）。

②テレビ視聴の現況

　これまでメディアの王様として君臨してきたテレビについてはどうであろうか。

　テレビの場合も「国民生活時間調査」の結果から考察する。2015年の行為者率は平日85％で前回2010年調査から4ポイント下落した。また，全員平均時間は平日で3時間18分（2010年は3時間28分）となり，前回よりも10分減少し，

1995年から少しずつ増加していた平日の全員視聴時間が減少に転じた。とくに若者のテレビ離れは深刻で，男性10代では前回2010年に1時間台となった平日の全員平均時間が，1時間50分から1時間33分へとさらに17分も減少している。

　時間の減少とともに，テレビに対する人々の評価も低下傾向にある。NHK放送文化研究所の「日本人とテレビ　2015」調査をみてみたい。「もっとも役立つメディア」を聞いた「メディアの効用比較」では，「報道機能」におけるテレビの評価は65％と依然として高いものの，2010年の71％に比べ6ポイント低下した。「娯楽」や「解説」においても幅はわずかではあるが減少傾向にある（NHK放送文化研究所　http://www.nhk.or.jp/bunken/research/yoron/pdf/20150707_1.pdf　2016年4月29日アクセス）。以上のように，テレビが保持していた圧倒的な力に陰りがみられる。その一方で，存在感を高めているのがインターネットである。

　③インターネット社会の到来

　総務省が行っている「通信利用動向調査」では，2013（平成25）年調査においてインターネットの利用者数は1億人を突破した。2015（平成27）年調査での利用者は1億46万人で，割合は83％となっている。インターネットは完全に国民のインフラとなっており，13歳から59歳の各年齢層で9割を超える人が利用している（総務省　http://www.soumu.go.jp/johotsusintokei/statistics/data/160722_1.pdf　2016年8月20日アクセス）。2010年以降はスマートフォンやタブレットなどタッチ操作で直感的に扱えるデバイスが登場して，いつでもどこでもネットに手軽につながることが可能になった。

　若者を中心にとくに依存度が高まっているのがソーシャルメディアである。ソーシャルメディアとは「インターネットを利用して誰でも手軽に情報を発信し，相互のやりとりができる双方向のメディアであり，代表的なものとして，ブログ，FacebookやTwitter等のSNS（ソーシャルネットワーキングサービス），YouTubeやニコニコ動画等の動画共有サイト，LINE等のメッセージングアプリ」（総務省，2015：199）を指す。利用者同士のつながりを促進するさまざましかけが用意されており，互いの関係を視覚的に把握できるのが特徴とされる。

　ソーシャルメディアの普及により，人々のコミュニケーション行動そのものの質的変化が起きているのであり，オールドメディアとされる新聞，テレビ各

社はその対応に迫られている。こうした伝統的メディア離れはインターネットの発達が背景にあるが，新聞やテレビの報道内容にも厳しい批判の目が向けられている。

2　日本のジャーナリズムの現状と課題
①日本のジャーナリズムの問題点

かつて新井直之は，1950年以降の「マスコミ化」によって，①論評活動の後退，②娯楽活動の肥大化，③教育活動の断片化，④広告活動の増大，⑤報道の断片化が起きていると指摘した（新井，1983：135-148）。それらはますます進行しているように思える。現在のジャーナリズムの問題点をいくつか挙げてみたい。

報道の自律性を欠くものとして批判されているのが「発表ジャーナリズム」である。発表ジャーナリズムとは，公的機関や企業など発信元から発表された情報に疑いの目を向けることなく報道することを意味する。高木強は発表ジャーナリズムについて，「提供された情報（発表だけでなく，いわゆるリーク情報を含む）の内容や発表の意図，報道する価値について十分な検証作業を経ないまま報道すること」（高木，2010：124）と定義づけている。

それによって引き起こされる問題としては，警察発表に依拠した事件報道による人権侵害がある。過去には1994年の松本サリン事件で逮捕された第1通報者を容疑者のごとく報道した例が知られており，冤罪を助長することにつながってしまう。また，発表側の情報操作に乗せられる危険性もはらみ，権力側の情報操作が巧妙化する中でメディアもそれに取り込まれる懸念も生じる。(5)

②記者クラブとメディアスクラム

発表ジャーナリズムに拍車をかけるものとして記者クラブ制度を批判する声も根強い。日本新聞協会編集委員会の見解（2002年1月，2006年一部改訂）では，記者クラブは「取材・報道のための自主的な組織」であり，国民の「知る権利」に応えるための取材組織と位置づけられている（日本新聞協会「記者クラブに関する日本新聞協会編集委員会の見解」http://www.pressnet.or.jp/statement/report/060309_15.html　2016年4月29日アクセス）。しかし，取材の効率化のメリットがある一方で，当局のPR機関化やクラブ加盟以外のメディアや外国メ

ディアを排除する閉鎖性や排他性に批判の目が向けられている（丸山，2013：123）。

こうした横並び意識の一方で，新聞，テレビ各社はスクープ合戦を繰り広げ，行き過ぎた取材が人権侵害を引き起こしてもいる。集団的過熱取材（メディアスクラム）の問題である。この取材手法は事件，事故の当事者，関係者にメディアが殺到することで，プライバシーを侵害し苦痛を与える状況を作り出してしまう。ロス疑惑（1981年）や神戸連続児童殺傷事件（1997年），和歌山毒物カレー事件（1998年）などで問題視された。

③渦巻くメディア不信

昨今はメディア不信が渦巻き，インターネットを中心に強烈なメディアバッシングが起こっている。インターネットの発達により，人々は容易に専門的な情報に触れることもでき，既存メディアの偏向や誤りも明るみに出されることになった。

この傾向は2000年代に入って顕著となり，とりわけ2011年3月11日の東日本大震災が引き起こした原発事故をめぐる報道は，日本のジャーナリズムの「機能不全」を示すことにもなった。当時の報道は，原発の爆発による放射能拡散について，政府が発表する「直ちに影響はない」との言葉を繰り返すだけで，1940年代の「大本営発表」にも似た「本当のことを伝えない」報道に批判が集中した。日本のマス・メディアは，爆発事故以前から政府が喧伝してきた安全性に疑問を呈してこなかったことから，これまでの報道姿勢も問われた。

2014年夏には朝日新聞社による「吉田証言」「吉田調書」記事取り消し問題が起き，メディア不信が加速する。この問題の経緯を簡単に説明する。『朝日新聞』は，2014年8月の新聞紙面で従軍慰安婦報道を検証した際に，「朝鮮で慰安婦を強制連行した」とする吉田清治氏の証言の記事（1982年9月2日朝刊）を取り消した。しかし，訂正のみで謝罪をしなかったことが批判を生み，この姿勢を批判した池上彰氏のコラム掲載を一時見送ったことにも批判が集中した。同時に，福島第一原発事故に絡む当時の吉田昌郎所長に対する政府事故調査・検証委員会の「調書」内容を報じたスクープ記事（2014年5月20日朝刊）を取り消すという3つの出来事が重なり，『読売新聞』や『産経新聞』，一部週刊誌が一斉にメディアバッシングを繰り広げた。

朝日新聞社が32年間もの間,「吉田証言」を訂正しなかったことは批判されて当然であるが,2014年夏に展開された右派メディアの朝日攻撃は常軌を逸していた。同じメディア業界での足の引っ張り合いに読者は冷淡であり,結果的に新聞の発行部数の減少に歯止めはかかっていない。読者にとって建設的な議論の応酬とは思えず,「報道崩壊」(『世界』2014年12月号の特集タイトル)の様相を呈することとなった。

3 メディアによる世論形成：メディアの政治性とその課題
①権力としてのメディア

こうした批判が巻き起こるのはメディアがもつ力ゆえである。マス・メディアは立法・司法・行政に伍する「第四の権力」と呼ばれる。それは,メディアが強い政治性をもつからであり,権力機関としてのマス・メディアは「大多数が共有する価値や見解を『常識』として押し付ける強力な圧力」(伊藤,2005：vii) として,世論醸成に多大な力を有している。

世論とは,「社会的な出来事や問題・争点に関する一般の人々の意見の集合体」(大石,2006：116)であり,メディアの発達が深く関わっている。20世紀の初め,タルド(Tarde, G.)は,世論形成には見知らぬ人々とつながっている感覚が重要であり,書物や新聞などのマス・メディアがつながりを作り出したことを指摘した(タルド,1989)。

しかし,マス・メディアの大衆化によって,世論は単なる大衆の気分に近いものとなっている。佐藤卓己は,民主主義的を成り立たせる理念としての「輿論」(よろん：Public Opinion)と気まぐれで流動的な「世論」(せろん：Popular Sentiments)とを区別した上で,「輿論の世論化」を指摘する(佐藤,2008)。今では,うつろいやすい世論が社会を動かす原動力となっており,メディアがその後押しをする。娯楽化したテレビニュースのもと進行した「テレポリティクス」と呼ばれるテレビと政治の結託は政治の流動化を引き起こすことになった。多様性と批評性を欠いた報道は,ポピュリズムや支配的言説追認の懸念がつきまとう。

そして今や,世論をめぐる議論はインターネットの登場によってさらに複雑化している。

②ネットコミュニケーションによる世論形成

インターネットの普及にともない,「ネット世論」と呼ばれるネット上で表明された意見が力をもちつつある。では,ネット世論は一般世論とは異なり,ネット上のみで交わされる意見に過ぎないのであろうか。遠藤薫は,インターネットは単独で影響をもつというよりも,マス・メディアとの共振作用によって社会的影響力をもつことを指摘し,「間メディア性」(メディア間の複雑で錯綜した相互作用)による世論形成を論じている(遠藤,2004；2010)。

ネット時代の世論形成の特徴は,テレビが取り上げた事象がネットの掲示板やSNSで話題になり,それがさらにテレビ・新聞で取り上げられることによって1つの方向に雪崩を打つ集合的現象を引き起こすことである。マス・メディアの発展は佐藤がいう「せろん」的状況を作り出した。ネット社会ではさらに伝統的メディアとネットが共振・接合して大きなうねりを作り出している。

津田大介が「動員の革命」と述べたようにソーシャルメディアは社会変革への原動力になるが,ネット上では誹謗中傷などのヘイトスピーチ(憎悪表現)が発信され社会問題化している。ネット世論と現実の乖離・分断をことさら強調するのではなく,「ネットを含む複合的なメディア構造」(遠藤,2010：125)の冷静な分析が求められる。その上で,佐藤が「輿論」にみる「理性的討議による合意」に基づいた言論空間をいかに構築するかが問われている。

このように,ネット社会の到来によって新たな世論形成の形が生まれている。こうした課題をどう解決し,健全な言論空間をいかに構築すべきなのであろうか。第4節では,マス・メディアの信頼回復や市民とメディアのあるべき関係性について,ジャーナリズムの復権と市民的公共性の観点から考える。

第4節　メディア問題への政策的対応：課題と方向性

1 ジャーナリズムの信頼回復に向けて

①求められる調査報道の充実

先述の発表ジャーナリズムの対極にあるのが,「調査報道」である。その例として,アメリカのウォーターゲート事件にからむワシントンポストの報道(1972年)のほか,日本においては,立花隆が『文藝春秋』誌上に連載した「田

中角栄研究」(1974年) や朝日新聞社がスクープした「リクルート事件報道」(1988年) などがあげられる。リクルート事件を手がけた元朝日新聞記者の山本博は,「ニュースソースを当局に頼らず,放っておけば将来にわたっても公表されないだろう当局にとって都合の悪い,隠しておきたい事実を,ジャーナリズムが直接,調査取材し,自らの責任で明るみに出すこと」(山本,2003：21) と調査報道を定義づける。

調査報道はジャーナリズムの王道であり,ジャーナリズムに求められる批判・検証という理念を体現するものである。しかも,それは高い公共性が必要で,単なるのぞき見主義的関心からのものであってはならない。ただし,調査報道を行うためには,人的,時間的,資金的余裕が必要で,一朝一夕に結果が出るものではない。昨今の政府や企業のPR,情報戦略が巧妙化する中で,ますます調査報道への期待は高まっている。

②問われる権力との関係

昨今,日本においては,報道への市民の目は厳しさを増し,権力とメディアの関係が注視されている。自民一強体制が続く中で,特定秘密保護法の成立や憲法改正論議,安全保障体制の転換などで,日本のジャーナリズムはその力を示すことができていない。

2014年12月10日に施行された特定秘密保護法は,国民の知る権利を阻害し,自由なジャーナリズム活動を奪うものとして危惧されている。政府にとって都合の悪い情報は恣意的に「秘密」とされ,調査報道の手が届かなくなる危険をはらむ。ジャーナリズムは国民の知る権利に応えることができなくなり,ジャーナリズムは骨抜きになってしまいかねない (原,2015)。

こうした懸念がある中,2015年9月には戦後70年の歴史の中ではじめて海外への派兵への道を開く安全保障関連法案が国民の反対が渦巻く中で成立した。この問題については,安倍政権に近いとされる『読売新聞』と『産経新聞』が賛成の立場,『朝日新聞』『毎日新聞』が反対の立場から論陣を張り,論調は二極化の様相を呈した。

新聞は言論機関である以上,新聞の論調が異なるのは当然で,みずからの主張を活発に戦わせるべきであろう。その意味合いでは,主張が分かれることは健全であるといえる。ただし,ジャーナリズムは,国民に多様な情報と多角的

な論点を提供する機能も有している。新聞の公共性を考えれば，みずからの主張とは異なる意見であっても新聞紙面を割いて載せることも必要だ。ある事象の背景や当該のトピックがもつ意味合い，内実を丁寧に報道することも求められる。読者に議論の材料を提供することもジャーナリズムの役割といえる。

　さらには，ジャーナリズムの本義とは「権力監視」であることを確認しておきたい。日本の戦後民主主義は1945年8月の終戦を起点に不戦の誓いをしたところから始まった。70年が経過し国際秩序が変化したにせよ，大本営発表を繰り返した苦い経験への反省から日本のジャーナリズムは再出発しているのであり，その原点を忘れてはならない。

　③テレビと国家権力

　公共の財産である電波を用い国の許認可を必要とするテレビジャーナリズムは，さらに権力側の意向が働きやすい。放送メディアと権力の関係については，放送法で謳う中立性を盾に番組内容に政権が関与する動きもみられている。

　前述の通り放送法第4条では，公平中立な報道や多角的に論点を解明するよう求めている。しかし，第1条では放送による表現の自由が認められており，第4条の規定は放送事業者が自らを律するための倫理規範であると理解されてきた。

　しかし，2016年2月には，高市早苗総務大臣が「個別の番組で中立・公平性を満たすことが重要」との見解を示し，政治的公平を欠く放送を繰り返した場合には，電波法に基づき電波停止もありうるとの見解を示した。これに批判の声が巻き起こったのは当然であるが，こうした権力側の圧力に対して，報道現場の斟酌や忖度がまん延し自己規制することで権力監視機能が弱まってしまう危惧も生じる。

　日本のジャーナリズムは公権力のメディアコントロールにひるむことなく立ち向かうことができるのか。萎縮することなく，権力を監視する意味合いでの「第四の権力」としての存在感を示せるかが試されている。社会が複雑化し，多角的で多様な議論が必要な今だからこそ，戦争中に軍部に屈服した反省を出発点としている戦後ジャーナリズムのあり方が問われている。

第9章 メディアの社会学

> ▶▶ *Box* ◀◀
>
> ケアのジャーナリズム
>
> 　権力監視を本義とするジャーナリズムの方向性に加えて，近年注目されているのが当事者に寄り添うジャーナリズムのあり方である。林香里は，「ケア」(Care)の観点からジャーナリズムを捉えなおす必要性を訴え，「ケアのジャーナリズム」を提唱する（林，2011）。このジャーナリズムでは，視聴者との「親密さ」や「共感」の構築に重きを置き，受け手に寄り添う送り手側の姿勢を重視する。
>
> 　林は，従来の不偏不党，中立性，客観性を求めるジャーナリズムを「オトコのジャーナリズム」とし，その対極に「オンナ，コドモのジャーナリズム」（ケアのジャーナリズム）を位置づける。その考え方は，「ジャーナリズムを当事者の日常生活のなかに発見し，社会の改善に役立たせていこうという視点」（林，2011：17）であり，住民に徹底的に寄り添うことで弱者に肩入れし，優先的に言葉を与える手立て（ケア）を積極的に行うものだ。
>
> 　「オンナ，コドモのジャーナリズム」は「オトコのジャーナリズム」の代替物ではなく，両者は併存すると考えられる。この報道姿勢はこれまでも取材者がもちあわせていたものだ。いわば，今まで正当な評価が与えられていなかった試みに光を当て，マス・メディア批判が高まる中，新たなジャーナリズムの可能性を探る提案である。東日本大震災では，地方紙や地域紙，ローカル局，コミュニティFMなどの地域メディアの重要性が再認識された。地域メディアは送り手と受け手との距離が近く，こうした考え方がとくに有効である。
>
> 　以上のようなメディアの機能は，社会関係資本を構築する営みでもある。社会関係資本とは，他者との「かかわり」や「つながり」といった人間関係のネットワークを資源とする考え方だ。取材対象者と距離を置き，「客観的」に事実に迫ろうとする従来のジャーナリズムの価値に加えて，人的ネットワークの構築にメディアが果たす役割も今後求められるであろう。

2　これからのメディア社会：メディア実践の確立と新旧メディアの相互補完

①オルタナティブ・メディアの登場

　メディア激変期を迎える中，オルタナティブ・メディアとして，インターネットを主に活動の場とするオンラインジャーナリズムや市民みずからが発信するパブリックアクセスが活発化している。

　ウォルツ（Waltz, M.）によると，オルタナティブ・メディアとはマス・メ

ディアに対して代替的（オルタナティブ）な立場をとるメディアであり，一般的な視点とは異なる視点，地域情報を扱うメディア，社会変革を主張するメディアを指している（ウォルツ，2008：14-15）。

アメリカでは，伝統的メディアで研鑽を積んだジャーナリストたちがオンラインで優れた仕事を残している。その中の1つ，『ハフィントンポスト』（*The Huffington Post*）はアメリカでもっとも成功したネット新聞といわれ，2012年にピューリッツァー賞を受賞するなど，活発なジャーナリズム活動を続けている。日本版も2013年5月に開設された。

市民の表現活動であるパブリックアクセスもインターネットが活動を後押ししている。パブリックアクセスは，ミニコミやケーブルテレビの市民放送が源流とされているが，現在では，市民がNPOを立ち上げて地域の問題を掘り起こし，ネットを使って積極的に発信している。

これまで日本では，新聞社やテレビ局の大手メディア企業が情報を握りトップダウンで情報を伝達してきた。社会が細分化・多様化している現在，マス・メディアはそのニーズに応えることが難しくなっている。こうしたオルタナティブ・メディアの活動は，多種多様な価値観をもった人々の情報欲求に応える機能を果たし，新たな視点の提示につながることで健全な民主主義確立に欠かせない存在となりつつある。

②マス・メディアと市民との循環的な関係の確立

インターネットの発達は既存のメディア秩序を崩壊させ，情報の送り手と受け手との新たな関係の出現やコミュニケーションの変容をもたらした。しかし，インターネットも万能ではなく，さまざまな問題を抱えている。ネット上では感情的，情緒的な言葉が氾濫し，匿名性を隠れ蓑に悪意に満ちた表現も先鋭化している。そうした中，市民社会を成熟させ熟議民主主義を成立させられるかが大きな課題となっている。

本来，公共的なテーマにおける市民的合意は，市民の討論によって形成されるべきものであり，ハーバーマス（Habermas, J.）はその理念的な民主的コミュニケーション空間として「公共圏」（Public Sphere）を提起した（ハーバーマス，1994）。ハーバーマスは17世紀から18世紀にかけてのイギリスのコーヒーハウスに市民的公共性の原型を見出す。そこでは，第1に，社会的地位の平等性を

前提とするどころか社会的地位を度外視した社交様式が要求され，第2に，そこでの討論は従来問題とされなかった領域を前提にし，第3に，万人が討議に参加する可能性が開かれていたという（ハーバーマス，1994：55-57）。

　この空間では，自由な批評活動が繰り広げられ，それは文芸のみならず政治的イシューにまで及んだ。また，市民的公共性は「公権力に対する批判的領域」と位置づけられている。国家の活動を制限してその恣意性を制御するものであり，政治権力の外部に位置しチェックする役割を担っている（齋藤，2000：29）。このような理想空間を現在のメディア社会で実現させるためには，今まで以上にマス・メディアのジャーナリズムの追求と市民一人ひとりのメディア実践が求められる。

　マス・メディアの活動は民主主義の基盤となる情報を人々に与える重要な役割を担う。それは，人々にとっての討論の場（公共圏）を維持するための命綱ともいえるもので，マス・メディアには，「市民に開かれた公共的プラットフォーム」（林，2010：102）としての役割が今以上に求められる。

　メディア組織が「誰のために」「何のために」報道しているのかという大義を忘れ，国家権力に擦り寄ったり安易に自主規制するならば，読者・視聴者の信頼はさらに失われかねない。これまで以上に「公共性」を担う自覚と不断の努力が要請される。ジャーナリスト一人ひとりには組織の論理に回収されない「個」としての強い意識が必要となろう。

　さらには，送り手と受け手の融合時代においては，主権者としての市民の役割も重要だ。市民がマス・メディアをいかに監視できるか，マス・メディアと市民メディアとの循環的で相互補完的な関係による公共的コミュニケーションの実現も期待される。ギルモア（Gillmor, D.）が「あなたがメディア」（Mediactive）というように，積極的に行動するメディアの利用者として市民一人ひとりがメディエーション（媒介）作用に関わり，多元性が保障された情報空間を構築できるかどうかも私たちが解決しなくてはならない課題である。

注
(1) 普段，私たちは「メディア」を多義的に捉えている。新聞やテレビなどの個別のメディアについても同様であり，「テレビ」とは，テレビの受像機を指すこともあ

れば，テレビ番組をいうこともある。そこで働く人々も当然「テレビ」の人だ。私たちは「テレビ」といったときに厳密に使い分けている訳ではなく，文脈によって使い分けながら用いている。浪田陽子は，メディアとは3つのカテゴリーからなるという。1つ目は「媒体」であり，テレビやラジオ，新聞などがそれにあたる。2つ目は「テクスト」である。媒体によって伝達されるコンテンツ（中身）のことであり，新聞記事や番組を示す。そして，3つ目のカテゴリーは「メディア企業」である。前述のテレビ局や新聞社がそうで，不特定多数の人々に大量の情報を送り届けることを目的としている（浪田，2012：5-7）。
(2) 浪田陽子によると，メディア・リテラシーの考え方は，①メディアの仕組みや特徴，社会における役割を理解すること，②メディアのテクストをクリティカルに分析すること，③各種メディアを用いて情報の編成・発信の試みをすることである。このうち，「クリティカル」とは，否定したり非難することではなく，メディアを多面的に吟味し読み解く視点を指す（浪田，2012：8-12）。
(3) イエロージャーナリズムとは，ピューリーツァーの『ニューヨーク・ワールド』とハーストの『ニューヨーク・ジャーナル』がセンセーショナルな記事を掲載して部数獲得競争を繰り広げたことに由来する。「イエローキッド」と呼ばれる黄色い服を着た主人公の漫画を掲載したことからこの名がついた。
(4) 具体的には，「公安及び善良な風俗を害しないこと」「政治的に公平であること」「報道は事実をまげないですること」「意見が対立している問題については，できるだけ多くの角度から論点を明らかにすること」が掲げられている。
(5) こうした発表ジャーナリズムの弊害について，原寿雄は，報道する側の客観報道の認識の誤りを指摘する。日本のジャーナリズムの特徴とされる客観報道主義であるが，客観報道では，発表された事実をそのまま正確に報道すればいいのではなく，記者は自己の主観をみがき表層的な事象に惑わされず真実に迫ろうという姿勢が必要で，事実を客観的に追求する実証主義に徹するべきだと述べている（原，1997：155-162）。

(引用・参考文献)

Anderson, B. (1983) *Imagined Communities : Reflections on the Origin and Spread of Nationalism*, Verso Books. ＝アンダーソン，B.／白石さや・白石隆訳（1997）『増補 想像の共同体——ナショナリズムの起源と流行』NTT出版。
新井直之（1983）「現代ジャーナリズムの変容」内川芳美・新井直之編『日本のジャーナリズム——大衆の心をつかんだか』有斐閣。
Bell, D. (1973) *The Coming of Post-Industrial Society : A Venture in Social Forcasting*,

Basic Books. =ベル，D.／内田忠夫・嘉治元郎ほか訳（1975）『脱工業社会の到来——社会予測の一つの試み』上下，ダイヤモンド社。
Boorstin, D. J. (1962) *The Image,* Atheneum. =ブーアスティン，D. J.／星野郁美・後藤和彦訳（1964）『幻影の時代——マスコミが製造する事実』東京創元社。
Dayan, D. and Katz, E. (1992) *Media Events,* Harvard University Press. =ダヤーン，D.・カッツ，E.／浅見克彦訳（1996）『メディアイベント——歴史をつくるメディア・セレモニー』青弓社。
Eisenstein, E. L. (1983) *The Printing Revolution in Early Modern Europe,* Cambridge University Press. =アイゼンステイン，E. L.／別宮貞徳監訳（1987）『印刷革命』みすず書房。
遠藤薫（2004）『インターネットと〈世論〉形成——間メディア的言説の連鎖と抗争』東京電機大学出版局。
遠藤薫（2010）「『ネット世論』という曖昧」『マス・コミュニケーション研究』第77号。
藤竹暁（1968）『現代マス・コミュニケーションの理論』日本放送出版協会。
藤竹暁（2012）「本書を読む人のために」藤竹暁編著『図説日本のメディア』NHK出版。
Gillmor, D. (2010) *Mediactive,* Lulu.com. =ギルモア，D.／平和博訳（2011）『あなたがメディア！——ソーシャル新時代の情報術』朝日新聞出版。
Habermas, J. (1990) *Strukturwandel der Öffentlichkeit: Untersuchungen zu einer Kategorie der burgerlichen Gesellschaft,* Suhrkamp Verlag Frankfurt am Main. =ハーバーマス，J.／細谷貞雄・山田正行訳（1994）『〔第2版〕公共性の構造転換』未来社。
萩原滋（2013）「はじめに」萩原滋編『テレビという記憶——テレビ視聴の社会史』新曜社。
原寿雄（1997）『ジャーナリズムの思想』岩波新書。
原寿雄（2015）『安倍政権とジャーナリズムの覚悟』岩波ブックレット。
橋元良明（2011）『メディアと日本人——変わりゆく日常』岩波新書。
早川善治郎（2010）「マス・コミュニケーションの理論」早川善治郎編著『新版　概説マス・コミュニケーション』学文社。
林香里（2010）「マスメディアをめぐる公共学」山脇直司・押村高編『アクセス公共学』日本経済評論社。
林香里（2011）『〈オンナ・コドモ〉のジャーナリズム——ケアの倫理とともに』岩波書店。
伊藤守（2005）『記憶・暴力・システム——メディア文化の政治学』法政大学出版局。
伊藤守（2013）『情動の権力——メディアと共振する身体』せりか書房。

伊藤守編著（2015）『よくわかるメディア・スタディーズ［第2版］』ミネルヴァ書房。
岩田温（2000）「ニュースの制約」大石裕・岩田温・藤田真文『現代ニュース論』有斐閣。
児島和人（2005）「メディア・コミュニケーション論の生成―再考」竹内郁郎・児島和人・橋元良明編著『新版　メディア・コミュニケーション論Ⅰ』北樹出版。
Lasswell, H. D. (1960：初出1948) "The structure and function of communication in society," Schramm, W., ed., *Mass Communication* (2nd edition), University of Illinois Press. ＝ラスウェル，H. D./学習院大学社会学研究室訳（1968）「社会におけるコミュニケーションの構造と機能」W. シュラム編『新版マス・コミュニケーション』東京創元社。
Lippman, W. (1922) *Public Opiinon,* The Macmillan Company. ＝リップマン，W./掛川トミ子訳（1987）『世論（上）』岩波文庫。
丸山重威（2013）「いま，新聞はどうなっているのか」岡本厚・北村肇・仲築間卓蔵・丸山重威『これでいいのか！　日本のメディア』あけび書房。
McCombs, M. E., Shaw, D. L. (1972) "The agenda-setting function of mass media," *Public Opinion Quartely,* 36. ＝マコームズ，M. E.・ショー，D. L./谷藤悦史訳（2002）「マス・メディアの議題設定の機能」谷藤悦史・大石裕編『リーディングス政治コミュニケーション』一藝社。
McLuhan, M. (1964) *Understanding media : The extension of man,* New American Library. ＝マクルーハン，M./栗原裕・河本仲聖訳（1987）『メディア論』みすず書房。
水越伸（2011）『21世紀メディア論』放送大学教育振興会。
浪田陽子（2012）「メディア・リテラシー」浪田陽子・福間良明編『はじめてのメディア研究』世界思想社。
大石裕（2006）「世論調査という『権力』――自衛隊のイラク派遣を事例として」大石裕編『ジャーナリズムと権力』世界思想社。
大石裕（2016）『コミュニケーション研究［第4版］――社会の中のメディア』慶應義塾大学出版会。
齋藤純一（2000）『公共性』岩波書店。
佐藤卓己（1998）『現代メディア史』岩波書店。
佐藤卓己（2008）『輿論と世論――日本的民意の系譜学』新潮選書。
Siebert, F. S., Peterson, T. B., Schramm, W. (1956) *Four Theories of the Press,* University of Illinois press. ＝シーバート，F. S.・ピータスン，T. B.・シュラム，W./内川芳美訳（1959）『マス・コミの自由に関する四理論』東京創元社。
総務省編（2015）『平成27年版　情報通信白書』日経印刷。
田畑暁生（2004）『情報社会論の展開』北樹出版。

高木強（2010）「日本ジャーナリズムの特質2～6」早川善治郎編著『概説　マス・コミュニケーション』学文社．
Tarde, G. (1901) *L'Opinion et la Foule*, Félix Alcan. ＝タルド，G.／稲葉三千男訳（1989）『[新装版] 世論と群集』未来社．
Toffler, A. (1980) *The Third Wave*, William Morrow. ＝トフラー，A.／徳山二郎監修，鈴木健次・桜井元雄訳（1980）『第三の波』日本放送出版協会．
津田大介（2012）『動員の革命──ソーシャルメディアは何を変えたか』中公新書ラクレ．
Waltz, M. (2005) *Alternative And Activist Media*, Edinburgh University Press. ＝ウォルツ，M.／神保哲生訳（2008）『オルタナティブ・メディア──変革のための市民メディア入門』大月書店．
山本博（2003）『ジャーナリズムとは何か』悠飛社．
柳澤伸司（2012）「ジャーナリズムの歴史と課題」浪田陽子・福間良明編『はじめてのメディア研究』世界思想社．
矢野直明（2007）『サイバーリテラシー概論──IT社会をどう生きるか』知泉書館．
矢野直明（2009）『総メディア社会とジャーナリズム──新聞・出版・放送・通信・インターネット』知泉書館．
吉見俊哉（1994）『メディア時代の文化社会学』新曜社．
吉見俊哉（2012）『メディア文化論[改訂版]──メディアを学ぶ人のための15話』有斐閣．
Wright, C. R. (1959) *Mass Communication : A Sociological Perspective*, Random House. ＝ライト，C. R.／末吉悌次・森しげる訳（1966）『マスコミ社会学入門』雄渾社．

(Book Guidance)

①本章の理解を深める入門書
吉見俊哉（2012）『メディア文化論[改訂版]──メディアを学ぶ人のための15話』有斐閣．
　　メディア変容の歴史やメディア社会の成り立ちを概説。透明な装置ではない「メディア」のあり方を理解できる。
大石裕（2016）『コミュニケーション研究[第4版]──社会の中のメディア』慶應義塾大学出版会．
　　マス・コミュニケーションの概念や理論を網羅し，基礎的な知識が身につく。進展する情報化の動きにも対応している。
②ステップアップのために
遠藤薫編著（2014）『間メディア社会の〈ジャーナリズム〉──ソーシャルメディア

は公共性を変えるか』東京電機大学出版局。
　多様なメディアが共振する間メディア社会のジャーナリズムについて，国内外の最新動向を盛り込んで論じている。

林香里（2011）『〈オンナ・コドモ〉のジャーナリズム――ケアの倫理とともに』岩波書店。
　ジャーナリズムにおける「ケアの倫理」の重要性を強調。女性や子どもなど排除され見えにくい存在に寄り添う報道姿勢を評価する。

（深澤弘樹）

第10章　情報と IT の社会学

《章のねらい》
　今日，情報はとめどなく増え続け，情報過多や玉石混淆の問題を引き起こしています。その対策として，「パーソナライゼーション」など情報を機械的に編集するサービスが注目を集めており，私たちに大きなメリットをもたらしてきました。その反面で，技術への依存を強めることで，多くのものを失いつつあり，また新たな問題にもつながっています。そうした状況を踏まえ，私たちは情報や IT にどう向き合っていけばよいのでしょうか。

キーワード▶アーキテクチャ，アルゴリズム，情報過多，玉石混淆問題，キュレーション，Google 依存，パーソナライゼーション，フィルターバブル，プライバシー問題，監視・管理社会，情報リテラシー

第1節　情報と IT への社会学的アプローチ：視点・考え方・方法

　今日，当たり前に使われている「情報」という言葉から，どんなイメージを抱くだろうか。パソコン，インターネット，スマートフォン……など，身近な情報機器を思い浮かべる人も多いだろう。そもそも情報とは，最新のデジタル機器のことだろうか。Twitter や LINE でやりとりされるものは情報だろうか。YouTube などの動画，テレビや新聞が伝えるものはどうだろうか。あらためて考えてみると，「情報」とはあいまいで実体をつかみにくく，捉えどころがないことに気づくだろう。

1 「情報」をどう捉えるか

　「情報」という言葉は，そもそも明治以降に軍事書の中で使われ始め，諜報活動など戦争とも密接な関わりをもつ，軍事的なニュアンスの強い言葉であっ

た。1960年代以降，コンピュータが社会に入り込んでくるにつれて技術的・機械的なイメージを強めていき，未来的あるいは非人間的なニュアンスも加味しながら，今日ではすっかり日常用語として定着している。

それまでに，「情報」はさまざまな立場の論者から独自の意味を見い出され，各々の文脈で用いられてきたことから，多様な意味が重層的に折り重なったあいまいで多義的な概念となっている。そうした要素を網羅しつつ，「情報」を簡潔に定義することが困難なため，代表的な定義でも「最広義―広義―狭義―最狭義」（吉田民人），「生命情報→社会情報→機械情報」（西垣通）と階層的に理解されてきた。

吉田は，情報を「物質＝エネルギーと並んで自然の2大構成要素の1つ」（吉田，1990：95）とみなし，差異の構成・組成という「分節機能」（吉田，1994：327）に注目した。つまり，情報とは物質と対置される非物質的な存在であり，あるモノとほかのモノとの違いを生み出す「パターン＝形相」としての役割を担っている。裏を返せば，物質としての実体をもたない観念的な存在である情報は，その「乗り物」となる物質的な裏づけがなければ，表示・閲覧も伝達もできない。つまり，情報には「情報技術（IT：Information Technology）」という物質的な存在が必要不可欠であり，両者は切っても切れない不可分の関係にある。

一方で西垣は，情報を人間（生命体）の存在なくして，客観的・実体的には存在しえない「関係概念」と捉えた（西垣，2004：8-17）。すなわち，情報とは，人間がそこから主観的に意味を読み取り，何らかの関係を取り結ばれたものと理解される。

2 「情報」「IT」に向けた社会学的な視点と基本的な考え方

情報や情報技術への社会学的な関心は，主として社会における影響関係に向けられる。つまり，情報・テクノロジーと社会との相互関係を捉え，社会の多様な領域やさまざまな水準にもたらされる影響を認識し，その実践的な対応を設計していく。一般に，技術は社会を進歩させると素朴に信じられる風潮があり，新しい技術は，その斬新さやそのインパクトの大きさ，利便性・効率性といったメリットばかりが注目される。その結果，技術が社会に向けて一方的に

影響を及ぼし，それを規定していくとみなすテクノロジー優位の「技術決定」的な発想に陥りがちである。それに対し，社会学では社会的な影響力を重視し，技術と社会との相互影響関係をより動態的に捉えようとする。その一例として，情報技術の「社会的構築」と「社会的淘汰」という考え方を取り上げよう。

「社会的構築」とは，情報技術が「科学・技術」だけで成り立っているのではなく，その開発・導入・普及等の過程において，さまざまな人や組織の意図や思想，思考の影響を受けながら，社会的に作り上げられていくことをいう。技術開発に当たっては，技術者のアイディアや思考・判断，夢や理想，思想，嗜好などの「技術者言説」が，また企業による商品化・サービス化に際しては，利用者ニーズやビジネス面での採算性・収益構造・企業戦略など「産業的言説」がそれぞれ反映されていく。さらに，法律などの各種制度や規範，政治・政策，マスメディア言説などから「社会的な影響・制約」を，また利用するネットワークやプラットフォーム，ウェブサービスなどから「技術的な影響・制約」も受けることになる。このように，情報技術とは中立・透明な存在ではありえず，さまざまな「社会的言説」が読み込まれ，複合的に組み合わされた社会的な構築物として，関係する人々や組織の意図や思想，思考などが織り込まれていく。

それに続く社会への導入・普及過程では，情報技術は利用者や専門家，市場などからの評価と社会的な淘汰にさらされることになる。そして，この厳しい選別の過程を経て，社会に一定のポジションを獲得できれば，人々の情報やコミュニケーションを媒介する「メディア」として普及・浸透していく。それ以降も，新たな技術が登場するたびに繰り返し淘汰の波にさらされ，その立場を維持し続けるものもあれば，衰退してしまうもの，別の社会的役割が再発見されて生き延びていくものもある。ネット上では開発競争がさらに激化しており，個々のサービスのライフサイクルはますます短命化する傾向もみられる。

さらに，その技術が普及した場合でも，利用者は，技術者や企業が想定した通りの使い方をするとは限らない。まったく使われない機能もあれば，自分たちが使いやすいように独自の工夫やカスタマイズを行うこともある。企業・技術者側もそうした動向を察知しつつ，さらなる技術開発や改良，機能追加を継続していく。つまり，利用者は，情報技術を主体的に意味づけ解釈しながら情

報行動を実践しており，それが社会的な言説として技術者側にフィードバックされることで，情報技術のありようにも影響を及ぼしている。

以上から，情報技術は科学・技術としての側面ばかりに目が向きがちであるが，社会的な側面も大きな役割を担っていることがわかる。技術は，社会に一方的な影響を及ぼすだけでなく，社会の側からも繰り返し影響を受け続けており，相互間のダイナミックなプロセスとして理解される必要がある。

第2節　情報とITをめぐる歴史的視点

1 情報・情報技術の歴史的展開

情報と情報技術の歴史は，人類史そのものともいえる長大なものである。ただし，ここでいう情報技術とは，今日イメージされがちなパソコンやインターネットといったデジタルでハイテクな情報機器だけを指すわけではない。いわば「広義のメディア」としての情報技術は，身ぶり・手ぶりや話し言葉による情報のやりとりを担った，人間の「身体」から始まったのである。

図像の描画やその延長上に生まれた文字は，情報を人間の身体から切り離し，「記録／表示／蓄積」することを可能にした。つまり，情報は，人間から外部化・固定化され，視覚情報として記録可能となり，その場や背景・文脈といったコンテクストから切り離されたのである。それによって，人々は記憶から開放され，情報は時間や空間，世代を超えて伝達可能な存在となった。

その後，現在に至るまで，現実の記録・複製や効率的な情報伝達を可能とするさまざまな技術が開発されてきた。情報を複製する技術は，15世紀半ばに発明されたグーテンベルグ活版印刷技術をきっかけにもたらされた。標準化・画一化された文字を大量複製することが可能となり，本や新聞などの印刷物が広まっていった。19世紀になると，写真，蓄音機，映画が発明され，社会的な現実をそれぞれ画像情報，音声情報，映像情報として「記録／再現」することが可能となった。19世紀から20世紀にかけては，情報を電気・電波信号へ変換／伝送する技術の開発が進み，情報伝達が飛躍的に効率化した。情報を瞬時に遠方まで伝送可能となり，無線電信や電話など「通信」が事業化された。また，電波を使って一斉に情報を伝える「同報性」も，ラジオ・テレビという「放送」

によって実現され，マスメディアの興隆につながっていった。

20世紀半ば以降になると，デジタル化，ネットワーク化が進展し，ダウンサイジング（小型化）やモバイル化の潮流も受けながら，現在を迎えている。デジタル技術は，コンピュータを用いた効率的かつ高度な情報処理・編集を可能とし，音声・文字・画像・映像といったマルチな情報を同じプラットフォーム・端末で取り扱う「マルチメディア」も実現した。また，質が劣化しない複製技術という特徴に加え，データベースの構築も容易であり，情報の蓄積・検索・照合を効率的に行うこともできる。そして，ネットワーク技術は，コンピュータ・ネットワークの構築と，それらの相互接続も可能にした。汎用性の高い「TCP/IP」プロトコルによって，ネットワークのネットワーク化が進み，"The Internet" というグローバルなネットワーク・インフラが具現化している。インターネットは，まさにデジタル化とネットワーク化の合流地点において，世界規模での双方向のコミュニケーションや情報の受発信を実現したのだ。さらに，小型化・モバイル化によって，利用コンテクストの制約から解放され，いつでもどこでも情報行動を行うことが可能になった。このように，技術的潮流の合流と相乗効果によって，多様な情報技術が登場してきた一方で，さまざまな社会問題も生じている。

2 情報・情報技術をめぐる社会問題の歴史

デジタル化・ネットワーク化が注目されるようになった1960年代以降，情報や情報技術をめぐってどのような社会問題が語られてきたのだろうか。1960年代といえば，テレビが定着する一方で，企業でのコンピュータの導入が進み，来たるべき情報社会に向けて楽観的な期待感が高まってきた時期である。情報技術の画期的な進化によって社会が進歩し，高度成長が生んだ社会のひずみや課題も解決され，ハイテクで便利かつ豊かな生活が実現するといったユートピア的な未来が語られた。

その一方で，当時から様々な社会問題も予測・警告されてきた。情報化にともなう効率化・合理化の追求は人間の疎外や非人間的な帰結をもたらすとされ，とくに企業内の合理化が多くの失業者を生み出すことへの危惧から，労働・雇用問題が早くから注目された（河村，1970）。また，テレビやコンピュータが普

及する中，情報の過多・過剰がもたらす情報洪水，情報や情報技術を「持つ者／持たざる者」の情報格差，個人情報とプライバシーの問題なども警告された。さらに，情報技術への社会的な依存が強まるにつれて，インフラとしての脆弱性が危惧されるようになり，いざ誤動作や災害・事故等が起きた場合，社会・経済的に大きな混乱に陥るおそれが指摘されてきた。

情報社会は管理社会をもたらすのではないかという懸念も，当初から多くの論者によって語られてきた。かつての典型的な管理・監視社会のイメージは，ジョージ・オーウェルの『1984年』に描かれた，高度な科学・技術が管理と支配の道具とされる世界であった。そこでは，一般市民からはその姿を見ることができない支配者「ビッグブラザー」が，テレスクリーンを通して人々を一元的に監視・管理する社会がイメージされた（オーウェル，2009）。

1990年代になると，パソコン・携帯電話・インターネットなど新たな情報技術が普及し，生活者にとって身近なツールとしてコモディティ化していく。その一方で，ネット利用におけるセキュリティの問題（ウィルス，不正アクセス，情報漏えいなど）や，インターネット・情報機器を悪用した犯罪・違法行為，著作権など知的財産権や肖像権といった権利問題，スパムメールの氾濫などが新たな社会問題とされた。さらに，フレーミング・炎上やネットストーカーといったネット上のトラブル，パソコンなど情報機器に不安やおそれを抱くテクノストレス，ネット中毒やネット依存，有害情報と青少年への悪影響など，心理・精神面への影響も注目された。

以上から，半世紀もの間，警告され続けてきた論点もあれば，とくに90年代以降，新たな技術の導入にともなって生じてきた個別・具体的な問題もみられる。情報をめぐる社会問題として多様な論点が語られる中で，以下では古くて新しい「情報過多」の問題を取り扱う。情報がとめどなく増え続け，必要な情報を選び出すことがますます困難になっている現状において，どのような対処法が考えられるだろうか。それによって，さらにどんな問題が生み出されていくのだろうか。

第3節　情報とITをめぐる現代的課題

1　情報のパラドックスと情報過多・玉石混淆問題

　欲しい情報や必要な情報をすばやく、手軽に入手できれば、生活上きわめて便利だろう。知りたいという情報欲求を即座に充たすことができ、また重要な意思決定の場面では、的確な状況認識や適切な判断が容易になるだろう。その一方で、情報量が多すぎて「情報過多」になると、むしろ問題が生じるというパラドックスも指摘されてきた。

　インターネットの普及が進み、ブログやSNSなどのソーシャルメディアやキュレーションサイトなど新たなネットサービスが続々と登場する中で、圧倒的な情報量とスピードに人間がついていけず、それらに対処しきれない状況すら生じている。そして、情報をスキャンするように次々とチラ見するようになり、長い文章に没頭して読む力や集中力が衰え、きちんと注意を払うことが難しくなる「注意力の崩壊」も起きているという（パリサー、2012：21）。その結果、脳が特定のものに対して安定した注意を向ける能力を失ってしまう「ADT（注意欠陥特性）」（ハロウェル、2016）という症状も、問題視されている。

　また、増大する情報の内実として、価値ある情報が必ずしも多くなく、不必要な情報が大量にあふれかえる、いわば「玉石混淆」となっていることも問題である。誰でも情報発信が可能となったメリットの反面で、基本的な発信リテラシーが欠如し公衆送信の意識が希薄な発信や、デジタルコピー・転送・拡散を繰り返した似たり寄ったりの情報、根拠が乏しく信憑性の疑わしい情報や明らかなデマ・偽ニュースなども数多く流通している。2016年には、キュレーションサイトでのあやしい医療情報の拡散や、米大統領戦での偽ニュース問題などが社会問題化しており、本当に必要な情報が見つけにくい、見分けられない、不適切な情報やデマ、意図的な情報操作に惑わされるといった事態も生じている。

　このように、個人の能力を超えて情報量が増えすぎている上に、「玉石混淆」の情報を適切に処理することが困難な状況から、人々の心的な負担やストレスもますます高まっている。

2　情報をいかに編集するか

　こうした「情報過多」の現状をふまえ，以下では，情報を整理し，選別していく「編集」について取り上げよう。「編集」にはさまざまな種類や考え方があるが（松岡，2001 など），本章では近年のネットサービスの動向をふまえ，情報の選別のあり方として，「サマライズ（要約・縮約化）」と「パーソナライズ（個別・個人化）」に注目する。「サマライズ」とは，社会的な観点から構成員が知るべき情報，共有すべき情報を選り分け，重みづけすることであり，社会の的確な縮図・要約としての「代表性」が重要である。他方，「パーソナライズ」とは，各個人向けに情報をカスタマイズすることであり，個別の興味・関心・ニーズとの「適合性」が求められる。

　インターネット上では，専用プログラムを用いれば，ウェブ情報を機械的に収集・編集することが可能であり，こうした編集のテクノロジーは「情報フィルタリング技術」と呼ばれ，近年著しい発展を遂げている。情報の収集・選別・整理のいずれかで，こうした機械的な手法を採用するサービスが増加する一方で，それらをあえて人間が担うサービスもある。表10-1 は，そうした「情報フィルタリング」のサービスを，①ウェブでの情報入手の方法「探索・検索―受信・閲覧」，②情報の編集・選別のあり方「サマライズ―パーソナライズ」，③編集の主体「人―機械」という3点から整理したものである。

　ウェブ情報の探索・検索においては，「ディレクトリ型ポータルサイト」と「ロボット型検索エンジン」の2つが代表的である。ディレクトリ型ポータルサイトでは，サイトの質や信頼性を人間が判断した上で，階層的に体系化されたカテゴリー区分へと分類していく。つまり，情報の分野・種類という観点からの人による選別・整理である。ウェブ初期には信頼性の高い，最も一般的な手法であったが，サイト数の劇的な増大に対応し切れず，Google の登場以降，その座をロボット型検索エンジンに取って代わられた。こちらは，検索ロボットがウェブ上を自動巡回して収集・登録したサイト情報のデータベースをもとに，利用者のキーワード検索に応じて関連性が高いと機械的に判断したサイトを，重みづけ・順位づけしてリストアップする仕組みである。とくに膨大なサイトから能動的に情報を探し出す際には，有効かつ手軽な手段となっている。

　私たちが日々受信・閲覧する情報・ニュースについては，従来から新聞・テ

第10章　情報とITの社会学

表10-1　情報フィルタリングのサービス

情報入手方法	編集主体	サマライズ	パーソナライズ
ウェブ情報の探索・検索	人	ディレクトリ型ポータルサイト（Yahoo!カテゴリなど）	―
	機械	ロボット型検索エンジン（Google検索など）	パーソナライズド・サーチ（Google検索など），レコメンド機能
情報（ニュース）の受信・閲覧	人	新聞社のニュースサイト（朝日新聞DIGITAL, YOMIURI ONLINEなど），Yahoo!ニュース，LINEニュースなど	―
	機械	Googleニュース，SmartNews，NewsPicksなど	グノシー，ニュースパスなど

（注）　実際のサービスでは，カテゴリーをまたいだサービスの拡張や変更などもあり，あくまでモデル的なもの。2016年12月時点。

レビなどのマスメディアが，その編集や選別，流通を担ってきた。記者が取材したニュースの価値（ニュースバリュー）を，編集者が公共性・社会性や時事性，新規性といった観点から評価し，その選別・整理を行っている。他方で，ニュースサイトの代表格「Yahoo!ニュース」では，みずから取材を行わず，ニュース提供社から配信された記事を編集スタッフが「公共性」と「社会的関心の高さ」の2つを軸に選別し，見出しをつける手法で，人による編集が行われている。さらに，「Googleニュース」や「SmartNews」に代表されるように，人による取材も編集も行わず，アルゴリズムによって機械的にニュースが選別されるサービスも登場している。基本的な仕組みとしては，利用者のネット上の行動（ニュースの閲覧や評価，SNSへの書き込み等）を独自のアルゴリズムで解析し，その算出結果からニュースバリューを判断するものが多い。その選別基準とは，あくまで個人的な興味・関心や嗜好，必要性，話題性などの機械的な集積であり，マスメディアがめざす公共性・社会性とは異なるものである。

　また，情報やニュースを各個人向けにカスタマイズして提供するウェブサービスも，ますます増加している。こうした「パーソナライズ」機能は，年齢・性別・居住地・職業等の属性や興味・関心・嗜好，ライフスタイルなどの個人情報に基づいて各利用者がプロファイリングされ，それに合わせて情報・

ニュースが機械的に選択・編集される仕組みとなっている。かつてニコラス・ネグロポンテは，インターネット技術が進むと，一人ひとりの趣味・嗜好に沿った情報が得られるようになると予想し，それを「デイリー・ミー」と名付けた（ネグロポンテ，1995：213-216）。また，ネット社会の未来を予測した「EPIC 2014」でも，消費行動，趣味，属性情報，人間関係などをベースに，各利用者向けにカスタマイズされたコンテンツを作成する「EPIC」というシステムが，2014年に登場すると予想された。その2014年を過ぎた現在，そうした世界は現実のものとなりつつある。

3　Google 依存がもたらすもの

　1998年，Google は検索アルゴリズムとして，相互リンクの質と量からサイトの重要度を解析する「ページランクシステム」を開発し，ロボット型検索の有用性と信頼性を格段に向上させた。その結果，Google は検索エンジンの代名詞となり，いまや最も一般的なウェブ検索の手法，ひいては情報を探索・入手する手段として欠かせない人も多いだろう。

　近年では，利用者の検索履歴などネット上の行動を解析することで，サービスや社会に活かそうとする「ビッグデータ」の収集・活用に向けた取り組みも顕著である。検索ワードを予測する「オートコンプリート」やよく検索される語句を自動表示する「グーグルサジェスト」，さらに全体的な検索傾向の分析から，感染症の流行や交通の運行・渋滞状況，気象，選挙まで多様な分野における現状把握と予測に成果を上げている。

　また，検索エンジンには，「パーソナライズ」の技術も導入されている。利用者の検索履歴に基づき，個別の検索結果が最適化される「パーソナライズド・サーチ」と呼ばれる機能が組み込まれており，同じ語句を打ち込んでも，人によって異なる検索結果が表示される仕組みになっている。Google は人工知能の活用などたえず技術革新を進めており，「便利」で「使える」Google への依存が，今後ますます強まっていくことが予想される。こうした Google 検索エンジンへの一極集中的な依存は，何をもたらすだろうか。

　いわば「世界規模のデータベース」であるウェブは，検索するとあまりに簡単に答えが得られるため，検索結果やウェブ情報への依存が強まり，「ネット

上の情報が世界のすべて」という意識に陥りがちである。とくに Google はあらゆる情報への「ポータル」としての存在感を高めており，Google の検索エンジンでヒットしなければ，そもそも世界に存在しないとみなす態度すら，醸成しかねない。

　そうした傾向が強まる中，検索アルゴリズムの信頼性と検索結果の妥当性についても，問い直される必要があるだろう。Google の検索アルゴリズムには，「ページランク」以外にもさまざまな非公表の基準が組み込まれ，随時アップデートされている。検索結果としてどのサイトが優先的に表示されるかによって，得られる情報に違いが生じ，結果的に思考が誘導されたり，偏った解釈を刷り込まれる可能性もある（森，2006：238）。また，一企業が「何がヘイトスピーチなのか」判断している状況から，その検索アルゴリズムを過信することに警鐘を鳴らす声もある（Morozov, 2013：165）。あるページが Google のデータベースから除かれ，検索しても表示されない状態になるケースが報告されており，村八分になぞらえて「グーグル八分」とも呼ばれる（吉本，2007）。中国版グーグルでは，政府の意向に沿って検閲を受け入れていた経緯もあるという（McLaughlin, 2006）。

　逆に，アルゴリズムの基準をふまえて，検索結果の上位に表示されるように対策が取られることも多く，「検索エンジン最適化（SEO）」と呼ばれている。中にはアルゴリズムを逆手に取り，それを騙すような過度の SEO も行われており，検索上位に表示されていても，必ずしも利用者のニーズに適合した質の高い情報であるとは限らない。DeNA の「キュレーション」を語るサイトでは，科学的根拠が欠如したあやしい医療・健康情報を掲載し，SEO 対策によって検索誘導したことで，利用者に健康被害をもたらしたおそれもある。

　このように，Google 検索では，優先的に表示されるものや，逆にどうしても見つけられないものも，実際に存在しうるのだ。

4　パーソナライゼーションが生み出す「フィルターバブル」

　今日ネット上には，マスメディアの情報から個人のブログ・SNS による発信まで多様な情報が集積しており，それらから利用者の嗜好に合った情報やニュースを選別・提供するサービスも花盛りである。その代表例である「グノ

シー」は，独自のアルゴリズムが Twitter, Facebook などから利用者の興味を解析し，利用者がどんな記事をみているか日々学習することで，各人に合ったニュースを配信している。また，Amazon でおなじみのレコメンド機能は，本人および他の利用者の行動履歴（ウェブの閲覧や購買など）を解析することで，興味をもちそうな商品をおすすめしてくれる。

　こうしたパーソナライゼーションは，利用者にとって欲しい商品の情報や必要なニュースが先回りして提示される，効率的で便利なサービスである。それが生活のより多くの領域をカバーすれば，あらゆる場面で個人に合わせてカスタマイズされる世界が実現するだろう。インターネットに仕掛けられたフィルターが，「あなたがどんな人で何をしようとしているのか，また，次に何を望んでいるのかを常に推測し，推測の間違いを修正して精度を高めていく」。こうした予測エンジンに囲まれ，自分だけの情報宇宙に包まれた状態を，パリサーは「フィルターバブル」（パリサー，2012：19）と呼ぶ。「自分が好む人々，物，アイディアだけに囲まれた居心地のいい世界」は，私たちに何をもたらすのだろうか。

　先述の「EPIC」は，見識ある読者には「編集された，より深くより幅広くより詳細にこだわった世界の要約」という最良の状態を提供する一方で，多くの人にとっては「ささいな情報の単なる寄せ集め」にすぎず，「その多くが真実ではなく，狭く浅く，そして扇情的な内容」となる最悪の状態をもたらした。フィルターバブルとは，その人のありようを映し出す「鏡」であり，みずからを洗脳しなじみのあるものばかりを欲しがるように仕向ける「自動プロパガンダ装置」（パリサー，2012：26）ともなりうるのだ。

　また，せっかく膨大なサイト，多様なニュースがあっても，ごく狭い範囲に注意力を絞り込むことで，選ばれなかった存在に気づきにくくなってしまう。普段の関心から離れた思いがけない発見や見知らぬもの・異質なものとの出会い（セレンディピティ）が失われることで，「新しいものを受け入れる心」や「異なるものとの接触から生まれる精神の柔軟性やオープン性」（パリサー，2012：124）も損なわれていくだろう。そして，関心や意見を同じくする者だけが集まり，異質な集団を排除することで「クラスター化」が進めば，同じ意見ばかりがこだまする「エコーチェンバー」の中で，集団内で考えが極端に偏る

「集団分極化」(サンスティーン，2003：80) も生じやすくなる。その結果，深刻な社会問題となっている社会の分断が，さらに助長されていくおそれもある。

フィルターバブルの中では，興味のないものが目に入らなくなり，知るべき情報を見逃していることにも気づかないだろう。また，俯瞰的な視点を取りにくく，自分が何に関心を寄せず，何を知らないのかという「無知の知」を意識することも難しくなる。このように，フィルターバブルは私たちが「見るもの」と「見ないもの」を選り分け，レンズと同じように体験する世界をゆがめることで，正しい認識を妨げるおそれもあるのだ(パリサー，2012：129)。

5　個人情報のプロファイリング化と監視がもたらす未来

パーソナライゼーションは，企業にとって消費者へのプロモーションを効果的に行う手段でもある。ウェブ上の行動履歴や書き込みに基づいて商品を「おすすめ」すれば，利用者のニーズにある程度沿った提案が可能となる。この「おすすめ」の精度を高めるためには，より多くの利用者から，幅広く個人情報を収集し，データベースの信頼性を高めていく必要がある。

デジタル化・ネットワーク化の進展につれて，個人に由来するパーソナルデータは爆発的に増え続けてきた。ネット上の行動はすべてログとして記録・蓄積され，ソーシャルメディアにみずから書き込んだ内容はもちろん，他者によって投稿された情報や写真，それらに付加された位置情報など，ネット上にはさまざまな痕跡が残されている。リアルな社会においても，ポイントカードや電子マネーカード，交通系ICカード，RFID，GPS，監視カメラ，各種センサー技術などが次々と開発・導入され，購買や移動，ふるいまいなどがデータとして記録され，識別・管理・追跡されている。このように，あらゆる生活場面において，データとして記録・集積された行動の履歴，生の足跡を「ライフログ」と呼ぶ。そして，個人情報がデータ化されることで，ライフログはデータベース化され，効率的な蓄積・検索・照合が可能となり，プロファイリングも容易になる。また，集計や解析によって明らかにされた，本人も気づかぬ行動傾向や嗜好なども，データベースに追加されていく。

ライフログはマーケティング分野での注目度が高く，個人情報の商品化も進んでいる。つまり，個人情報の商業的価値が高まることで，企業はその収集に

躍起になっており，プライバシー問題への懸念も高まっている。気づかぬうちに多くの企業によって個人情報が捕捉・収集され，知らないところで管理・提供されたり，思わぬ使い方がされるケースも増えている。また，データベースを相互に連携・統合する動きも進んでおり，ある目的で集めたデータを別の目的に流用する相互運用を求める声も強まっている。その結果，個人情報の統合化が進むことで，ライフログはさらに詳細なものとなり，より精緻な個人のプロファイリングが可能になっていく。

そして，企業による「パーソナライゼーション」の先には，監視の芽が潜んでいる。現代の監視の中核は「選別・包摂・排除」の過程であり，その帰結として「社会的振り分け」がもたらされる（ライアン，2011：108）。人はデータとして，収入や職業・学歴・人種などによって振り分け・格づけされ，それに応じて異なる待遇を受けることになる。好ましいカテゴリーに入れば有利な扱いを受ける一方，好ましくないカテゴリーでは不利な処遇となることで，社会的・経済的な差別や格差，社会の分断を助長することにもなりかねない。

リスクに対する不安感やセキュリティ意識が社会全体として高まる中で，安全・防犯を理由に住民みずから積極的に監視カメラを設置する動きもある。監視は管理と配慮（保護）という2つの顔をもち（ライアン，2002：14），今日では国家のみならず民間企業や生活者も率先して監視・管理に参加することで，多様な主体による「多元的な相互監視」（森，2012：349）の状況が生まれている。

また，監視はますます情報技術に依存するようになり，収集された個人データは統合的なデータベースとして管理され，人々の行動が観察・解析される「データ監視」の形がとられている（ライアン，2011：25）。こうした「個人情報管理」社会では，アーキテクチャによる環境型管理を強めていくだろう。ユビキタス化が進展し，パーソナライズ技術が情報環境に組み込まれることで，各自にとって「最適な環境」が自動生成され，さまざまな生活場面で「とるべき」行動の選択肢が先回りして提示される。こうした環境は便利で，快適でもあるだろう。その都度提示される選択肢は，みずからのライフログに基づくプロファイリング情報とシステムに組み込まれたアルゴリズムに依存し，過去の自分のデータが再帰的に自分を形づくることで，自己充足的に未来が規定されていく（パリサー，2012：165）。そのアルゴリズムは，ときに客観や運命を装い

つつも，何らかの意図や思想のもつ人や組織によって作られており，偏見やバイアスが潜り込むおそれもある。そして，幾多の選択肢からその一部のみを提示し，気づかぬうちに「別の可能性が選びえない」形で私たちの決定に影響を及ぼすことになる。それは，人生を左右するような重大な選択場面においても，同じである。この結果生まれるのは，アーキテクチャが環境的に決定する将来を，「宿命」として疑問すら持たずに受け入れていくような社会であるかもしれない（鈴木，2007：53）。

　今後も新たな技術が絶えず現れ，監視の技法はより精密になっていく。軍事・行政・雇用・治安・マーケティングで実践された技法は，互いに結合しあい，緩やかにつながる「監視の複合体」（ライアン，2011：153）を創造していく。また，遺伝子レベルの個人情報が取り込まれ，生まれながら将来が宿命的に決定される事態も現実味を帯びつつある。リスク管理の発想が未然のリスク除去に力点を置くようになると，あるプロファイリングを備えれば，潜在的な犯罪予備軍として識別されるおそれもある。増え続ける監視カメラに，各種ネット端末なども含めれば，多様な主体によって至る所にカメラが張り巡らされ，もはやその眼からは逃れられない。それらにセンサー・スキャン技術や顔認証技術などを組み合わせ，統合的に処理すれば，いつでもどこでも個人が追跡・特定され，あらゆる行動を瞬時に捕捉可能となる。もはやプライバシーが消滅した未来，生まれながら差別的な処遇が繰り返され，格差が再生産される未来は，そこまで来ているのかもしれない。

第4節　情報とITをめぐる社会問題への対応：課題と方向性

1　情報・ITとどう向き合うか：拡張する情報リテラシー

　情報技術とは，人間の願望に根ざした存在であり，その開発・導入に当たって，夢や理想，利便性や効率性，楽しみ，安心・安全などを求める人々の切実な欲求や期待が込められてきた。えてして新たな技術は，その先進性や革新性が称賛・喧伝される一方で，利用者側の不利益について言及されることは決して多くない。これまで私たちは，目先の便利さなどのメリットや効率性・合理性の追求，さまざまな問題の解決をテクノロジーに求めてきた。しかし，新技

術を導入・利用したことで，むしろ忙しく急き立てられるようになったり，さらに新しい問題が生み出され，それらを解決するために，ますますテクノロジーに頼っていく……こうしたパラドックスを繰り返しながら，ひたすらテクノロジーへの依存を強めてきた。

　その結果，私たちは何を失っていくのだろうか。それは，「人間らしい深い思考や判断，共感・同情の感情」（カー，2010：302）であり，「みずから考え判断する主体性ある意思決定」（森，2012：359），そして「みずからコントロールする自律性」（パリサー，2012：262）だという。また，合理性や効率性の追求は，「最短距離で直線的に向かう志向」（森，2012：370）をもたらし，世の中の無駄や非効率・曖昧さなどが排除されることで，「自由」を失ってしまうことにもなりかねない（Morozov, 2013：xiv）。似た者同士・好きな者同士が集う快適な環境が実現される一方で，異質な他者に対する不寛容や排除，社会の分断も進んでいる。

　つまり，失われていくものとは，人間としての「主体性」・「自律性」や「自由」，他者への「寛容さ」や「信頼」など，数値化・定量化しにくく明確な形をもたない概念的なものであり，失われても実感されにくい（森，2012：35）。また情報技術は，「いきなり生命が脅かされることは少なく，その弊害もあまり注目されない」（矢野，2013：292）ものでもある。えてして問題は，わかりやすいメリットの背後に隠れて見えにくく，わかりづらい。あるいは，メリットとデメリットが裏表一体で，メリットの追求が思わぬ問題を引き起こしたり，利便性とリスクがトレードオフの関係であることも多い。また，情報技術が社会に浸透するほどに，それを使いこなすことを求める社会的な圧力も大きくなり，拒否することは困難になっていく。そして，人々は多少の不安があろうとも，一度手に入れた便利さを，容易に手放そうとはしないだろう。このように，問題は決して単純ではなく，一筋縄ではいかない難しさをはらんでいる。

　ハワード・ラインゴールドは，政府や企業による管理がリアルに進んでいく中で，みずからを自律的にコントロールする自由を守り，自身の指針に基づいてデジタルメディアを活用していくために，5つのデジタルな情報リテラシーを提案している（Rheingold, 2012：2）。「情報リテラシー」の中核は，情報を目的に合わせて主体的に使いこなす「情報活用能力」であり，必要な情報を探

索・収集・選別し，適切に分析・編集・加工した上で，整理・蓄積し，自ら情報を創出，発信できる能力といった意味で用いられている。情報過多・玉石混淆の中で，情報とどう向き合うか，情報技術をどう利用するのか，個々の利用者に委ねられており，情報の真贋や真意を読み解くためには，その背景やコンテクストからとらえ直すことが必要となる。つまり，発信者の考え方や思想・価値観，置かれた社会的立場，情報が作られる社会的構成のプロセス，その情報の性質や形態，そして社会状況や時代背景などをふまえることが望ましい。また，情報技術の特徴や，それが抱えるバイアスやゆがみも勘案した上で，情報の意味を理解することも重要である。パソコンやスマートフォンの操作に熟知し，各種サービスを使いこなすだけでなく，情報技術のしくみや人間・社会への影響を見通し，より適切な活用方法や情報の読み解き方に習熟することこそ，さらに重要な情報リテラシーなのである。

2 主体性を取り戻すために

　情報技術がますます高度化していくにつれて，ブラックボックス化も進んでおり，そのしくみはいっそう見えにくくなっている。さまざまな問題や課題も顕在化する中，私たちは現実的にどうすればよいのだろうか。

　まずは，失われつつあるコントロールを取り戻すために，テクノロジーに依存する現状を見直すことが必要である。個人データは，基本的に利用者から見えないところで処理されており，私たちはそれをコントロールすることができない。自分に関してどんなプロファイリングが作成され，どう使われているのかもわからず，気づかぬうちに，自分に関する物事が進んでいく。私たちがコントロールできるように作られた技術によって，逆に自らのコントロールが奪われつつあるのだ（パリサー，2012：267）。

　そして，見えにくいところで起きつつある問題に気づくために，テクノロジーについてあらためて問い直す必要があろう。その際，マクルーハンが提起した「メディア・テトラッド」が示唆的である。新しいメディアによってもたらされる「獲得するもの／失うもの／取り戻すもの／思わぬ結果（逆機能）」とは何か（マクルーハン，2002：16），すなわち，わかりやすい顕在的なメリットだけでなく，その裏側に隠れているデメリットはないのか，予期せぬ影響や変

化が生じないか，注意を払わなくてはならない。

　その際，目を向けるべきは，サイバー空間で「できること／できないこと」を環境的に決定づけるアーキテクチャである。その世界はアルゴリズムとして設計され，コード（プログラム）によって作り上げられており，「コードは法」（レッシグ，2007：7），立法府は技術者・設計者，経営者である。つまり，サイバー空間とは，無色透明で中立的ではなく，彼らの意図や思考，思想や理想，願望などが色濃く反映されている。利用者はアルゴリズムで定められた以上のことはできず，コードは見えないルールとして，利用者の思考や行動，コミュニケーション，社会関係のあり方を規定していく。このように技術によって操作されている状況の中で，そのアーキテクチャにはどのようなしくみが埋め込まれているのか，何ができて何ができないのか，どんな行動を促しているのか，設計者は何を前提とし何をしようとしているのか，テクノロジーの本質を探る問いかけが有効となろう。

　コードに含まれる設計者の意図や思考は，もちろん各技術によって多様であり，一つの技術にも多くの関係者の意見や価値観が複合的に織り込まれている。そのなかでも多くに通底するのが，米シリコンバレーで発達した独自の思想，「シリコンバレーの精神」である。その典型例としては，技術を本質的に良いものとみなす「テクノロジー至上主義」，技術によってあらゆる問題が解決可能と考える「解決主義」，さらに「インターネット＝善」という「インターネット至上主義」がある。また，ネット上では「オープンであること」が価値とされ，「すべての情報は公開されるべき」というハッカー的な信念・イデオロギーも存在する（Morozov，2013：5-6，15，90）。

　さらに留意すべきは，自らの技術の社会的な影響に対する無関心・無責任である。「まずはやってみて，うまくいかなければ別のことを試せばよい」というプラグマティズムの発想は，柔軟でスピード感のある技術革新を実現してきた反面，社会的な実験の影響や責任を考えるものではない。Google Buzz[2]が失敗した言い訳として，Googleは「プライバシーが関わるとはまったく思いもしなかった」という（Morozov，2013：148）。同様の事態は他企業でも生じており，たびたび問題を引き起こしてきた。

　とはいえ，ネット上の情報がますます増え続けていく現況を鑑み，必要かつ

第10章 情報とITの社会学

▶▶ *Box* ◀◀

データ化・可視化がリスク回避志向と監視を生む！？

データ化が進んでいくと，情報技術は「可視化装置」となり，かつては見えなかったもの，見せたくないもの，見なくてよいものまで可視化していく。ソーシャルメディアでは，ある人の近況から，リアルタイムでの行動や居場所，ひと時の感情，交友関係とその中身・親密さまで読み取ることができる。LINEの「既読」機能やmixiの「足あと」機能のように，ネット上には行動の痕跡が残され，スマートフォンはあらゆる履歴を記録している。可視化されていれば，気になる，見たくなるのも人情だろうか。「既読」の有無や返信の早さを気にしたり，恋人や以前の交際相手，好意を抱く人のSNSを執拗にチェックするネット監視やネットストーカー，ネットの利用や行動を制約するネット束縛，スマホの覗き見など……，可視化は監視意識をもたらしうるのだ。

可視化が進み情報を知りすぎると，人々の意識にどんな変化が生じるだろうか。複雑かつ混迷した状況の中で先の見通しが可視化されれば，仕事や生き方などに意欲や希望も感じられるだろう。その反面，将来がわかりすぎたり，あふれるリスク情報で頭でっかちになると，行動する前から意欲や希望を失ったり，リスク回避ばかりを気にするようになるかもしれない。むしろ未来が見えないからこそ，可能性や希望を感じて，挑戦する意欲が高まることもある。

情報ネットワークがグローバルに展開した今日，過失に対する社会的なバッシングも可視化・過激化している。それらは過剰なまでに生み出されてはメディアやネット空間にあふれ，世界を駆け巡る。可視化・透明化は，不正のない責任ある政治や組織活動に必要であるが，行き過ぎれば，社会全体にリスク回避志向が蔓延しかねない。安心・安全を求める意識がますます高まる風潮のもと，敢えて挑戦するリスクを避ける一方で，監視技術を進んで受け入れる。相互に監視し合いながら，周りから外れないことに腐心し，異端・異質な者を見つけては匿名でバッシングする……，結果的に自分たち自身を息苦しくしていないだろうか。

信頼できる情報をコストや時間・労力を抑えつつ入手するためには，何らかのフィルタリング技術の利用が避けられない。サービス提供者は，社会に影響を与える情報・ニュースを取り扱っているだけに，自社のサービスが引き起こす諸問題に対して社会的責任を問われることになる。その際，言論・表現の自由や，監視にもつながりうる個人情報の取り扱い・プライバシー問題などを考え

れば，中立・透明な存在ではありえない政府・行政が介入し，規制に乗り出す事態は避けなければならない。そのためにも，サービス提供者は自主的に，生じた問題への対応・対策，そもそも問題を生じさせない仕組みづくり，アーキテクチャの改善や工夫などに取り組んでいくことが必要である。

　他方で，すべてをサービス提供者に委ねるのではなく，利用者自身も，技術が社会に及ぼす影響について考えなくてはならない。「シリコンバレーの世界観から離れ，個々の新たな技術に対してもっと問いかけ，吟味し，検証し，議論する」(Morozov, 2013：223)ことで，長期的・深層的・潜在的な影響，とくに将来的なリスクを見通す「マイナスの問題への想像力」(矢野，2013：292)を働かせ，リスクがメリットに見合ったものか，判断していく必要があろう。もし何らかの問題に気づいたら，利用者が自ら声を上げ，サービス提供者に疑問を投げかけ，問題の改善を継続的に働きかけていくことが求められる。事業者にとっても，自社のサービスの価値を高めるためには，より多くの人に利用されることが何より重要であり，利用者からの的確な異議申し立てはそのための有益な示唆となるだろう。例えば，ニュースを提供するキュレーション・サービスでも，セレンディピティを織り込んだアルゴリズムへの変更や，機械と人を組み合わせた「ハイブリッド」な編集の方向へと改善が進んでおり，社会における多くの声が，その技術を望ましい方向に導いていく道標にもなっている。

　そして実際の利用の場面でも，デフォルト設定の機能を，「おすすめ」されるままに使うのではなく，そのしくみやリスクを理解した上で，自ら使い方を工夫していくことが望ましい。多様な機能から必要なものを取捨選択したり，リスクを避ける工夫を考えたり，「想定」された利用法から「ズラ」した創造的な使い方としたり……とさまざまな使いこなし方を試行していく。それでも，リスクが大きいと思われる場合には，実際に問題が生じる前に，「使わない」「やめる」という選択や代替サービスへの移行を考えてもいいだろう。

　データとアルゴリズムが実現する世界に従順に服従するだけでは，機械に使われるだけの存在になりかねない。技術への依存を見直し，自律的なコントロールを取り戻すこと，テクノロジーに向けて問いかけ，考えること。問題に気づけば，疑問を投げかけ，社会的な声を上げ続けること。そして，それらに対して，「かわす」「すり抜ける」「抗う」など工夫を凝らした多様な戦術も有

効であろう。疑似的な環境をうまく利用しつつも，ときにアーキテクチャの管理を「超えていく」意志も，そこから「降りる」勇気も必要となるだろう。

注
(1) 「EPIC 2014」とは2004年公開の未来予測動画。Google と Amazon の仮想的な合併企業「Googlezon」によって「EPIC」（進化型パーソナライズ情報構築網）が開発され，膨大なライフログの一括管理をもとに，先進的なカスタマイズサービスが提供される社会の脅威が描かれた。日本語字幕版は，以下で閲覧可能（URL：http://www.youtube.com/watch?v=Afdxq84OYIU　2014年3月3日アクセス）。
(2) Twitter に類似したソーシャルサービス。利用を促すために Gmail と連動させたことで，開始当初から個人情報の流出を巡る議論になった。

引用・参考文献

Carr, N. (2010) *The Shallows : What the Internet Is Doing to Our Brains*, W. W. Norton. ＝カー，N.／篠儀直子訳（2010）『ネット・バカ──インターネットがわたしたちの脳にしていること』青土社。

Hallowell, E. (2016) DRIVEN TO DISTRACTION AT WORK, Harvard Business Review Press. ＝ハロウェル，E.／小川彩子訳（2016）『ハーバード集中力革命』サンマーク出版。

濱野智史（2008）『アーキテクチャの生態系──情報環境はいかに設計されてきたか』NTT 出版。

河村昭治郎（1970）『情報化社会とはなにか』三一書房（三一新書）。

Lessig, L. (2006) *Code : And Other Laws of Cyberspace, Version 2.0*, Basic Books. ＝レッシグ，L.／山形浩生訳（2007）『CODE VERSION2.0』翔泳社。

Lyon, D. (2001) *Surveillance Society : Monitoring Everyday Life*, Open University Press. ＝ライアン，D.／河村一郎訳（2002）『監視社会』青土社。

Lyon, D. (2007) *Surveillance Studies : An Overview*, Polity. ＝ライアン，D.／田島泰彦・小笠原みどり訳（2011）『監視スタディーズ──「見ること」「見られること」の社会理論』岩波書店。

前納弘武・岩佐淳一・内田康人（2012）『変わりゆくコミュニケーション　薄れゆくコミュニティ──メディアと情報化の現在』ミネルヴァ書房。

松岡正剛（2001）『知の編集工学』朝日新聞出版（朝日文庫）。

McLaughlin, A. (2006) "Google in China," Google Official Blog, January 27, 2006.（http://googleblog.blogspot.jp/2006/01/google-in-china.html　2014年2月アクセス）。

McLuhan, M. (1964) *UNDESTANDING MEDIA : The Extention of Man*, McGraw-

Hill Book Company. ＝マクルーハン，M.／栗原裕・河本仲聖訳（1987）『メディア論――人間拡張の諸相』みすず書房。

McLuhan, M., E. McLuhan, (1989) *Laws of Media : The New Science*, University of Toronto Press. ＝マクルーハン，M.・マクルーハン，E.／高山宏監修・中沢豊訳（2002）『メディアの法則』NTT 出版。

森健（2006）『グーグル・アマゾン化する社会』光文社（光文社新書）。

森健（2012）『ビッグデータ社会の希望と憂鬱』河出書房新社（河出文庫）。

Morozov, E. (2013) *To Save Everything, Click Here : The Folly of Technological Solutionism*, PublicAffairs.

Negroponte, N. (1995) *Being Digital*, The Alfred A. Knopf. ＝ネグロポンテ，N.／西和彦監訳・福岡洋一訳（1995）『ビーイング・デジタル』アスキー。

西垣通（2004）『基礎情報学――生命から社会へ』NTT 出版。

Orwell, G. (1949) *Nineteen Eighty-Four*, Secker and Warburg. ＝オーウェル，G.／高橋和久訳（2009）『一九八四年［新訳版］』早川書房（ハヤカワ epi 文庫）。

Pariser, E. (2011) *The Filter Bubble : What The Internet Is Hiding From You*, Penguin Press. ＝パリサー，E.／井口耕二訳（2012）『閉じこもるインターネット――グーグル・パーソナライズ・民主主義』早川書房。

Rheingold, H. (2012) *Net Smart : How to Thrive Online*, The MIT Press.

佐々木俊尚『キュレーションの時代――「つながり」の情報革命が始まる』筑摩書房（ちくま新書）。

Sunstein, C. (2001) *Republic.Com*, Princeton University Press. ＝サンスティーン，C.／石川幸憲訳（2003）『インターネットは民主主義の敵か』毎日新聞社。

鈴木謙介（2007）『ウェブ社会の思想――"遍在する私"をどう生きるか』NHK 出版。

鈴木謙介（2013）『ウェブ社会のゆくえ――〈多孔化〉した現実のなかで』NHK 出版。

梅田望夫（2006）『ウェブ進化論――本当の大変化はこれから始まる』筑摩書房（ちくま新書）。

矢野直明（2013）『IT 社会事件簿』ディスカバー・トゥエンティワン。

吉田民人（1990）『自己組織性の情報科学――エヴォルーショニストのウィーナー的自然観』新曜社。

吉田民人（1994）「社会情報学の構想とその背景――新しい Discipline の誕生をめざして」木下冨雄・吉田民人編『応用心理学講座（4）記号と情報の行動科学』福村出版。

吉本敏洋（2007）『グーグル八分とは何か』九天社。

(Book Guidance)

①本章の理解を深める入門書

土橋臣吾・辻泉・南田勝也（2013）『デジタルメディアの社会学［改訂版］——問題を発見し，可能性を探る』北樹出版。

　ウェブやモバイル，ゲームなどデジタルメディアが抱える問題と可能性を，日常との関わりから具体的に論じる。

鈴木謙介（2007）『ウェブ社会の思想——"遍在する私"をどう生きるか』NHK出版（NHKブックス）。

　「データとして偏在する私」に基づき「おすすめ」される未来の選択肢を，「宿命」的に受け入れていく社会とは。

②ステップアップのために

Pariser, E. (2011) *The Filter Bubble : What The Internet Is Hiding From You*, Penguin Press. ＝パリサー，E.／井口耕二訳（2012）『閉じこもるインターネット——グーグル・パーソナライズ・民主主義』早川書房。

　情報が個人に合わせてパーソナライズされた状態を「フィルターバブル」と名づけ，その影響や問題を鋭く分析。

Lyon, D. (2007) *Surveillance Studies : An Overview*, Polity. ＝ライアン，D.／田島泰彦・小笠原みどり訳（2011）『監視スタディーズ——「見ること」「見られること」の社会理論』岩波書店。

　デジタル社会の監視とは何か，いかに自由や平等を侵食するか，人間にとって「見る／見られる」ことの意味とは。

（内田康人）

第11章　環境問題と環境保全の社会学

《章のねらい》
　20世紀後半以降，ローカルなレベルからグローバルなレベルまで，現代に生きる私たちはさまざまな種類と規模の環境問題に直面しており，環境の保全を基軸にした持続可能な社会の形成が重要な課題になっています。そのような状況の中で，環境破壊だけでなく，環境を守り育てることも社会的な営みであることから，人々の行為や価値を分析対象とする社会学からの貢献が求められるようになりました。この章では，主として日本における環境社会学の研究の展開とその特徴を整理した上で，具体例をもとに，住民が主体となったローカルな環境保全活動の意義と課題を検討し，社会学の役割を考えます。

キーワード▶環境問題，環境保全，NPO，住民参加，地域づくり，コミュニティ・ビジネス，環境ガバナンス

第1節　環境問題と環境保全への社会学的アプローチ：視点・考え方・方法

1　社会的課題としての環境問題

　21世紀に入り，地球温暖化対策や生物多様性の保全など地球レベルの環境問題への取り組みがますます重要視されている。その一方で，日本国内に目を移すと，里山や身近な水辺の保全(1)と再生，ゴミの減量やリサイクル，農山村の耕作放棄地対策など，地域レベルの課題や問題も依然として存在している。さらに，2011年3月に発生した東日本大震災に起因する福島第一原子力発電所の事故によって，福島県を中心に広範な地域で放射能汚染が発生し多くの人が住み慣れた故郷を追われる事態に至った。またこの事故を契機に，原子力発電所の（再）稼働や今後のエネルギー政策をめぐって，日本のみならず他国でも深刻

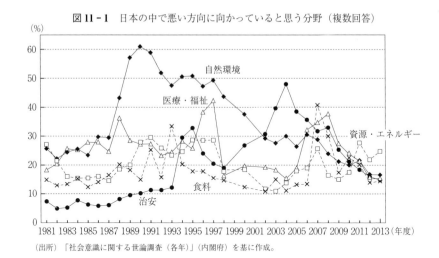

図11-1 日本の中で悪い方向に向かっていると思う分野（複数回答）

（出所）「社会意識に関する世論調査（各年）」（内閣府）を基に作成。

な意見の対立や論争が顕在化している。このように，多様化・複雑化する各種環境問題への対応とその解決は，今日，ローカル／ナショナル／グローバルといったさまざまなレベルにおいて重要な社会的課題である。

　では，環境の悪化に対する人々の意識はこれまでどのようなものであったのだろうか。図11-1は日本政府がほぼ毎年実施している「社会意識に関する世論調査」の中で，「日本の中で悪い方向に向かっていると思う分野」（複数回答）から5つの項目を抜き出したものであり，1980年代から約30年間の推移を示している。特徴的なことは，1980年代後半から「自然環境」の悪化を懸念する割合が急増し，2000年頃までその傾向が継続したことである。グラフには示していないが，この調査で一貫して上位を占めてきたのは「景気」や「雇用・労働条件」などの経済的項目であり，人々の日々の生活（生計）に直結するような課題であった。その中で「自然環境」が10年以上にわたりこれらの課題と並んで上位に入っていたことは，自然環境の悪化が社会的課題として広く認識されてきたことの証しである。[2]

　上記の自然環境の悪化が強く懸念された時期は，地球環境問題の存在とその影響が注目されるようになった時期と重なる。たとえば，舩橋編（2011）は，それまでの「公害・開発問題期」と区別する形で，1980年代後半以降を「環境問題の普遍化期」と位置づけ，生産と消費のあらゆる過程が，環境負荷の発生

第11章　環境問題と環境保全の社会学

という点で問題があるかどうかを問い直されることになったと指摘している。

２　環境問題と社会学

　環境問題は，人間社会と自然環境との相互作用において，人間活動によって生じた自然環境の悪化と，人間社会にもたらされる影響や被害の総体，として捉えることができる。ここでの人間活動には，環境の過剰利用（overuse）だけでなく，過少利用（underuse）も含まれる。たとえば，今日の里山の荒廃は，人間の適度な利用（介入）によって成り立ってきた自然環境（二次的自然）を，農業やライフスタイルの近代化により人間が利用しなくなったことによって生じたものである。

　自然環境の破壊や悪化といった環境問題に対しては，長らく自然科学の研究対象と考えられてきた。だが，そもそも環境問題の発生や解決だけでなく，問題の認識や解釈に人間社会が関わっている以上，社会や文化を研究対象とする社会科学や人文科学からのアプローチがきわめて重要である。環境問題を分析対象とする社会科学の中で，社会学の視点からアプローチするのが環境社会学（Environmental Sociology）である。環境社会学は，さまざまな地域における社会調査に基づき，社会制度や社会構造，人々がもつ価値意識や規範といった社会的側面に注目しながら，人間社会と自然環境との相互作用・相互関係を解明し，環境問題の解決に向けた理論形成を志向する。

　環境社会学の研究は，主として1970年代以降，おもに日本とアメリカにおいて発展してきた。[3]世界規模の人口増大と経済成長を背景に，食糧や資源・エネルギーの枯渇問題に主要関心があったアメリカの初期の研究（Humphrey and Buttle [1982] など）に対し，日本での研究は産業公害など環境の汚染問題（公害被害）の調査研究や，人々の生活に密着した環境の保全・利用に関する研究から出発し展開してきたという歴史がある。

第２節　環境社会学の研究動向

１　初期の研究動向

　環境社会学という学問領域が日本で成立し，学会として制度化されるのは

1980年代後半から1990年代前半にかけてである。制度化に至るまでに，初期の研究はおもに，「環境問題の社会学」と「環境共存の社会学」という2つの流れを中心に展開してきた経緯がある。

①環境問題の社会学

「環境問題の社会学」とは，高度経済成長期を中心に日本各地で多発してきた各種公害や大規模開発の社会的影響に関する研究であり，社会問題として顕在化した環境問題の特質や加害・被害の構造，そこで展開される環境運動の役割などを中心に解明する。後の環境社会学の誕生につながる本格的な研究は，水俣病など公害被害の解明を主題として，1960年代後半から飯島伸子が精力的に展開した一連の調査研究であった。飯島は，公害被害者の調査を通じて，被害のレベルが単なる身体的なものにとどまらず，精神（人格）や家庭生活，地域社会まで多層にわたるとともに，被害の程度も階層や所属集団，加害企業や行政の対応など，さまざまな社会的要因によって規定されるという「被害構造論」（飯島，1984）を提起した[4]。

これに加えて，環境問題の発生メカニズムに注目した研究（加害論・原因論）がある。新幹線公害や青森県六ケ所村の核燃料サイクル施設の建設問題に注目した舩橋晴俊らの一連の研究がその代表例である（舩橋ほか，1985；舩橋ほか編，1998）。舩橋らは，開発事業に関わる諸主体の関係を主体連関図によって把握するとともに，開発事業によって多数の人々が便益を得る一方で一部の主体（周辺住民）に被害が集中する「加害―被害」の関係構造を「受益圏と受苦圏の分離」と「受益圏の拡大と受苦圏の局地化」として可視化した。これらの研究は，環境負荷（負担）を周辺地域の人々に押しつけるという大規模開発に随伴する社会的不公正の実態を析出したものであるが，このような視点は，時期を前後してアメリカで提起された「環境正義（Environmental Justice）」概念とも重なるものである[5]。

さらに運動論がある。環境問題をめぐっては，それぞれの現場で何らかの社会運動（環境運動）が起こっていることが少なくない。このような環境運動の主体（担い手）や目標・対象によって，被害者運動や公害反対運動，自然保護運動，有機農業運動，反（脱）原発運動，脱ダム運動，住民投票運動など多様な名称と種類がある。従来の研究は，おもに，運動の果たす役割やその担い手，

論理を分析する研究と，運動の組織や戦略・戦術，資源動員など社会運動論の枠組みを応用して運動の展開過程を実証的に分析する研究とに分けることができる。とくに後者の代表例として，アメリカや日本での反原発運動などの調査と社会運動論を援用した分析を通じて，日本のエネルギー政策過程の閉鎖性を指摘し，脱原子力社会に向けた政策提言を行った研究（長谷川，1996）などがある。

②環境共存の社会学

「環境共存の社会学」とは，農村社会学や民俗学の手法を用いた環境文化の研究であり，さまざまな地域の人間社会と自然環境との多面的な関係性や人々の生活世界を分析し，環境保全の手がかりを理論化しようとする。環境の研究は，すでに発生している問題の把握や解明だけにとどまるわけではない。地域で暮らしを営む人々の環境との関わりの技法や規範（環境文化）を探り，そこから環境保全の手がかりを得て，理論を構築することも重要である。

その代表的な立場の1つが「生活環境主義」であった。高度経済成長期が終わり，日本各地で身近な自然環境の保全や改善が課題となっていた1980年代，環境問題の現場では2つの考え方が大きな影響力を有していた。これは現在に至るまで続いているものであるが，1つは最新の科学技術を用いて，工学的発想で問題の解決を図る「近代技術主義」的立場であり，もう1つが，欧米起源の環境保護思想に下支えされ，生態系に対する人間の介入を否定的にみる「自然環境主義」である。これに対して，人間の手が加わった自然を重視し，人々の生活世界や地域の「小さなコミュニティ」への接近を通じて，ローカルな文脈に即して環境保全の論理を組み立てようとする立場が「生活環境主義」である（鳥越，1997）。鳥越皓之らのグループによる琵琶湖湖畔の村落調査（鳥越・嘉田編，1984；鳥越編，1989）を通じて提唱された生活環境主義は，「社会と環境」との関わりを真正面から主題にした日本独自の研究であり独創性が高い。

以上の初期の2つの研究の流れは，アプローチ方法や問題設定に違いがあるものの，そこに住む生活者や被害者に焦点を当て，従来の社会学がほとんど対象としてこなかった「環境」という要素を取り扱い，フィールドワークから独自の理論を形成してきたという共通項がある。また，その方法論的な特徴として，①ある特定の地域を対象にして，②現実の問題に直面する被害者や住民，

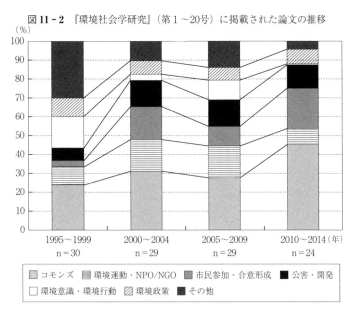

図11-2 『環境社会学研究』(第1~20号)に掲載された論文の推移

身近な環境と密接に関わりながら暮らす人々の生活世界を聞き取り調査や参与観察などによって深く理解し、③そこで得られた一次データとフィールドの現実に即して問題を全体関連的に把握する、ことがある。同じ社会科学でも、たとえば、環境経済学のアプローチでは、開発によって生じる環境負荷や失われる環境の価値をいかに費用や便益として数値化し内部化するかという点に研究の関心や対象が限定されがちであることと対比すればわかりやすいだろうか。

2 1990年代後半以降の研究動向

では近年、環境社会学の分野においてはどのようなテーマに関して研究が進められているのだろうか。図11-2は環境社会学会の学術雑誌『環境社会学研究』(第1~20号)に掲載された約20年分の自由投稿論文を、筆者が7つのカテゴリーに分類したものである。

全期間を通じてもっとも件数が多いのは、コモンズ(ローカル・コモンズ)を主題とした、あるいはそれに関連する研究(約31%)であり、年を追ってその割合が増加している。コモンズとは、共同で利用・管理されている自然資源

（森林や水辺など）のことであり，環境共存の研究の流れを汲みつつ，人々と環境との多様な関係性や関わりの濃淡，森や川，海といった自然資源の共同利用や保全のあり方を探ろうとするのがコモンズ研究である。そこでは，地域的・社会的文脈に即して，公共性や当事者性，正当性／正統性（レジティマシー）などの諸論点，つまり「誰がいかにしてどのような環境を守るのか」が問い直されている。さらに，獣害やコウノトリの野生復帰に代表されるような，野生動物と地域の人々との関わりや「共生」について，さまざまな主体の関係性や多面的な価値に注目した近年の研究（丸山，2006；菊地，2006）もこの流れに位置づけられる。

次に，「環境運動・NPO／NGO」の研究（約14％）が挙げられる。とくに昨今は，運動研究の実践的課題として，環境運動が掲げる理念をいかに実際の政策や事業を通して実現させていくのかが問われている（＝運動の政策化，運動の事業化）。運動と政策や事業との相互作用はこの分野の解明すべき重要な論点の１つであるが，とくに地球温暖化や脱原子力に関わるエネルギー問題において，自然エネルギーの普及が喫緊の課題である。具体的な実践例として，一般市民が出資し参画する「市民風力発電（運動／事業）」があるが，北海道や東北地方での事例を対象に，NPOや市民事業の役割，多様な主体の関係性，運動文化に注目した研究が展開されている（長谷川，2003；丸山，2014；西城戸，2008）。

さらに，近年その数が急増している「市民参加・合意形成」に関する研究（約12％）が注目される。環境問題の解決のために多様な主体が関与（参加）し，よりよい環境管理をめざす「環境ガバナンス」（松下，2002）が今日の社会的，政策的課題である。全体的な傾向としては，公害や開発といった「加害－被害」型の古典的な環境問題から，自然再生やエネルギー政策のように，多様な主体の参加と価値・利害の調整が課題となる創造（再生）型の環境問題へと，社会的，政策的な関心が移行しつつあり，環境社会学の研究もこれに沿った形で展開されてきた。もっとも，2011年３月に発生した東日本大震災にともなう福島第一原子力発電所事故によって，その加害・被害の実態を明らかにする調査・研究（「公害・開発」）にさまざまな研究者が取り組んでいることにも注意が必要である。

以上を踏まえて，次節では人々の生活と関わりの深いコミュニティの環境保全を，環境ガバナンスの観点から具体的に検討しよう。

第3節　コミュニティの環境保全とその課題

1　コミュニティの環境保全と地域づくり

　農山村の「地域活性化」や都市部の「地域再生」が，政策や学問的研究における重要課題として提起され始めたのは，主として1970年代後半から80年代にかけてである。それは，欧米を目標に，工業化を中心に据えた戦後の政府の開発政策が，都市部では人口集中や各種公害の多発，農山村においては急激な過疎化を招き，大きな曲がり角を迎えていた時期に当たる。

　「地域活性化」や「地域再生」の試みは，具体的には「地域づくり」や「まちづくり」（以下，地域づくり）といった言葉で呼ばれることが多い。1970年代に地域づくりが広く各地で生成・展開した背景には，従来のような画一的な地域開発に対して，自分たちが生活している場を住みやすい生き生きとした魅力あるものにしていきたいという住民の強い欲求があった（田村，1987）。

　これに関連して，鳥越（2000）は，戦後の地域社会をめぐる動きを3つの時期に区分し，90年代以降各地でみられる「地域社会再建」の動きを第3期と位置づけている。高度経済成長期以前の，伝統的な地域組織が活発に機能していた時期を第1期とすると，地域組織の弱体化を背景に60年代後半から始まった政府主導でのコミュニティ形成の鼓舞（第2期）は主として地域住民の親睦を目的としていた。ところが，80年代に始まり90年代に入ってさらに各地で顕著になってきた第3期の地域づくりの特徴は，地域の活性化に主眼があり，同時に地域環境保全との整合性をもつという点で大きく性格を異にしていると指摘している。

　図11-3は私たちの日々の暮らしの舞台であるコミュニティの構造を示したものである。暮らしを成り立たせるさまざまな人間関係と経済活動を支えている基盤が環境であり，その基盤が崩れると地域での生活が成り立たなくなる。自然災害や原発事故，公害問題などを想像すると理解しやすいだろう。逆にいえば，良好な環境を守り育てることが，生活の充実と質的向上につながる。そ

れゆえ，地域の環境を保全・再生し，良好な環境をつくっていく環境保全型の地域づくりが各地で営まれてきた。近年では，コミュニティを基盤にして，住民たちが福祉や環境など地域に根ざした問題の解決をめざして活動を行い，その活動から利潤を得る「コミュニティ・ビジネス」(細田，1999)が地域づくりや地域再生の手法として注目されている。

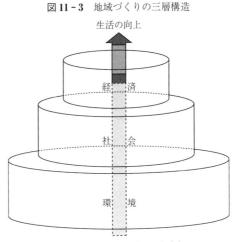

図11-3 地域づくりの三層構造

(出所) 鳥越・帯谷編 (2009：115) を一部改変。

2 環境保全型地域づくりの展開

以下で検討するのは，地元で継承されてきた水の利用に関わる環境文化を中心に，生活に密着した水環境（水辺）の保全を基軸にした地域づくりの事例である。琵琶湖の北西部（湖西）に位置する滋賀県高島市X地区は，比良山系の伏流水が地区のあちこちで湧き出ている，湖岸に近い伝統的な農村集落である。地区の約170戸のうち約100戸に湧水を利用した「かばた」と呼ばれる洗い場が現存している（写真11-1）。上水道が整備された後も，「かばた」は多くの家で飲用や調理，洗い物などに使われてきた。この「かばた」から流れ出た水や伏流水は地区の中心部を流れる川に注ぎ，年に4回，地区の各戸総出で「藻刈り」と呼ばれる河川清掃が行われている（写真11-2）。

2004年に全国放送された特集番組をきっかけに，それまで観光地ではなかったこの地区の伝統的な水利用と景観が注目を集め，外部からの来訪者が殺到する事態に至った。他府県ナンバーの車でやってきた見知らぬ人が地区内をうろつき，家の敷地に立ち入ったり，無断で写真を撮ったりするなど，子どもをもつ保護者を中心に住民の不安が高まった。同時に，この地区に興味をもってやって来た人に対する案内など，積極的な対応も課題となった。

そこで急遽，地区の住民20数名が集まってボランティア組織（NPO）を結成し，対応に当たることになった。地元自治会ではなく有志の組織となったのは，

写真 11-1　ある家の「かばた」の様子　　写真 11-2　集落総出で「藻刈り」

（注）自噴する湧水をパイプで引き込んだ後、飲用や洗いなど目的に応じて複数の槽にわかれ、最終的に水路に流れる。（2013年11月9日著者撮影）

（注）学生ボランティアも参加している。（2007年7月29日著者撮影）

地区にはさまざまな意見の人がいるため、迅速に対応をするには、地元に根差しながらも組織は別にした方がよい、との考えからであった。話し合いの結果、早速、外部からの見学希望者は、すべてこの組織が一元的に対応をすることとなった。

その後もテレビや雑誌等のマス・メディアがたびたび取り上げたこともあって、国内外から来訪者が増え続け、近年では、交通が便利とはいえない湖西のこの小さな集落に年間1万人前後がやってくるようになっている。その対応に当たるNPOのメンバーも、50代から60代の住民を中心に約70人に増えた。また、2013年度には環境省の「第9回エコツーリズム大賞」を受賞するなど、一連の対応や取り組みはさまざまなレベルで評価されている。

3　コミュニティの変化と課題[10]

では、このような地域づくり活動の展開によって、コミュニティにはどのような変化と課題が生じたのであろうか。マス・メディアの注目や来訪者の急増とそれへの対応、さらに各種機関からの評価を受けて、地元ではコミュニティの環境に関しておもに3つの面での変化がみられた。

第1に、住民の意識面での変化である。NPOのメンバーによれば、それまで「ごく当たり前だった水」が、とても貴重なもので、すばらしい「宝」だと認識するようになったという。同時に、先人たちが守ってきた水や「かばた」

を守り継承していく責任感と，下流の琵琶湖の浄化に対する責任観を改めて感じている，とも語る。つまり，マス・メディアや来訪者といった外部の視点や評価がコミュニティに入ることによって，そこで暮らす人々が地域の固有の自然や文化の価値に気づき，地域への愛着や誇りが増すという「よそ者」効果である。このような変化は多くの地域づくりの現場で観察されている（帯谷, 2004）。

　第2に，景観面での変化がある。私たちの調査でも，外部の人から「みられる」ことによって，かばた周辺を「こまめに掃除をするようになった」という意見が多かった。さらにNPOでは，後述するように，地元の自治会と協力して花を植えたプランターを地区内に設置するなど，新たな景観を創造していくさまざまな取り組みも行っている。

　第3として，関係面での変化がある。年間1万人前後の来訪者の存在はもちろんのこと，集落総出で定期的に行う水路の草刈り（藻刈り）に大学生などがボランティアで参加する（写真11-2）など，地元の環境文化や景観に関心と親しみをもつ多様な人々が生まれ，コミュニティの活動に関わるようになっている。このように，上記の住民意識，景観，関係性は，相互に作用し合う関係にある。そして，それらが総体としてこの地区の地域づくりを前進させる力となっている。

　もっとも，このような取り組みや活動に対して，地元では肯定的な意見ばかりではなかった。私たちの調査でも，とくに来訪者が増えたことに対して，回答を寄せた約半数の人が肯定的な評価をしている一方で，約3分の1の人は「洗濯物が干しにくくなった」「うるさくなった」など，来訪者の存在を負担に感じていることがわかった。

　そこでこのNPOでは，生活の場が見学の舞台になることを意識し，次のような方策を掲げて今日までそれを維持している。具体的には，①見学はツアー形式にして有料制（予約制）とし，来訪者の数に一定の歯止めをかけること，②住民のボランティアガイドが先導して案内と解説をすること（**写真11-3**），③見学のコースを固定すること，④参加者にはそれとわかる名札をつけてもらうこと，⑤平穏な生活を望む住民の声にも配慮して「観光」や「観光地」を掲げないこと，である。だが，とくに①の有料制に対しては，当初，その意図が

写真11-3 ツアーの様子

写真11-4 水辺に設置された常夜灯

(注) 定期ツアー(予約制)の予定時間は1時間半であるが、白熱して予定の時間を超えることもしばしばある。複数の「かばた」の水の飲み比べなど、体験的な要素も組み込まれている。(2008年5月11日著者撮影)

(注) 水路に設置された小水力発電によって電力を賄う。(2013年11月9日著者撮影)

住民に十分に理解されず異論も少なくなかった[11]。そこで、私たちの調査結果も踏まえて、NPOでは、ツアー参加費を「環境協力費」と明示した上で、来訪者に「受益者負担」をしてもらい、その収益を住民や来訪者の目によりみえる形で地元に還元することにした[12]。具体的には、「放置された葦原や竹藪の整備」や、自治会と共同で行う「集落内の美化活動(プランターの設置・管理など)」、景観づくりと治安対策を兼ねた「常夜灯の設置」(写真11-4)などがそうである。

第4節　環境問題と環境保全への政策的対応：課題と方向性

前節ではコミュニティレベルでの環境保全と地域づくりについて検討を進めてきた。当初は来訪者対策と地域の環境保全を主眼に開始された地域づくり活動の過程で、コミュニティには──とくに人々の意識、景観、関係性において──新たな変化が生まれた。また、外部のまなざしはコミュニティの環境の価値を地元の人々に再認識させ、地域に対する愛着やアイデンティティを強める効果をもたらした。

一方で、環境保全に関わるNPOの活動には、一般的に、持続可能性という点でモノやヒトといった活動に必要な資源に関する課題がある。活動や組織の規模・種類にもよるが、組織活動に必要な諸資源が十分に手当できないと、構

成員の会費や手弁当に頼ることとなり，中長期的な活動の継続は困難になる。そこで自治体（行政）の補助金など政策的対応が必要になってくるが，公的支援（公助）には予算や継続性などの面で限界もある。先に取り上げた事例では，来訪者に受益者としての金銭的負担をしてもらうことによって，地元のNPOが経済的な資源を継続的に得られる仕組みを自ら作り出した。そこで得られた資金は，景観の創造など，地域づくり活動の発展を支える資源にもなっている。つまり，萌芽的ではあるが，この活動はコミュニティの環境保全を基軸にしながら，活動を通じて生み出した収益が地区の課題解決にもつながっているという点で，「コミュニティ・ビジネス」の要素を含んでいることになる。

関連して，この事例では，さまざまな地区内外の変化や動きに対して，住民が主体となった迅速かつ柔軟な対応が特徴的であった。その際，NPOと自治会とが連携する形で，地元の人々がイニシアティブを取り，安易な観光地づくりをあえてめざさなかったことによって，従来多くの観光地でみられたような，ゲスト（来訪者）に依存するホスト（地元）という従属的な立場を巧みに回避している。つまり，一定の経済的資源を獲得しながら，状況をコントロールできる（例：来訪者の受入制限など）仕組みをコミュニティが保持しているということである。そこには，NPOや住民の個々の力量に加えて，「環境保全を基軸にした地域づくり」という理念をメンバーが当初から一貫して共有し続けていたことが大きい。

他方で，もう1つの重要な資源である「ヒト」に関してはどうであろうか。各地のNPOや地域づくり組織が直面するこの共通課題は上述のNPOにも当てはまる。主要なメンバーの大半が50代以上であり，今後の活動を担う後継者の確保が進んでいない。そのためにも，外部の力を借りつつ，活動を継続的に展開できるような体制づくりが今後の課題と言える。

その際，社会学が果たしうる基礎的な役割としては，よりよい環境ガバナンスを支援するために，地元の自治会やNPOと連携しながら聞き取りやアンケート調査など各種社会調査を行い，地域住民や来訪者など関係する主体の関係性とその意識に関する診断結果を，地元にフィードバックすることが考えられる。さらに応用的なこととして，地区や活動の今後の持続可能性を，住民参加型のワークショップや「集落点検」（徳野・柏尾，2014）のような手法で調

▶▶ Box ◀◀

流域と生業を守り育てるたたかい:「森は海の恋人」運動の四半世紀と東日本大震災

　1980年代後半,宮城県気仙沼湾で牡蠣の養殖を営む漁業者たちが,同湾に流れ込む川の中流部に計画されたダム建設に危機感を抱き,上流の山（岩手県旧室根村）に広葉樹の森を作る植林運動を始めた。漁師が山に木を植えるというユニークなスタイルと「森は海の恋人」という魅力的な名をもったこの運動は,マス・メディアの注目を集め,小中学校の教科書にも掲載されるなど,さまざまな社会的影響をもたらした。

　当初,運動は,植林活動に加えて流域を考えるシンポジウムを開催するなど,ダム建設による「受益者」と想定されていた下流部の住民へのアピールに活動の主眼があった。それが1990年代半ばになると,運動の担い手や参加層が多様化する。具体的には,まず小学生を対象とした環境教育の実践である。さらに,上流の室根村の住民たちが,自分たちの農業にとっても豊かな広葉樹の森が必要と認識し,新たに地域づくりを開始した。その結果,この運動は上流の農村と下流の漁村の住民同士が連携しながら,流域を基軸とした環境保全・創造型の運動へと発展していった。

　2000年にダム計画が中止された後,活動を担う主体がNPO法人となり,運動がより継続的に展開できる仕組みが整った。そこに起きたのが2011年3月11日の東日本大震災である。気仙沼湾一帯を襲った大津波によって,集落の人々の住宅や養殖施設だけでなく,NPOの事務所や機材も壊滅的な被害を受けた。だが,ほどなく,他県の漁業者たちや災害支援のボランティア団体,大学の研究者,国内外の企業や各種財団などが,漁業の再生と活動の継続のためにさまざまな支援を開始した。その結果,養殖の早期再開や植樹祭の継続に加えて,2014年には,体験学習用の研修施設や交流施設を併設したNPOの大型事務所が海辺に新設された。住宅（暮らし）の再建など復興過程はまだこれからも続くが,この運動が四半世紀をかけて構築してきた社会的ネットワークと,それを元にした各種資源の獲得力（動員力）が,巨大災害からの復旧と新たな活動の展開に大きな役割を果たすことになったのである。

査し,住民や自治体関係者が課題やビジョンを共有できるようにサポートすることも重要である[13]。

注
(1) 類似の用語として,環境の「保存（preservation）」と「保全（conservation）」

がある。前者は手つかずの原生自然を人間の介入を排除した状態で守るという意味であり、後者は「適切な管理」と「賢明な利用」を前提に人間の利用や介入を一定程度認める考え方である。環境保護思想の展開については鬼頭（1996）などが参考になる。

⑵　2000年代に入ると、「自然環境」の悪化を挙げる割合は次第にほかの課題とあまり変わらなくなっていくのに対して、2011年度以降は「資源・エネルギー」を挙げる割合が増加する。上述の福島の原発事故と、それにともなう原子力発電所の停止・再稼働やエネルギー問題への関心を反映していると考えられる。

⑶　アメリカをはじめとして海外での研究動向は、満田（2005）が詳しい。

⑷　公害の被害および被害者へのまなざしは、その後の環境社会学の基本的な視座の1つとして共有・継承されている（飯島・舩橋編［1999］など）。

⑸　くわしくは石山（2004）を参照。

⑹　詳細は井上・宮内編（2001）、宮内編（2006）などを参照。また、間宮・廣川編（2013）は、主として法社会学の立場から、社会学を含めたコモンズ研究を手際よくまとめており参考になる。

⑺　代表例として三上（2009）がある。

⑻　有名な例として、NPOなど市民団体が中心となり、風力発電や小規模水力発電、「菜の花プロジェクト」など、自然エネルギーの普及を中心にした住民参加型の「コミュニティ・ビジネス」がある。

⑼　近年、「観光」と「まちづくり」を組み合わせた「観光まちづくり」という呼称もある（安村、2006）。なお、以下の記述は、2006年5月、2007年7月、2008年5月、2011年11月、2013年11月に行った聞き取りと参与観察に基づく。同地区を対象とした研究としては、「観光まちづくり」の観点から来訪者に対する地元住民の対応と地域葛藤を丹念に考察した野田（2013）、地区の社会組織と伝統的な水利用を紹介した小坂（2010）などが参考になる。

⑽　住民意識のデータに関しては、2007年11月に実施した山田くるみ氏（当時：奈良女子大学文学部4年）との共同調査による。この調査は、地区内の165戸を対象にした悉皆調査で有効回答率87.3％であった。なお、本文中のデータの分析と解釈はすべて筆者の責任である。

⑾　現状の住民有志の組織（NPO）が担うツアー方式については、「好ましい」と「どちらともいえない」が各々40％台、残りの約10％が「好ましくない」であった。とくに自由回答の記述の中で目立ったのが、有料で案内を行うことへの疑念や抵抗感であった。

⑿　ちなみに、通常の見学コース（1時間半）の場合、1人1000円（2014年8月現

在)である。NPO のホームページには「案内料金（環境協力費）は地域の環境整備・保全や水に恵まれない世界の子ども達への寄付等に使わせていただきます」と明記されている。
⒀　環境問題や環境保全に関するコミュニティ参加型の調査・研究には，国内外でさまざまな取り組みがある。一例として，水と文化研究会編（2000）や Balazs & Morello-Frosch（2013）を参照。

引用・参考文献

Balazs, Carolina L. and Rachel Morello-Frosch (2013) "The Three R's : How Community Based Participatory Research Strengthens the Rigor, Relevance and Reach of Science," *Environmental Justice*, 6 (1), 9-16.
舩橋晴俊編（2011）『環境社会学』弘文堂。
舩橋晴俊・長谷川公一・飯島伸子編（1998）『巨大地域開発の構想と帰結——むつ小川原開発と核燃料サイクル施設』東京大学出版会。
長谷川公一（1996）『脱原子力社会の選択——新エネルギー革命の時代』新曜社。
長谷川公一（2003）『環境運動と新しい公共圏——環境社会学のパースペクティブ』有斐閣。
細田信孝（1999）『コミュニティ・ビジネス』中央大学出版会。
Humphrey, Craig R. and F. H. Buttle (1982) *Environment, Energy, and Society*, Wadsworth Publishing. ＝ハムフェリー，C. R.・バトル，F. H.／満田久義ほか訳（1991）『環境・エネルギー・社会——環境社会学を求めて』ミネルヴァ書房。
飯島伸子（1984）『環境問題と被害者運動』学文社。
飯島伸子・舩橋晴俊編（1999）『新潟水俣病問題——加害と被害の社会学』東信堂。
井上真・宮内泰介編（2001）『コモンズの社会学』新曜社。
石山徳子（2004）『米国先住民族と核廃棄物——環境正義をめぐる闘争』明石書店。
菊地直樹（2006）『蘇るコウノトリ——野生復帰から地域再生へ』東京大学出版会。
鬼頭秀一（1996）『自然保護を問いなおす——環境倫理とネットワーク』ちくま新書。
小坂育子（2010）『台所を川は流れる』新評論。
間宮陽介・廣川祐司編（2013）『コモンズと公共空間』昭和堂。
丸山康司（2006）『サルと人間の環境問題』昭和堂。
丸山康司（2014）『再生可能エネルギーの社会化——社会的受容性から問いなおす』有斐閣。
松下和夫（2002）『環境ガバナンス——市民・企業・自治体・政府の役割』岩波書店。
三上直之（2009）『地域環境の再生と円卓会議——東京湾三番瀬を事例として』日本評論社。

満田久義（2005）『環境社会学への招待——グローバルな展開』朝日新聞社。
宮内泰介編（2006）『コモンズをささえるしくみ——レジティマシーの環境社会学』新曜社。
水と文化研究会編（2000）『みんなでホタルダス——琵琶湖地域のホタルと身近な水環境調査』新曜社。
西城戸誠（2008）『抗いの条件——社会運動の文化的アプローチ』人文書院。
野田岳仁（2013）「観光まちづくりのもたらす地域葛藤」『村落社会研究ジャーナル』39：11-22。
帯谷博明（2004）『ダム建設をめぐる環境運動と地域再生——対立と協働のダイナミズム』昭和堂。
田村明（1987）『まちづくりの発想』岩波書店。
徳野貞雄・柏尾珠紀（2014）『T型集落点検とライフヒストリーでみえる家族・集落・女性の底力——限界集落論を超えて』農山漁村文化協会。
鳥越皓之（1997）『環境社会学の理論と実践——生活環境主義の立場から』有斐閣。
鳥越皓之編（1989）『環境問題の社会理論——生活環境主義の立場から』御茶の水書房。
鳥越皓之編（2000）「盛り上がり協力隊の叢生」『環境情報科学』第29巻第3号，40-41頁。
鳥越皓之・嘉田由紀子編（1984）『水と人の環境史——琵琶湖報告書』御茶の水書房。
鳥越皓之・帯谷博明編（2009）『よくわかる環境社会学』ミネルヴァ書房。
安村克己（2006）『観光まちづくりの力学——観光と地域の社会学的研究』学文社。

Book Guidance

①本章の理解を深める入門書

鳥越皓之・帯谷博明編（2017）『よくわかる環境社会学（第2版）』ミネルヴァ書房。
　環境社会学の主要なテーマとトピックを網羅的に踏まえつつ，はじめて学ぶ人向けに編集されたテキスト。
関礼子・中澤秀雄・丸山康司・田中求（2009）『環境の社会学』有斐閣。
　生業や風景，リスク，自然保護，エネルギー，市民参加など，多様な切り口から環境と社会の関係を読み解く。

②ステップアップのために

宮内泰介編（2013）『なぜ環境保全はうまくいかないのか——現場から考える「順応的ガバナンス」の可能性』新泉社。
　各地の現場から環境保全政策の失敗を見つめ，協働と柔軟な変化を基にした新たなガバナンスの可能性を考察。

武田丈（2015）『参加型アクションリサーチ（CBPR）の理論と実践——社会変革のための研究方法論』世界思想社。
　コミュニティの人々とともに作り上げる参加型研究の歴史と，その理論や実践例を体系的にまとめた専門書。

（帯谷博明）

第12章　災害と避難の社会学

《章のねらい》
　本章は，社会学における災害の研究の中から，災害情報の機能と人々の避難について考えていくものです。災害から人々の命を守るために，警報や避難指示・避難勧告などの避難を促す情報が発表されます。近年，災害に関する情報は発表が迅速化され，伝達する手段も多く，内容も詳細化されるなど改善が進められています。しかし，そのような状況にありながら，人々が避難などの望ましい対応ができないケースも少なくありません。本章では，人々が災害時に望ましい対応をとることができない原因や特性について考えていこうと思います。

キーワード▶災害，警報，情報，避難，正常化の偏見，警報慣れ，経験の逆機能，災害文化，安全神話，東日本大震災

第1節　災害と避難への社会学的アプローチ：視点・考え方・方法

　災害は，さまざまな学問の分野で研究が行われている。それでは，社会学から災害を捉えた研究とは，どのようなものなのであろうか。まず，自然科学（理系）と文化科学（文系）とに分けて，災害の捉え方をみていくことにしたい。自然科学における災害研究を，ここでは理学からの視点と工学からの視点に分けて説明する。理学は，自然科学の基礎的な原理・理論について研究する分野である。災害に関していえば，「災害因（災害を引き起こす原因）となる現象のメカニズム」の視点から研究するもので，具体的には，地球物理学，地震学，火山学，気象学などが挙げられる。工学は，主に自然科学をもとにしてモノを作り出したり，対応方法や処理システムなどを実現させるための技術について研究する分野である。災害に関していえば「防災（災害を防ぐ）・減災（災害を減らす）ための専門技術」の視点から研究するもので，具体的には，建築学や

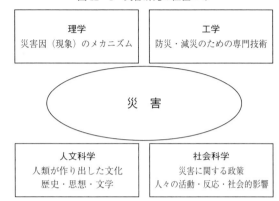

図12-1 災害研究の位置づけ

土木工学などが挙げられるだろう。一方，文化科学は，人文科学と社会科学に大別できる。この2つは，考え方や立場によって区別の仕方が違うことがあり，中には，社会科学は人文科学に含まれるという位置づけをすることもある。そのため，この2つを明確に区別することは難しいが，概ね，人文科学は「人類が作り出した文化」を研究する分野，社会科学は「人間の活動・社会現象の特性や法則」について研究する分野といえるだろう。人文科学は，文学，哲学，歴史学などが，社会科学は，法学，経済学，社会学などが代表的なものとして挙げられる。そして，人文科学における災害研究は「災害に関する歴史や思想，文芸」が対象の中心となり，社会科学における災害研究は「災害に関する政策，人々の活動・対応・意識」が対象の中心となる（図12-1）。災害を「人間と人間との関係，社会の構造や機能」などから実証的に解明することが，社会学における災害研究の特性といえるだろう。

さて，社会学における災害研究はどのように展開しているのであろうか。一般には，1917年にカナダ・ハリファックスで起こった大規模な爆発事故による災害について考察した，アメリカのプリンス（Prince, S. H.）の *Catastrophe and Social Change*（1920）を，社会学における災害研究の嚆矢とされることが多い（浦野，2007ほか）が，アメリカで社会学の災害研究が盛んになったのは1950年代からといえるだろう。そして，日本における社会学（心理学などの関連分野も含めて）の災害研究が本格的に始まり，社会調査などによる実証的な研究が，

図12-2 社会学における災害研究の3つの柱

継続的に行われるようになったのは1970年代からである。

日本における社会学の災害研究は，これまで，3つの柱によって進められてきたといえるだろう。第1は都市社会学，地域社会学，コミュニティ論からの研究，第2はマス・コミュニケーション論，社会心理学，社会情報論からの研究，そして第3は，とくに1995年の「阪神・淡路大震災」以降に多くの成果が報告されるようになったボランティア論からの研究である（図12-2）。本章は，第2の柱である，マス・コミュニケーション論，社会心理学，社会情報論を踏まえた調査研究をもとに，災害と情報ならびに避難について，その特性と問題について述べていきたい。

第2節 災害情報と避難の問題：
望ましくない対応をとる人々の意識とその特性

災害時や災害発生のおそれがある場合には，人命を守るための情報が発表される。日本においては，気象庁等が発表する予報・警報・注意報，災害対策基本法に基づいて地方自治体が発表する「避難指示」「避難勧告」等がそれらの代表的なものである。気象庁は，警報・注意報を補完する情報として1983年に「記録的短時間大雨情報」を設けた。その後，「土砂災害警戒情報」（都道府県と共同で発表。2005年に鹿児島県で最初に運用開始），「竜巻注意情報」（2008年）なども出されるようになり，2013年からは，これまでの警報発表基準を大きく超える現象が予想され数十年に一度しかないような重大な災害の危険性が高まっている場合に「特別警報」が発表されるようになった。また，2011年の「東日本

大震災」における甚大な津波被害を契機に「津波警報」の見直しが行われ，2013年に改められた。さらに「避難指示」「避難勧告」については，「避難勧告」の前段階で災害時要援護者（災害弱者）の円滑な避難等を目的に「避難準備情報」を出すことが多くなっている。さまざまな災害情報が発表され，また情報の改善や見直しが進んでいる中でも，それらの情報を受けた人々が適切な対応をとらなかったり結果的に身の安全を守ることができなかったりするケースが少なくない。

　これまでの災害をみても，警報や避難指示・勧告などの避難を促す情報が発表されていながら，人々が避難など適切な行動をとらず大きな人的被害が生じている事例が少なくない。災害情報が発表されていたり避難が促されていながら，結果的に人々が望ましくない対応をとってしまう原因について，いくつかの特性が指摘されている(1)。

１　正常化の偏見

　たとえば，警報の発表や避難の呼びかけがあっても，「そのようなことはないだろう」「どうせたいしたことはないだろう」「自分は大丈夫だろう」などと事態を軽視したり，受け入れられなかったために適切な対応ができず，結果的に災害に巻き込まれてしまうことがある。このように，警報が発表されたり避難を促されたりしていても，自身がいる場所が危険であることや被害の可能性があることが示されていながら，事態を楽観視したり迫っている脅威を認めない信念のことを「正常化の偏見（"normalcy bias"）」と呼んでいる（「正常性バイアス」と表記されることもある）。

　社会科学による災害研究が進んでいたアメリカでは，1950年代に警報などが発表された場合には「逃げる」人々よりも「留まる」「何もしない」人々が多いという傾向が指摘され，この要因として「正常化の偏見」が挙げられていた。日本では，社会科学による災害の実証研究が70年代の後半から増えていく中で「正常化の偏見」が指摘されるようになり，たとえば，82年の「長崎水害（気象庁は『昭和57年7月豪雨』と命名）」における東京大学新聞研究所（当時）の調査でその傾向が認められた（東京大学新聞研究所，1984）。以降，「正常化の偏見」は，日本の専門家の間でも災害時における人々の避難に関する特性として注目

されるようになった。以後，今日に至るいくつかの災害において「正常化の偏見」が指摘されている。

2 警報慣れ

気象庁が発表する警報は，重大な災害の発生が危惧される場合に警戒を促す場合に発表するものだが，警報が発表されたとしても必ず被害が生じるとは限らない。警報は，それぞれ定められた基準に達すれば発表されるため，発表回数は多くなるものの，結果的に大きな被害とならないケースが少なくない。そのため人々は警報に慣れてしまい，肝心なとき（結果的に大きな被害が生じるとき）に警報が発表されても，深刻な事態と受け止めなくなってしまうことがある。このような傾向を「オオカミ少年効果（Cry wolf effect）」または「警報慣れ」（廣井, 1988）と呼んでいる。

前述の「長崎水害」の調査結果によれば，警報を軽視した理由として，「いつもと同じでたいしたことはないと思った」(16.2%)，「警報などあたらないと思った」(8.1%)といった回答があり「警報慣れ」の傾向があったことがわかる（東京大学新聞研究所, 1984）。また，名古屋市などで被害の生じた2000年の「東海水害」に関する東京大学社会情報研究所（当時）の調査でも「警報慣れ」の特性がみられる。この調査で，警報を聞いても「災害が起こるとは思わなかった」，「たいしたことはないと気にとめなかった」と回答した人にその理由を尋ねたところ，「今まで何度も警報が出ていたのに災害が起こらなかったから」と回答した人が37.5%を占めていた（廣井ほか, 2003）。

3 災害文化（災害下位文化）の非適応的機能と「安全神話」

災害または災害対策に関して，地域の住民の間に定着している技術・思考・意識・行動・言い伝え並びに生活様式のことを「災害文化（または「災害下位文化（"disaster subculture"）」）」と呼んでいる。たとえば，河川の決壊や洪水が多発する地域における「輪中」，台風常習地域における「屋根の重石」，豪雪地域の「雪かき・雪おろし」，渇水地域の「ため池」等が代表的なものであろう。また，大きな地震が多い地域や懸念のある地域でほかの地域に比べて地震対策が進んでいる状況なども，これらの1つと捉えられている（東京大学新聞研究所,

1982)。しかし，これらの災害文化は，場合によっては望ましくない機能を果たす場合もある。その代表的なものが「安全神話」である。津波により100名の犠牲者を出した1983年の「日本海中部地震」では，東北地方の日本海沿岸に大津波警報（「オオツナミ」の津波警報）[2]が発表されていた。しかし，被災地の秋田県沿岸の住民の多くは警報をあまり重視していなかった。秋田県能代市の住民に対して行った東京大学の調査（1983年）で，「津波警報を聞いた」と回答した人に対して「警報を聞いてどう思ったか」と尋ねたところ，「大きな被害が出るような津波が来る」が9.9％であったのに対し，「津波は来ると思ったが大きな被害が生じるとは思わなかった」が50.0％，「津波が来るとは思わなかった」が39.5％という結果であった。多くの人が大津波警報を深刻に受け止めなかったことがわかる。また，調査の対象者全員に「『大きな地震の後，津波に注意しなさい』という話を聞いたことがあるか」という質問をしたところ，「聞いたことがない」と回答した人が65.4％，「聞いたことはあるが日本海側には関係ないと思っていた」と回答した人が25.6％であったのに対して，「聞いたことがある」と回答した人は9.4％であった（東京大学新聞研究所，1985）。この結果からみても，この地域は津波に対する危機意識が薄く津波に関する「安全神話」が浸透していたと考えられる。また，災害情報に関する事例ではないが，95年の「阪神・淡路大震災」の被災地でみられた「関西地震安全神話」（「関西に大きな地震は起こらない」という神話）もこの類であろう（廣井，1996）。

　同じ現象を起因とする災害が頻繁に発生する地域では，その災害に関する対策や意識に関する「災害文化」が生まれる。しかし，一方で，ある現象を起因とする災害が長い期間発生していなかった場合，その地域の人々は，その現象による災害はこの地域では発生しないという「安全神話」を定着させてしまう。このような「安全神話」をはじめ，災害文化が望ましくない働きをすることを「災害文化の非適応的機能」[3]と呼ぶことがある。どんなに正確で迅速な災害情報を伝えても，その対象となる地域に「安全神話」が浸透している場合は，多くの住民がその情報を受け入れないという影響が出るのである。

4　過去の災害経験の影響と「経験の逆機能」

　人々はひとたび災害を経験すると，その経験を基準に災害の評価や意思決定

をするようになることがある。しかし，現象（地震，津波，大雨，台風，大雪など）自体は同じでも，その現象によって引き起こされる災害は，地理的条件，時間的条件，環境条件などによって変わってくる。そのため，災害の際に過去の災害経験を基準にして対処すると望ましくない影響を与えることもある。

　1993年の「北海道南西沖地震」では，北海道の日本海側にある奥尻島などでは，地震発生から数分で大津波が来襲し甚大な被害が生じた。奥尻島は，この地震からちょうど10年前（1983年）に起きた「日本海中部地震」でも津波による被害が生じていた。「日本海中部地震」では，この地域に津波が来襲したのは震源から距離があったため，地震から20〜30分後だった。しかし，「北海道南西沖地震」は「日本海中部地震」に比べて震源までの距離が短く，地震による揺れも「日本海中部地震」に比べて強かったことから，「日本海中部地震」よりも早く津波が来るのではないかと考えた住民が少なくなかった。奥尻島の住民に行った東京大学の調査の結果（1993年）をみると，「すぐ逃げないと間に合わないくらい早く津波が来ると思った」と回答した人が60.7％を超えていた（東京大学社会情報研究所，1994）。これは，過去の災害経験が望ましい方向に働いたということである。しかし，その一方で，「日本海中部地震」の経験から「北海道南西沖地震」でも津波来襲までに時間的余裕があると考えた人もいた。同じ調査で，「『日本海中部地震』の経験から津波が来るまでかなり余裕があると思った」と回答した人は9.8％であり（東京大学社会情報研究所，1994），過去の災害経験が望ましくない方向に働いたことになる。

　2004年の「台風23号」では，兵庫県豊岡市を流れる円山川が氾濫して被害が生じた。東京大学などが2005年に豊岡市の住民に行った調査をみると，以前の水害では円山川の支流が氾濫したため円山川本流は氾濫しないと考えた人が多かった（廣井ほか，2005b）。また，時間は遡るが，1974年に静岡市や清水市（当時）など静岡県中部で被害が生じた「七夕豪雨」と呼ばれる豪雨では，静岡地方気象台は24時間で508ミリという観測開始以来の雨量を記録し，当時大きく報道されて一般住民の間にも「500ミリの雨」という表現が広まった。そのため静岡の住民の中には，その後に避難が促されるような大雨があっても，雨量が500ミリに達していないと「大きな被害にならない」と考える人もいた。24時間雨量が500ミリに達していない雨でも被害が生じる可能性は十分にあるが，

経験によって正しくない基準を設けてしまったのである（中森，2008）。

　このような対応は，以前は「正常化の偏見」として捉えることが多かった。しかし，最近では「正常化の偏見」とは区別して捉える見方が強くなり，過去の災害経験が人々に望ましくない影響を与えることを，マートン（Marton, R. K.）の用語をもとに「経験の逆機能」という用語で説明されることが増えている。

5　「いざとなったら2階へ」：屋内避難意識

　災害の際，非常時ではあるが，できれば自宅を離れる避難を避けたいと考える人が少なくない。とくに風水害の場合，洪水をイメージする人が多いこともあり，「いざとなったら2階へ」という意識をもつ傾向がある。このような「屋内避難意識」によって，結果的に避難が遅れたり，危険な状況に陥られたりすることもある。

　前述の「台風23号」における豊岡市での調査で，「避難しなかった」と回答した人にその理由を尋ねた結果をみると（複数回答），「いざとなったら2階に逃げれば何とかなると思ったから」と回答した人がもっとも多く50.5％を占めていた（廣井ほか，2005b）。また，「台風23号」の3カ月前の「新潟・福島豪雨」において，東京大学などが行った調査（2004年）の同様な質問の回答は全体で30.2％（三条市の回答に限定すれば40.5％）で（廣井ほか，2005a；廣井ほか，2005c），さらに，前述の「東海豪雨」の調査の同様な質問の回答は，名古屋市で26.5％，西枇杷島町で38.5％であった（廣井ほか，2003）。

　危険が急に迫ってきた場合，危険な状態に気がつくのが遅くなってしまった場合，そして夜間など屋外に出て避難することがかえって危険な場合は，2階などの屋内の安全な場所に移動することが有効な場合もあり，近年では状況によっては無理に屋外に避難しないで屋内避難をすることを勧めることもあるが，ここでの問題は，自宅から避難場所に移動するまでにある程度の時間的余裕があり，避難路の安全も確保されているような場合のことである。自宅にいて，いざとなったら2階に避難しようと考えていたところ，あまりにも早く浸水が進んで2階に移動する前に1階が水没してしまうようなこともある。高齢者の独居世帯が多くなっている中で留意しなければならないことであろう。

6 理解困難・誤解

　警報等を発表しても，用いられている言葉などがわかりづらいなどの理由で，受け手側にその意図が正確に伝わらず，避難などに影響するケースもある。

　1994年の「北海道東方沖地震」では，北海道の太平洋沿岸（当時）に津波警報が，オホーツク海沿岸（当時）に津波注意報が発表された。当時，気象庁が区分していた北海道太平洋沿岸とは，渡島半島の南端・白神岬から知床半島の知床岬までを指し，北海道の東にある根室半島が広い部分を占める根室市は全域が北海道太平洋沿岸であった。しかし，根室市では住民だけでなく自治体関係者の多くも，日頃から根室半島の南側を太平洋側，北側をオホーツク海側と認識していた。そのため，根室市の防災機関は「根室市の南側に津波警報，北側に津波注意報」と解釈し，市の南側には早い段階で避難勧告を出した。しかし，市の北側に避難勧告が出されたのは時間が経ってからであり，市の北側沿岸の警戒が不十分な状況となった（津波は根室市北側の沿岸にも押し寄せ浸水被害も生じた）。気象庁の地域区分と住民が認識している地域との食い違いが対応に影響した例である（中森，1995）。

　ほかにも「避難指示」と「避難勧告」の違いがわからないという問題もあった。「避難指示」は「避難勧告」よりもレベルが上である。前述の「台風23号」の豊岡市における調査の結果をみると，「避難勧告の方が避難指示よりも重大な事態だと思っていた」と回答した人が32.2％，「どちらも同じようなものだと思っていた」と回答した人が50.8％と意味を正しく受け止めていなかった人が多いという結果が出ている（廣井ほか，2005b）。

7 予想外の現象の発生

　たとえば，大雨警報が発表されたとしても，これは，該当する地域に大雨による災害が発生する恐れがあるという情報ではあるが，実際にどのような被害が生じるかを直接示したものではない。河川が氾濫するのかとか，土砂災害が発生するのかなどといった，どのような被害が具体的に発生するかということは，それぞれの地域の特性に応じて情報の受け手側が判断する必要がある。そのため，大雨警報などを受けて避難などの対応を行っても，結果的に予想していたものとは違う被害が起こることもある。

1997年の鹿児島県出水市並びに2003年の熊本県水俣市の土石流災害において，当初被災地で発災前に懸念していたことは大雨による洪水であった。しかし，実際に発生したのは土石流であった。これらの災害に関する被災地調査の結果をみると，出水市針原地区の住民を対象とした東京大学の調査（1997年）では，「災害発生を懸念した」と回答した人に「どんな被害が生じると思いましたか」と尋ねた結果（複数回答），「川が氾濫して洪水になるかもしれないと思った」が92.6％，「がけ崩れが起こるかもしれないと思った」が11.1％で「土石流が起こるかもしれない」と回答した人は0だった（中村ほか，1998）。また，水俣市宝川内・集地区の住民を対象とした東京大学ほかによる調査の同様の質問の結果をみると（複数回答），「川が氾濫して洪水になるかもしれないと思った」が36.7％，「がけ崩れが起こるかもしれないと思った」が40.8％で「土石流が起こるかもしれない」はやはり0であった（池谷ほか，2005）。

8 避難未達成状況での発災

　避難を実行または避難実行の判断をしながら，あまりにも早く災害が発生したり危険な状況になったため，結果的に避難ができなかったり避難が成功しなかったというケースもある。前述の「東海水害」に関する調査で，避難をしなかった人にその理由を尋ねた結果をみると（複数回答），「避難をする方が帰って危険だと思ったから」と回答した人が名古屋市西区で42.2％，西枇杷島町が36.4％だった（廣井ほか，2003）。また，前述の「台風23号」に関する調査における同様の質問に対して，「突然水が襲ってきて避難する余裕がなかったから」が28.3％，「避難をする方が帰って危険だと思ったから」が37.7％という結果がみられた（廣井ほか，2005b）。

　また，前述の「北海道南西沖地震」では，震源に近い奥尻島などには早いところでは地震発生から数分で大津波が来襲した。奥尻島では，地震の揺れが強かったことから，大津波警報が発表される前の段階で津波の危険を感じて速やかに避難を始めた住民が少なくなかった。しかし，津波の到達があまりにも早かったために安全な場所に到着する前に津波に襲われた人々が多く，人的被害も大きくなった（東京大学社会情報研究所，1994）。

9 災害時要援護者（災害弱者）への対応

　人々が避難をする場合，単独ではなく家族などと一緒に対応する人が内外ともに多い。人口密度の低い地域は，場所によっては自治体が指定する避難所までに距離があり，高齢者が避難を完了するまでにある程度の時間的余裕が必要という課題もある。そのため，自力での避難が難しい災害時要援護者（高齢者，障害者，乳幼児などの，いわゆる災害弱者）の住む世帯では，避難などへの判断に時間がかかることや避難自体が容易ではないという状況も出てくる。「避難をしなかった理由」として「子ども・高齢者・病気の人がいて避難するのが大変だから」を挙げた人は，前述の「東海水害」の調査では，名古屋市西区で18.7％，西枇杷島町で14.0％，「台風23号」の調査では，15.1％だった（廣井ほか，2003；廣井ほか，2005b）。また，「東海水害」の調査で「避難に迷った理由」として「子ども・高齢者・病気の人がいて避難するのが大変だから」を挙げた人は，名古屋市西区で26.2％，西枇杷島町で21.7％という結果が出ている（廣井ほか，2003）。

10 情報の詳細化による混乱と情報の大量化

　警報などの災害情報の効果を向上させるために，これまでさまざまな改善や工夫が検討されてきた。その対応の１つが情報の詳細化である。とくに甚大な災害の後には，警報や避難に関する情報などの詳細化を求める意見がしばしば見受けられ，これまで，気象予報区，震度階級，津波予報区などの細分化が進められ，とくに「警報慣れ」などを防ぐ効果が期待される。しかし，情報の詳細化がかえって人々に混乱を与えている点も指摘されている。

　前述した地方自治体が発表する避難に関する情報は，近年，「避難指示」「避難勧告」「避難準備情報」「自主避難」などと区分が増えたといえる。このような避難に関する情報に区分が増えたことは必ずしも肯定的な評価ばかりではない。九州で大きな被害が生じた2005年の「台風14号」で，東京大学・国土交通省が被災地の住民を対象とした調査で設けられた避難に関する情報についての質問の結果をみると，「種類が多すぎるので『避難してください』だけでよいと思う」と回答した人がもっとも多く55.7％を占めていた（中森，2007）。

　一方，災害情報の詳細化や伝達手段の複数化が進むと情報が大量化する

(*Box*参照)。とくに地域の災害対策を担う市区町村の役場や防災関連機関では，処理能力を上回る大量の情報が伝わり，その優先順位もわからなくなるようなことが生じるようになった。近年の「情報の大量化」が，災害時の望ましい対応を妨げてしまう事例がみられるようになってきた。先述した2003年の熊本県水俣市の土石流災害の発生は深夜だった。当初は水俣市役所には職員がいなかったが，大雨警報の発表や呼び出し等により担当の職員が市役所に登庁し始めた。しかし，次々と届くファックス等により情報が膨大になって内容の確認が難しくなり対応に支障が生じた（池谷ほか，2005）。なお，2014年の広島市土砂災害などでも同様な問題が生じている（朝日新聞〔2014〕ほか）。

第3節 「東日本大震災」における津波被災地の人々の避難

1 住民調査からみる「東日本大震災」における警報と住民の対応

　第2節の内容を踏まえて，2011年の「東日本大震災」における災害情報と人々の意識と特性についてみていくことにする。

　「東日本大震災」は周知の通り津波による被害が甚大であった。地震が発生して3分後に大津波警報が発表され，多くの津波被災地で大津波が実際に来襲するまでの時間がある程度ありながら津波で多くの人が犠牲になってしまった。この理由はどのようなところにあるのだろうか。ここでは，日本大学文理学部中森研究室，同法学部福田研究室，東洋大学社会学部中村研究室が共同で行った津波による4つの被災地域（岩手県陸前高田市，宮城県本吉郡南三陸町，同県仙台市，同県名取市，同県亘理郡山元町。仙台市と名取市は2市で1地域として調査）における住民調査（2011年）等をもとに検証していきたい。[4]

2 津波警報の接触率

　2011年3月11日14時46分に地震が発生し，まだ大きな揺れが続いていた14時49分に，気象庁は岩手県，宮城県並びに福島県の沿岸に大津波警報（「大津波」の津波警報）を発表した。大津波警報は発表と同時にテレビ，ラジオをはじめとしてさまざまなメディアや方法によって一般の人々にも伝えている。この調査対象地域で，この大津波警報に接した人はどのくらいいたのであろうか。

第12章 災害と避難の社会学

表12-1 大津波警報の接触率（％）（2011年：東日本大震災）

全体642　陸前高田市157　南三陸町164　仙台市・名取市170　山元町151

	全体	陸前高田	南三陸	仙台・名取	山元
1. 聞いた	52.3	54.8	77.4	46.5	29.1
2. 聞かなかった	41.0	34.4	19.5	48.8	62.3
3. 覚えていない	6.7	10.8	3.0	4.7	8.6

（出所）東洋大学中村研究室，日本大学中森研究室，同福田研究室調査（2011年）。

　調査結果をみると，「大津波が来襲する前に『大津波警報』を聞いたか」という質問に対して「聞いた」と回答した人は全体で52.3％であった。また地域別でみてみると，南三陸町では「聞いた」と回答した人が77.4％であったのに対し，山元町では「聞いた」と回答した人は29.1％という差が出ている（表12-1）。多くの人々が活動している平日の日中に「聞いた」という回答者が全体で5割程度という結果は，決して高い数値とはいえない。このような結果になった理由はどこにあるのだろうか。

　「大津波警報を聞いた」と回答した人に，警報を知った手段について尋ねた結果（複数回答）をみると，全体でもっとも多い回答は「同報無線（防災無線）の屋外拡声器」の50.9％であり，「テレビ」「ラジオ」と回答した人を大きく上回っている（表12-2）。この結果を地域ごとに比較すると，南三陸町では，「同報無線の屋外拡声器」と回答した人は79.5％，以下，「同報無線の戸別受信機」が17.3％，「民放（民間放送）ラジオ」が8.7％，「NHKラジオ」「警察・消防の人」が3.1％であった。一方，山元町でもっとも多かった回答は「民放ラジオ」の22.7％で，以下，「民放テレビ」が20.5％，「同報無線の屋外拡声器」が18.2％，「NHKテレビ」「警察・消防の人」が11.4％であった。

　この結果で注目されることは，警報の接触率と同報無線による放送に関連があることである。地震による停電，長い時間にわたる大きな揺れに翻弄されたり屋外に出る人が多くなることからテレビの接触が難しくなり，テレビから警報を得る人も少なくなる。また，ラジオは日常の接触率も低いことから，当時は非常時にラジオを聴くという習慣も徹底されておらず，ラジオを所持する人も多くはなかった。

　そのような中で警報を得る手段として有効だったものが，自治体が住民に対

表12-2 「大津波警報」を得た手段（％）（複数回答）（2011年：東日本大震災）
全体336　陸前高田市86　南三陸町127　仙台市・名取市79　山元町44

	全体	陸前高田	南三陸	仙台・名取	山元
1. 民放テレビから	6.5	3.5	0.8	11.4	20.5
2. NHKテレビから	5.4	4.7	1.6	8.9	11.4
3. 民放ラジオから	16.7	14.0	8.7	29.1	22.7
4. NHKラジオから	7.4	4.7	3.1	16.5	9.1
5. 防災無線の戸別受信機から	11.0	15.1	17.3	2.5	—
6. 防災無線の屋外拡声器から	50.9	55.8	79.5	17.7	18.2
7. 携帯電話のメールから	2.4	3.5	—	3.8	4.5
8. インターネット・WEBから	1.5	—	0.8	3.8	2.3
9. 市町村の広報車から	6.0	11.6	2.4	6.3	4.5
10. 家族や近所の人から	2.7	—	2.4	6.3	2.3
11. 警察・消防の人から	5.4	2.3	3.1	8.9	11.4
12. その他	2.7	—	1.6	5.1	6.8

（出所）東洋大学中村研究室，日本大学中森研究室，同福田研究室調査（2011年）。

して行う一般に防災無線と呼ばれている同報無線による放送であった。三陸沿岸の陸前高田市や南三陸町は，同報無線が有効に機能していたため大津波警報を得ることができた住民が比較的多かった。しかし，仙台市では津波による浸水が想定されていた海や川沿いのみに同報無線の拡声器が設置されていたこと，名取市では地震により同報無線が故障したこと，そして山元町では役場の送信アンテナが倒れた上に同報無線の放送をするための操作室に入ることができない状態になったことなどで，同報無線が十分に機能しなかった。名取市で「同報無線から聞いた」と回答した人は仙台市など隣接する市の同報無線が聞こえたこと，山元町で「同報無線を聞いた」と回答した人は山元町が緊急時の協定を結んでいる亘理消防署からの放送を聞いたことによるものと考えられる（中村ほか，2012）。

(3) 避難した住民

　この調査では，全体の86.8％の人が「大津波が来る前に避難した」と回答している。「大津波が来る前に避難した」と回答した人に，その理由を尋ねた結

第12章 災害と避難の社会学

表12-3 避難した理由（％）（複数回答）（2011年：東日本大震災）
全体557　陸前高田市149　南三陸町147　仙台市・名取市153　山元町108

	全 体	陸前高田	南三陸	仙台・名取	山 元
1. 以前に津波を経験したので	9.9	13.4	19.0	3.9	0.9
2. 地震の揺れの強さや長さがいつもとは違ったから	50.3	60.4	63.9	37.3	36.1
3. 海や川の水が大きく引いたから	7.7	6.0	12.9	5.9	5.6
4. 家族が避難しようと言ったから	20.6	18.8	17.0	21.6	26.9
5. 近所の人が避難するように言ったから	20.8	15.4	15.6	28.1	25.0
6. 市・町が避難を呼びかけたから	11.8	9.4	21.1	9.2	6.5
7. 大津波警報を聞いたから	19.4	14.8	25.9	22.2	13.0
8. 役場や消防団の人が来て説得されたから	5.4	5.4	5.4	4.6	6.5
9. 実際に津波が来ているという話を聞いたから	5.6	5.4	6.1	3.9	7.4
10. 実際に津波が来るのが見えたから	15.1	14.1	17.0	16.3	12.0
11. 避難訓練などで，いつも避難していたから	5.0	6.0	8.8	3.3	0.9
12. その他	12.2	10.1	11.6	15.7	11.1

（出所）東洋大学中村研究室，日本大学中森研究室，同福田研究室調査（2011年）。

果（複数回答）をみると，全体でもっとも多い回答は，「地震の揺れの強さや長さがいつもとは違ったから」の50.3％であった。以下，「近所の人が避難するように言ったから」の20.8％，「家族が避難しようと言ったから」の20.6％，「大津波警報を聞いたから」の19.4％の順であった（表12-3）。「東北地方太平洋沖地震」[5]では，揺れを感じる時間が非常に長く（気象庁，2011），ここまで長い時間にわたる強い揺れを体験するのは，多くの人がはじめてであったと思われる。つまり，「いつもと違う地震の揺れ」によって異常を感じたことが避難の大きな理由になり，「大津波警報を聞いたから」や「市・町が避難を呼びかけたから」といった情報によって避難をしたと回答した人は比較的に少ない。前述の警報への接触率にも関係はしている地域もあるが，多くの住民に避難を実行させることには，単に警報の発表や避難を促す情報を伝えるだけでは不十分ということが指摘できるであろう。

4　避難しなかった住民

「避難をしなかった」と回答した人（13.2％）に，その理由を質問した結果

表12-4 避難しなかった理由（％）（複数回答）（2011年：東日本大震災）
全体85　陸前高田市8　南三陸町17　仙台市・名取市17　山元町43

	全体	陸前高田	南三陸	仙台・名取	山元
1. 津波のことは考えつかなかったので	42.4	25.0	5.9	58.8	53.5
2. 津波が来ないと思われた，高台や内陸にいたので	24.7	37.5	58.8	—	18.6
3. 昭和35（1960）年のチリ地震津波や明治・昭和の三陸地震津波など，これまでの津波で被害のなかった場所にいたので	8.2	—	17.6	11.8	4.7
4. 市や町が作った防災マップ（ハザードマップ）に津波が来ないと示されていたので	—	—	—	—	—
5. 市や町から避難の呼びかけを聞かなかったので	9.4	—	5.9	23.5	7.0
6. 津波警報を聞かなかったので	10.6	—	5.9	29.4	7.0
7. 海の水が大きく引くなどの前兆がなかったので	2.4	—	5.9	—	2.3
8. 防波堤や防潮堤を超えるような大きな津波は来ないと思ったので	5.9	—	5.9	5.9	7.0
9. 津波の高さが3ｍとか6ｍ程度と聞き，危険とは思わなかったので	4.7	—	5.9	11.8	2.3
10. 津波が来ると言われていた時間になっても大きな津波が来なかったので	—	—	—	—	—
11. 昨年2月のチリの地震（チリ中部沿岸の地震）で大津波警報が出されたが，実際は大きな津波が来なかったので	3.5	—	5.9	11.8	—
12. 防波堤や防潮堤で海の様子がわからなかったので	1.2	—	—	5.9	—
13. 家族に，小さい子ども，高齢者，体が不自由な人など自力での避難がむずかしい人がいたので	4.7	—	—	17.6	2.3
14. 外出していて自宅の様子を見に行こうとしたので	1.2	—	—	—	2.3
15. 車など避難する手段がなかったので	—	—	—	—	—
16. いざとなったら二階以上に逃げればよいと思っていたので	10.6	—	17.6	23.5	4.7
17. その他	32.9	62.5	29.4	17.6	34.9

（出所）東洋大学中村研究室，日本大学中森研究室，同福田研究室調査（2011年）。

（複数回答）は地域によって差がある。全体では，もっとも多いものが「津波のことは考えつかなかったので」の42.4％で，以下，「その他」の32.9％[6]，「津波が来ないと思われた高台や内陸にいたので」の24.7％，「津波警報を聞かな

かったので」並びに「いざとなったら二階以上に逃げればよいと思っていたので」の10.6％の順だった（表12-4）。

　ところで，回答が多数あった「その他」については，それぞれの回答者から具体的な理由が示されていた。その中で注目される回答が，「仕事をしていたため」「職場が老人ホームでおいて動けない」「看護師のため患者の誘導で間に合わなかった」「消防のため呼びかけに回っていた」「近所に声かけしていたため避難ができなかった」といった「職務・仕事による避難の遅れ」である（中村ほか，2012）。この震災は平日（金曜日）の午後という多くの人々が活動している時間帯に発生したこともあり，役場，消防，警察，病院，福祉施設等の公的機関の業務に携わった人だけでなく，民間の企業や店舗で仕事をしていた人や消防団・町内会などで活動していた人なども，その職務や任務等を遂行する中で多くが犠牲になっているが，そのことがこの調査結果にも表れている。[7]

5　住民の津波への意識と評価

　この調査では「今回の津波を体験して，『津波』についてどう思いますか」という津波への意識や評価について質問を設けている（表12-5，複数回答）。全体で回答が多いものは「津波が，このように高いものとは思っていなかった」(78.0％)，「津波が，このように強い力があるとは思わなかった」(77.1％)「津波が，このように速いものとは思っていなかった」(66.5％)であった。津波の高さ，速さ並びに強さに関しての回答は，どの地域でも非常に多かったことがわかる。また，「自分の住んでいる場所はたいした被害にならない」という意識をもっている人も少なくなかった。「大きな被害になるかもしれないが，正直に言って自分自身や自分の住んでいた場所は大丈夫だろう」「たいしたことはないだろうと思っていた」という回答は，全体では42.1％，地域ごとにみても4割前後であった。一方「この地域では，津波被害は起こらないと考えていた」の回答は，全体で26.3％であるが三陸地域と宮城県平野部とでは大きな差がみられ，三陸地域の陸前高田市の14.6％，南三陸町の15.9％に対し宮城県平野部の仙台市・名取市は33.5％，山元町は41.7％だった。さらに「近年，津波（大津波）警報が発表されても大きな被害になったことがないので今回もたいした被害になるとは思わなかった」の回答は全体の39.6％であった。そのほ

表 12-5 津波に関する意識（％）（複数回答）（2011年：東日本大震災）

全体642　陸前高田市157　南三陸町164　仙台市・名取市170　山元町151

	全体	陸前高田	南三陸	仙台・名取	山元
1. 津波が，このように高いものとは思っていなかった	78.0	79.6	83.5	77.6	70.9
2. 津波が，このように速いものとは思っていなかった	66.5	70.1	64.6	64.1	67.5
3. 津波が，このように強い力があるとは思わなかった	77.1	76.4	74.4	80.0	77.5
4. 津波と台風などの高波との違いがわかっていなかった	15.0	7.6	14.0	20.6	17.2
5. 更新される津波警報の波の高さの内容がわかりにくい	17.4	13.4	28.7	17.6	9.3
6. 津波の到達予想時間があると，かえって的確な避難の判断ができないと思う	14.5	14.0	19.5	13.5	10.6
7. 津波の「浸水」という言葉は，建物が壊れたり流されたりするイメージがわきにくい	22.1	13.4	26.8	28.8	18.5
8. 近年，津波（大津波）警報が発表されても，大きな被害になったことがないので，今回もたいした被害になるとは思わなかった	39.6	36.3	42.1	48.8	29.8
9. 大きな被害になるかもしれないが，正直に言って，自分自身や自分の住んでいた場所は大丈夫だろう，たいしたことはないだろうと思っていた	42.1	43.9	41.5	46.5	35.8
10. この地域では，津波被害は起こらないと考えていた	26.3	14.6	15.9	33.5	41.7
11. その他（わからない・選択肢外など）	0.6	0.6	1.2	―	0.7

（出所）東洋大学中村研究室，日本大学中森研究室，同福田研究室調査（2011年）。

かにも，「津波と台風などの高波との違いがわかっていなかった」という人が全体で15.0％だったことや，「津波の『浸水』という言葉は，建物が壊れたり流されたりするイメージがわきにくい」が22.1％，「更新される津波警報の波の高さの内容がわかりにくい」が17.4％，「津波の到達予想時間があると，かえって的確な避難の判断ができないと思う」が14.5％などと，津波の知識が十分得られていなかったことや津波警報等の情報の文言や表現のわかりにくさを問題視する人も少なくなかった。

6 考察：「東日本大震災」における被災地住民の意識と対応の特性

　これらの調査結果を，第2節で述べた10に分類した特性を踏まえて考察してみたい。

　まず，「自分の住んでいる場所はたいした被害にならない」という意識であるが，近年の災害では，このような意識をすべて「正常化の偏見」と評価してしまうことがある。しかし，このような評価は適切とはいえない。それは「正常化の偏見」を，単に「油断」「軽視」と同様の意味と捉えたり十分な検証もないまま先入観等から評価することに関係する。先述のように，「正常化の偏見」とは警報など避難を呼びかける情報が伝えられる中で，避難が必要な場所にいる人がそれらの情報を聞いても「自分は大丈夫」「たいしたことはない」と楽観視することや危険や異常を認めない信念のことである。この調査の回答者の中には「正常化の偏見」に該当する人もいるかもしれないが，「正常化の偏見」がもっとも顕著な原因とは断定できない。たとえば，この震災では，それまでは津波が来襲しないと考えられていた場所やここまでの甚大な被害が生じるとは考えられていなかった場所でも被害が生じている。そのような場所にいた人々は，大津波警報が発表されても，そこで被害が生じるという認識がなかったようだ。この場合は，「正常化の偏見」というよりは「対象外と考えていた」とみるべきであろう。さらに，宮城県の平野部などでは津波に関するある種の「安全神話」が存在したことも大きな原因といえる。たとえば，名取市閖上では，「津波は牡鹿半島や金華山より南には来ない（名取市は牡鹿半島・金華山より南にある）」「津波は名取川を遡るため閖上は安全」「津波は貞山堀（仙台市や名取市などの仙台湾沿岸に並行して延びる運河）を越えることはない」といった誤った言い伝えが浸透していた（東日本大震災第三者検証委員会, 2014）。このような「安全神話」が人々の避難にも影響していたと考えられる。

　また，「警報慣れ」の傾向があったことも認められる。東北地方の太平洋沿岸は津波警報・注意報の発表回数が多い地域である。東日本大震災の前年の2010年2月の「チリ中部沿岸の地震」でも青森県太平洋沿岸，岩手県，宮城県に大津波警報が発表されていたが人的被害はなく，震災の2日前（3月9日）の三陸沖の地震（M＝7.3）でも津波注意報が発表されたが大きな被害はなかった。この点からも被災地域での「警報慣れ」の可能性が考えられたが，調査の

▶▶ Box ◀◀

増えていく災害情報と活用の課題

　災害情報は近年，種類も送受する手段も増えている。地震を例にすれば，まず地震が発生すると，緊急地震速報（予報と警報がある。警報は最大震度がどこかで震度5弱以上が予測される場合にその地震で震度4以上が予想される地域が対象）が発表され，実際の揺れが観測されると震度情報，津波（警報）の有無などと続く。さらに，現在（2014年），気象庁は，高層ビルなどで振幅が大きくなる「長周期地震動」と呼ばれる震動の観測とその結果発表を試行している。現在はホームページによる発表であるが，将来は，この長周期地震動も予測して，緊急地震速報のようにテレビ・ラジオ・携帯電話などで情報を速報することが検討されている。この件について，とくにテレビ・ラジオの事業者側は，伝える情報が増えすぎることによって対応が難しくなることを懸念している。一度に伝えることが増えるために，テレビでは表示・画面の数や文字が多くなり，ラジオでは読み上げる文章が多すぎて，かえって災害対応の効果に問題が生じるかもしれないということである。しかし，テレビ・ラジオでは伝えず，たとえば携帯電話やインターネットなどの通信のみで伝えるとなると，携帯電話やインターネットを十分に使うことができない高齢者などの接触率にも影響する。また，とくに速報が求められるものはバックアップの意味からも伝達手段は複数あることが望ましい。

　地震だけでなく災害に関するさまざまな情報の種類や量が増え，携帯電話のサービス，スマートフォンのアプリケーションソフトウェアなど，一般の人もさまざまな手段で任意の設定により多くの情報を入手できる時代となった。これだけ多様化し大量となった災害情報をどう伝え，どう効果的に活かしていくかということを，送り手側も受け手側も，それぞれの立場で考えていかなければならないだろう。

結果から「警報慣れ」が調査対象地域で生じていたということがわかる。調査の結果からはほかにも「経験の逆機能」「屋内避難意識」「災害時要援護者への対応」「情報の詳細化による混乱」など，これまでの災害時でみられた特性が指摘できる。そして，この震災では，これまであまり注目されなかった「職務・仕事による避難の遅れ」という特性があらためて認められたことが注目できるだろう。

第 4 節　災害と避難への政策的対応：課題と方向性

　災害情報の受容に関してここで分類した問題点は，1つの災害で1つの問題が生じるのではなく複数の問題点が同時に生じることを認識しておかなければならない。また，災害の発生後，報道などで扱われたその災害で顕著に問題となった点に注目が集まる傾向もある。しかし，その災害で顕著ではなかった問題が，次の災害で問題になることもあるということを留意しなければならない。こういった点を徹底するためにも，災害により各地で生じた問題を，顕著か否かといったことや事の大小だけで評価するような傾向に注意を払うことや，各所で行われている調査のデータ等を共有できるような体制を整え，データから得られた問題点のさらなる検討や再評価を進めていかなければならないだろう。

注
(1)　この節は，中森（2007）などをもとに，新たなデータや見解をもとに加筆修正したものである。
(2)　「大津波警報」という名称は，いわば通称であった。正式には「オオツナミ」（電文を前提としたカタカナ表記。1999年まで使用）あるいは「大津波」（1999年からは漢字表記）の「津波警報」であった。「東日本大震災」による津波警報の改善にともない，2013年3月から正式に「大津波警報」が用いられるようになり，同年8月から「特別警報」に位置づけられた。
(3)　田崎篤郎「災害文化」（松澤監修, 1988）による。
(4)　2011年11月・12月に，仮設住宅等（借り上げ住宅を含む）に住む20歳以上の男女を対象に面接法によって実施。有効回答数は642（中村ほか, 2012）。
(5)　正式な名称は「平成23年東北地方太平洋沖地震」である。気象庁は，被害の状況や社会的影響のある災害因となった現象について命名を行う。地震・津波に関する最初の正式な命名は，1960年の「チリ地震津波」である。68年の「1968年日向灘地震」からは西暦で，82年の「昭和57年浦河沖地震」からは元号で発生年が冠されるようになった。ここでは，発生年は外した地震名を示している（中森［1995］ほか）。
(6)　設定した選択肢の「その他」の回答が30％を超える調査は，設問の段階で問題があったといえる。

(7) 総務省消防庁のまとめ（2011年11月の段階）では，消防団員の死者・行方不明者は254人（岩手，宮城，福島の3県），厚生労働省のまとめ（同年6月の段階）では，老人福祉施設での職員の死者・行方不明者は173人であった（中村ほか，2012）。

引用・参考文献

朝日新聞デジタル　http://www.asahi.com/articles/ASG91357NG91PTIL004.html　2014年9月1日アクセス。

東日本大震災第三者検証委員会（2014）『東日本大震災第三者検証委員会報告書・宮城県名取市閖上地区の検証』。

廣井脩（1988）『うわさと誤報の社会心理』日本放送出版協会。

廣井脩（1996）「阪神・淡路大震災と住民の行動」『1995年阪神・淡路大震災調査報告－1－』東京大学社会情報研究所，35-56頁。

廣井脩・市澤成介・村中明・桜井美菜子・松尾一郎・柏木才介・花原英徳・中森広道・中村功・関谷直也・宇田川真之・田中淳・辻本篤・鄭秀娟（2003）「2000年東海豪雨災害における災害情報の伝達と住民の対応」『東京大学社会情報研究所調査研究紀要』第19号，東京大学社会情報研究所，1-229頁。

廣井脩・田中淳・中村功・中森広道・福田充・関谷直也・森岡千穂（2005）「新潟・福島水害と情報伝達の問題」『災害時における携帯メディアの問題点』NTTドコモモバイル社会研究所，11-42頁。

廣井脩・田中淳・中村功・中森広道・福田充・関谷直也（2005）「2004年台風23号による水害と情報伝達の問題」『災害時における携帯メディアの問題点』NTTドコモモバイル社会研究所，43-98頁。

廣井脩・田中淳・中村功・中森広道・福田充・関谷直也・森岡千穂（2005）「2004年7月新潟・福島豪雨における住民行動と災害情報の伝達」『東京大学大学院情報学環情報学研究調査研究編』第23号，東京大学社会情報研究所，163-285頁。

池谷浩・国友優・関谷直也・中村功・中森広道・宇田川真之・廣井脩（2005）「2003年7月水俣市土石流災害における災害情報の伝達と住民の対応」『東京大学大学院情報学環情報学研究調査研究編』第22号，東京大学社会情報研究所，117-239頁。

気象庁（2011）『災害時地震・津波速報　平成23年（2011年）東北地方太平洋沖地震（災害時自然現象報告書　2011年第1号）』。

松澤勲監修（1988）『自然災害科学事典』築地書館。

中森広道（1995）「地震の命名」『東京消防』1995年9月号，東京消防協会，100-104頁。

中森広道（1996）「『北海道東方沖地震』から1年——災害情報問題の再考」『近代消防』1996年1月号，近代消防社，64-69頁。

中森広道（2007）「災害情報の受容とその特性――対応の問題点とその類型化の試み」『社会学論叢』第158号，日本大学社会学会，39-60頁。
中森広道（2008）「『ちびまる子ちゃん』と七夕豪雨――500ミリの雨」田中淳・吉井博明編『災害情報論入門』弘文堂，256頁。
中森広道（2012）「津波警報の展開と『東日本大震災』」『社会学論叢』第175号，日本大学社会学会，53-84頁。
中村功・中森広道・森康俊・廣井脩（1998）「平成9年鹿児島県出水市針原川土石流災害における住民の対応と災害情報の伝達」『東京大学社会情報研究所調査研究紀要』第11号，東京大学社会情報研究所，153-192頁。
中村功・中森広道・福田充（2012）「東日本大震災時の災害情報の伝達と住民の行動　陸前高田市・南三陸町・仙台市・名取市・山元町住民調査をもとにして」『災害調査研究レポート』第16号，災害情報研究会，1-126頁。
東京大学新聞研究所「災害と情報」研究班（1982）『1982年浦河沖地震と住民の対応』東京大学新聞研究所。
東京大学新聞研究所「災害と情報」研究班（1984）『1982年7月長崎水害における住民の対応』東京大学新聞研究所。
東京大学新聞研究所「災害と情報」研究班（1985）『1983年5月日本海中部地震における災害情報の伝達と住民の対応』東京大学新聞研究所。
東京大学社会情報研究所「災害と情報」研究会（1994）『1993年北海道南西沖地震における住民の対応と災害情報の伝達――巨大津波と避難行動』東京大学社会情報研究所。
浦野正樹「災害研究の成立と展開」（2007）大矢根淳・浦野正樹・吉井博明編『災害社会学入門』弘文堂，18-25頁。

Book Guidance

①本章の理解を深める入門書
大矢根淳・浦野正樹・田中淳・吉井博明編（2007）『災害社会学入門』弘文堂。
　災害社会学の全般について，初めて体系的に扱ったシリーズの第1巻。災害社会学について，その展開から今日の潮流までを概観し，災害社会学の基本が理解できる入門書。
田中淳・吉井博明編（2008）『災害情報論入門』弘文堂。
　災害についての，予・警報，避難指示・勧告，メディア，情報ネットワーク，人々のコミュニケーションなど，広い意味での災害情報について，社会学や現代社会論の視点から捉えるための入門書。

②ステップアップのために

廣井脩（1995）『新版　災害と日本人　巨大地震の社会心理』時事通信社。

　古くは関東大震災などにおける当時の随筆，評論，記事などから，また，近年の人々への調査の結果などから，「日本人の災害観」について考察したもの。災害の社会心理学や災害文化を研究する上で参考になる1冊。

廣井脩編著（2004）『災害情報と社会心理』北樹出版。

　災害情報の特性とその機能（影響や働き）を，社会心理の視点から検討したもの。流言・うわさ，パニック，警報，避難，通信などについて，実証的研究をもとにまとめられた1冊。

（中森広道）

第13章　グローバル化と国民国家の社会学

《章のねらい》
　グローバル化とは何であり，いつ始まったのか――国際社会学といわれる領域が，こうした問いに取り組んできました。この章では，16世紀，19世紀，冷戦後というグローバル化を加速させた3つの時期を例として，世界システム論を援用しつつ日本社会の変化をみていきます。その際，国民国家としての日本に着目し，それが明治維新と冷戦後の東アジアにとってどのような意味をもつのかを考えます。

キーワード▶世界システム，資本主義世界経済，東アジア，歴史認識，在日コリアン，エスニシティ，ナショナリズム，国民化，排外主義，国際社会学

第1節　グローバル化と国民国家への社会学的アプローチ：視点・考え方・方法

1 グローバル化とは何か

　グローバル化という言葉が広く使われるようになってから25年，現代を映すキーワードの1つとしてすっかり定着した。だが，グローバル化はいつ始まったのか，グローバル化をめぐって現在どのような課題があるのか，十分理解されているとはいえない。そもそもグローバル化とは何か。「ある場所で生ずる事象が，はるか遠く離れたところで生じた事件によって方向づけられたり，逆に，ある場所で生じた事件がはるか遠く離れたところで生ずる事象を方向付けていくというかたちで，遠く隔たった地域を相互に結びつけていく，そうした世界規模の社会関係が強まっていくこと」を指す（ギデンズ，1992：85）。

　この定義は，グローバル化は長期にわたる過程であり，遠隔地同士が思わぬ形で結びつきを強めていくことを示す。一例を挙げよう。2015～16年にかけて，フランスやベルギーで複数のテロが起こった。これは，中東のシリアを中心に

内戦を続けるIS（イスラーム国）が，シリアを空爆したEUへの報復を狙った事件だった。他方でシリア内戦は，何百万人という難民を生み出して，ヨーロッパ諸国が国境を封鎖するなど排外的な雰囲気を強めている。中東の内戦が，ヨーロッパでのテロや難民排斥の原因となっており，中東とヨーロッパは強く結びつくようになっている。これがグローバル化する世界の現実である。

2　世界システム論の視点

　では日本は，遠隔地との結びつきをどのように強めて現在に至ったのか。アメリカの社会学者であるウォーラーステイン（Wallerstein, I.）の唱えた世界システム論は，この点を考える基本的な視角を提供してくれる（ウォーラーステイン，2013）。彼によれば，世界システムは西欧で生まれた資本主義世界経済（以下，世界経済）が，全世界に広がっていく過程として捉えられる。今では，外国からの輸入なしに生活も経済も成り立たないが，近代以前は基本的に自給自足で生活が成り立っていた。

　それを変えたのが世界経済の拡大で，その端緒は大航海時代にある。このときもっとも大きな影響を受けたのはアメリカ大陸で，西欧はコロンブス（Columbus, C.）の「新大陸」到達を皮切りに，南北アメリカを世界経済に組み込んでいった。トマトや唐辛子はイタリア料理に，ジャガイモはドイツ料理に，チョコレート（カカオ）は西洋菓子に不可欠のものとなっているが，これらはすべてスペイン人が南米からもち帰ったものである。南米から流入した銀は西欧の経済を支える一方で，西欧による侵略・略奪やもち込まれた病気により南米の人口は激減し，植民地として従属する道をたどっていく。

　こうした西欧の拡張は日本にも及び，16世紀に鉄砲とキリスト教が伝来したことはよく知られている。だが，スペイン語やポルトガル語という西欧の言葉が共通語になり，外来宗教のカトリックが支配するようになった南米と比べれば，日本への影響は微々たるものだった。つまり，江戸時代の鎖国政策という日本史上のできごとも，世界システムのあり方と密接に関連している。鎖国が可能だったのも，日本が世界経済に組み込まれる前だったからであり，その意味で日本史と世界史は密接に関係している。

　では，日本は世界経済に組み込まれてからどのように変化したのか。この章

の課題は，明治維新前後と冷戦後の日本を事例として，グローバル化と国民国家に関わる課題を論じることにある。なぜ国民国家を取り上げるのか。これまで，社会学で「社会」というときには，暗黙のうちに日本やアメリカなど特定の国民国家という単位を指してきた。しかし，国民国家は自然にできたものでも不変のものでもない。日本という国民国家は，明治維新前後のグローバル化の波に対応して，いわば人工的に作り上げられた。第 2 節では，沖縄やアイヌなど半ば暴力的に日本に組み込まれた地域に着目することで，19世紀末のグローバル化と国民国家の性質を明らかにする。

　第 3 節では，冷戦後の変化を中心に，現代のグローバル化と国民国家の関係を論じていく。冷戦後に顕著になったのは，国民国家という単位では対応できない現実と，EU などグローバル化に合わせて国民国家を超える単位を模索する動きである。しかし，冷戦後の日本は国民国家に固執して，東アジアの近隣諸国との関係構築に失敗しており，グローバル化への対応がうまくいっていない。こうした日本の姿から，グローバル時代における国民国家のあり方を考えることが，この章を通じた目的となる。

第 2 節　世界経済の拡大と東アジア：歴史的経緯

1 　黒船襲来の世界史的意味

　冒頭で述べたように，世界経済は西欧で誕生し，南北アメリカ，東欧，中東，インド，ロシア，アフリカを勢力下に置きつつ広がっていった。世界経済は，現在の世界的な貧富の格差が物語るように，優位な地域が劣位にある地域を支配することで成り立っている。ウォーラーステインは，このような不平等構造を「中心」「半周辺」「周辺」「外部」に分けて説明した。チョコレートを例に，こうした構造について考えてみよう。

　チョコレートの原料となるカカオは，南米原産だったものをスペイン人がもち帰ることで世界中に広まった。カカオは熱帯作物だから，ヨーロッパでは栽培できないが，有名なチョコレートメーカーのほとんどはヨーロッパにある（紅茶やコーヒーも同様）。歴史的にみれば，世界経済の「外部」にあった南米が，スペインの侵略により「周辺」として西欧の原料供給地にされていく。原料の

カカオは安く買い叩かれ,「中心」のヨーロッパで加工・包装されて高級菓子となる。中心にあるヨーロッパは,世界経済の外部にあった南米産のカカオをチョコレートという商品に加工し,大きな利益を得ることになる。

　南北問題といわれる先進国と発展途上国の格差問題は,こうした構造から生み出されている。歴史的にみて,「周辺」にあった南米は銀(後には砂糖やコーヒー)を,アフリカは奴隷を,インドは綿花やアヘン(後には茶)を,「半周辺」にあった東欧は穀物を,西欧に提供するようになった。世界経済の拡大にともない,「周辺」で紅茶やコーヒーの栽培が広がることで,中心にある西欧の食卓はブラジルのコーヒー農家と結びついていく。こうして遠隔地にある中心と周辺が密接な関係をもつという意味で,世界経済はグローバル化の最大の推進力となっていった。

　世界経済は,西欧で生まれ19世紀には東欧,南米,アフリカ,南アジア,東南アジアまで広がっていった。世界経済が拡大するに際して,最後の大きなフロンティアとなったのは,中国を中心とする東アジアだった。それまでこの地域は,朝貢貿易を柱とする中国中心の華夷秩序からなる独自の構造を保っており,世界経済に従属していたわけではない(浜下,1990)。ところが,ヨーロッパでお茶を飲む習慣が広がり,イギリスは中国から茶葉を輸入する代わりにインドのアヘンを輸出するようになったことで,中国は世界経済の周辺に編入されていく。インド,シンガポールを植民地化したイギリス帝国は,アヘン戦争の結果として香港まで続く拠点を築き,中国は急速に半植民地化していった。

　浦賀沖に黒船来る,というペリー来航のおなじみの話も,東アジアへの世界経済の拡大という背景なくして語ることはできない。当時の超大国はイギリスだったが,アメリカも新興国として海洋進出を進めており,イギリスに先んじて艦隊を江戸に派遣したことになる(加藤,1985)[1]。江戸幕府は,アヘン戦争で中国が敗北したことを強く意識して対応を決めており,開国の要求を拒否できなかった。これは,鎖国が可能だった17世紀とは根本的に異なる不可逆的な東アジアのグローバル化であり,開国は鉄砲伝来とは比較にならない変化を日本列島にもたらした。それは,1853年の黒船襲来から1868年の明治維新までわずか15年しか要しなかったことが雄弁に物語る。

② 明治維新と国民国家の建設

　では，世界経済が東アジアを組み込んだ19世紀末のグローバル化は，明治維新以降の日本をどのように変えたのか。一言でいえば，近代国民国家の建設と対外侵略という西洋の列強と同じ道を歩んだことになる。国民国家とは，それまで身分や地域によって分断されていた人々を，特定の領土の中で均質な国民として統合する政治体制を指す。その際，身分や地域といった帰属意識の代替として，ナショナリズムが国民統合の基礎となる。

　明治政府は，この時代のグローバル化──列強による植民地化を免れるためにも近代化を急いだ。ここでいう近代化とは殖産興業と富国強兵，すなわち工業化と軍事力の整備であり，そのために国民国家の建設が必要となる。工場や軍隊に集められた人たちが方言を話していたら，意思疎通もままならず生産性は上がらない。明治政府が行ったのは，全国で通じる「国語（標準語）」を作り出して学校や徴兵といった制度を通じて普及させ，「日本人」意識をもった国民を育てることだった。工業化を担う均質な労働力を育成するには国民国家が必要で，そのためにナショナリズムが利用されたのである（ゲルナー，2000）。

　この時期に整備されたのは国語だけでなく，電信や鉄道，郵便といった運輸通信，学校のような教育機関といった「国土」「国民」を作る制度も含まれる。この間に生じたのは，それまで身分や地域で分断されていた人たちから，均質な「日本人」を生み出す国民化という過程であった（西川・渡辺編，1998）。このように書くと，日本はもともと単一民族国家なのだから，生み出すなどというのは間違いではないか，と思う人もいるだろう。実際，フランスやロシア，日本などがそうであるように，「国民」には歴史的文化的な連続性があるという説もある（スミス，1999）。何の基盤もないところから，明治になって急に大日本帝国という国民国家が生まれたわけではない。

　しかし，ナショナリズムやエスニシティ研究の立場からみると，江戸と明治には以下の点で大きな断絶がある。第1に，江戸時代の人たちは自分のことを「日本人」などとは思っておらず，士農工商という身分や自分の住む村ないし藩を単位とした帰属意識をもっていた。「〇〇村の鍛冶屋」というアイデンティティをもつ人が，突然「あなたは日本人です」などといわれても，簡単には変わらない。学校や軍隊といった公的機関を通した半ば強制的な国民化教育

が必要だった。明治維新は，こうして均質な労働者や兵隊を作り出しつつ，「日本人」としてのナショナリズムを植え付けていく転換点でもあった。

明治政府に即していえば，新たに作られた国民を統合する象徴となったのは天皇だった。だが，「万世一系」とされる天皇制の内実の多くは，幕末から明治にかけて「創られた伝統」にほかならない（安丸，1992）。このように古来の伝統と思っていたものが，実は比較的近年になって「創られた」のは，天皇制に限らずほかの国でもみられる。スコットランド名物たる男性用チェックのスカートも，イングランドに対抗するために作られた伝統だった（ホブズボウム・レンジャー，1992）。ナショナリズムは，殖産興業に必要な労働力を養成するために，そして欧米列強に対抗する国民国家建設のために動員された。その過程で，天皇にまつわるさまざまな伝統が発明され，権威付けされたのである。

第2に，今の日本の領土は明治になって徐々に確立されてきたものであり，蝦夷地（1869年に北海道と改称）の大部分と琉球（1879年に沖縄県と改称）は江戸幕府の領土だったわけではない。そもそも，東アジアには近代的な国境概念が存在せず，王朝や幕府に従う人がいるところがおおまかに領土と考えられていた。現在問題になっている尖閣諸島や竹島も，明治政府の対外膨張の過程で日本の領土に組み入れられており，日本固有の領土だったという主張は後付けの理屈である。さらに，蝦夷地に住むアイヌの人たちは，江戸時代には松前藩に海産物を輸出する一方で，ロシアや中国の先住民とも交易するような独自の経済圏を作り上げていた（モーリス＝スズキ，2000）。その意味で，当時の蝦夷地は「日本」ではなかった。これが決定的に変化するのが，幕末から明治初期にかけてである。開国にともないロシアと江戸幕府（後には明治政府）は，アイヌやほかの先住民の頭越しに北海道，サハリン，千島列島の間で国境を引いていった。

ここで重要なのは，「日本」「日本人」という捉え方が近代の産物であること，そして「日本人」の中に「アイヌ」や「沖縄人」という二級市民を生み出したことである。すなわち，明治になってから四民平等により身分制からの解放が起きたはずが，現実にはそうではなかった。1899年には「北海道旧土人保護法」が制定され，「アイヌ」を「日本人」にする同化政策が打ち出された。しかし，当時6年制だった尋常小学校からアイヌは排除され，アイヌには4年制

の簡易学校しか用意されていない。北海道や沖縄が日本という国民国家へと組み込まれる中で,「日本人の境界」(小熊,1998) は広がっていったが,それは常に「二級市民」を作り出し「同化と排除」により処遇する民族問題をもともなっていた。

このように,国民国家の建設が民族問題を生み出したのは日本だけでない。イギリスのスコットランドやウェールズ,北アイルランド,フランスのオクシタン,ブルターニュ,コルシカ,スペインのカタルーニャやバスクなど数えればきりがない。古典的な社会学の理論では,近代化が進めば民族問題はなくなるとされてきたが,現実にはそうではなかった。国民国家の建設という近代化が,逆に民族問題を生み出したのである。こうした現実を受けて,エスニシティという概念が1970年代から社会学で使われるようになり,民族問題の研究はむしろ盛んになった(グレイザー・モイニハン,1984)。

明治半ば以後の日本帝国は,単一民族どころか多民族国家として,複雑な民族問題を抱えるようになっている。日清戦争(台湾),日露戦争(南サハリン)や日韓併合(朝鮮半島),第1次世界大戦(南洋諸島),満州事変(中国東北部)などにより,日本は勢力圏を拡大させていった。その結果,日本帝国は朝鮮民族,漢民族,台湾先住民族などの同化を一方で進めつつ,他方で排除するような植民地政策をとっている(駒込,1996)。たとえば,日本の植民地だった朝鮮半島に住む朝鮮人は,日本人とされながら参政権をもたないという意味で排除されていた。その一方で,日本本土に渡った朝鮮人は参政権をもっており,朝鮮人の国会議員もいたという意味での同化政策がとられていた。戦後になっても,在日朝鮮人の子孫たる在日コリアンに対して同化と排除の政策がとられており(田中,2014),日本の民族問題は戦前から連続しているともいえる。

第3節　冷戦後のグローバル化と日本:東アジアで考える

1　冷戦後の世界とグローバル化

前節でみた明治維新前後は,国民国家の建設と植民地化が並行する意味でのグローバル化が急速に進んだ時代だった。しかし,冷戦後の世界では国民国家という単位が時代遅れのものとなりつつあり,真の意味でのグローバル時代を

▶▶ Box ◀◀

日本の少子高齢化と移民受入れ

　日本の総人口は，2009年から減少傾向に転じている。その背景には少子化があり，同時に高齢化が進んでいるため，減少する労働人口に社会保障の負担がのしかかる。今これを読んでいるあなたが現役世代のうちに，こうした事態が現実のものになろうとしているのだ。ではどうすれば解消できるのか。国連人口部は，日本の人口減少を補う「補充移民」のシナリオを，2000年に刊行した。それによると，50年間で4300万人の移民受入れにより労働人口を維持できるという。

　今のところ，日本政府は公式の移民受入れを否定しているが，2008年には自民党の「外国人材交流推進議員連盟」が1000万人移民計画を提言した。政治的に容易な課題ではないが，「国力維持」を考える政治家にとって移民受入れが有力な政策であることは間違いない。

　だが，移民受入れを云々する以前に，日本の外国人人口は200万人以上，日本国籍者も含めれば外国にルーツをもつ人は300万人以上になることを思い出す必要がある。在日外国人は，日本の植民地支配に起源をもつ在日コリアンなどオールドカマーと，1980年代以降急増したニューカマーからなる。オールドカマーは，就職差別により一般企業での就職が難しかったが，自営業への進出に活路を見い出し，ソフトバンク，ロッテ，日清食品といった大企業も生まれている。

　ニューカマーは，「単純労働者は受入れない」という政策のもと，留学生，専門職，研修・技能実習生，日本人の配偶者，日系人といった資格で日本に住んでいる。だが，現実には日系人と研修・技能実習生は工場などで働く非熟練労働者であり，劣悪で不安定な仕事に従事してきた（梶田・丹野・樋口，2005）。2008年のリーマン・ショックでは日系南米人の約半数が失業し，2016年時点で人口は2007年の3分の2に減少した。これは受入れ政策の失敗以外のなにものでもない。近年の日本の移民受入れがもたらした苦い経験の教訓を生かさない限り，将来の移民受入れなど成功するはずもない。

迎えたといえる（ベック，2008）。第2次世界大戦後，貿易はかつてない水準まで成長し，国家間の経済的依存関係は深まっていった（ヘルドほか，2006）。それを反映して，WTO（世界貿易機構）の創設をはじめ，EU（欧州連合）やNAFTA（北米自由貿易協定）など，グローバル化に対応した体制が築かれていく。インターネットの普及により，かつて高価だった国際通信の費用も劇的に

低下し，いながらにして世界とつながることができる。航空運賃も，1970年前後に南米から日本へ里帰りした日系移民は，新車1台分の値段で航空券を買わねばならなかったのが，今では20万円もあれば南米―日本を往復できるようになった。

　こうしたグローバル化の影響を，身につけている服で確認してみよう。服をめくってタグをみると，ほとんどは中国製であることに気づくだろう（最近はベトナム製やバングラデシュ製も増えている）。グローバル化が進む中で，賃金の安い中国が日本企業の工場部門を引き受けていることを背景としている。日本のアパレル企業のほとんどは日本での製造を打ち切り，海外で自社工場を作るか委託生産している。その年に作る服が決まったら，中国の縫製工場に発注し，中国側で細部を詰めて試作品を作る。このとき，デザインのサンプルをスキャンしてメールで送り，問題なければ即時にゴーサインを出せる。試作品ができたら，午後7時までに国際宅急便で送れば翌朝10時には東京に届いている。インターネットと航空貨物を利用すれば，中国と日本の距離など国内と何ら変わりない。[2]

　冷戦時代には日本が高度経済成長を実現し，アジア四小龍（ないしアジアNIES）と呼ばれた韓国，台湾，香港，シンガポールがそれに続いた。冷戦後には中国が経済成長の波に乗り，東アジアは北米，EUと並ぶ世界の一大経済センターとなっている。戦後初期の日本経済を牽引した繊維産業は，韓国・台湾を経て中国へと移転し，鉄鋼や造船のような重工業もそれに続いた。電機・自動車のような組立型工業も，日本のトヨタやソニーだけでなく，サムソンや現代（韓国），レノボ，ハイアール（中国）などの台頭により，東アジアが世界の中心となっている。

　その過程で，東アジア諸国は経済的な結びつきを強め，日本と韓国にとって中国は第一の貿易相手国となった。韓国や中国は日本から液晶や自動車部品，工作機械などを輸入し，それを用いた自動車，電機や繊維製品を世界に輸出する。韓国や中国の輸出が伸びれば，その分だけ日本製品が韓国や中国に輸出されることになり，双方ともに利益がある。東アジアは，こうした域内分業を通じて世界に工業製品を輸出し，冷戦後の台頭がもっとも著しい地域となったのである。

2 冷戦後の日本：グローバル化への適応の失敗

　グローバル化は，冒頭に引用したように遠隔地同士を思わぬ形で結びつけていく以上，その影響から免れることは事実上不可能である。経済，人権，環境問題，文化，メディア，NGO，移民，テロ——これらはすべて国家や国境を越えており，従来型の国民国家ではもはや対処しきれない。過去20年間でグローバル化に関する研究が激増したのも，こうした変化を背景としている。だが，全体としてグローバル化の勝者になった東アジアの中で，日本は冷戦後のグローバル化に乗り遅れた国の典型となってしまった。

　それと関連して，東アジアには大きな弱点が1つある。それは政治的な不安定性であり，東アジアは未だに冷戦構造が残存する唯一の地域である。EUが共通の通貨を導入するまで結びつきを強める一方で，東アジアでは国交すらないところが多い（日韓台は北朝鮮と国交がないし，日韓は中国と国交を結んでから台湾と断交している）。加えて，歴史認識や領土問題がしばしば政治的な対立を引き起こし，相互の反目が常態となっている。前項でみたように，ほかの地域ではEUやNAFTAだけでなく，MERCOSUR（南米南部共同市場）やASEAN（東南アジア諸国連合）など，域内での連携が深化している。これは，グローバル化に適応するには国民国家のあり方を変える必要があることを示す（ベック，2008）。しかし，東アジアにそうした枠組みは存在しない。経済的には強く結びつき，人の往来も盛んで，同じ漢字文化圏で，近年は日本や韓国の大衆文化が相互に好まれ浸透が進んでいる。にもかかわらず，政治（あるいは政府）は国民国家に固執し続けて，域内で共通の課題に取り組む単位を築いてこなかった。

　それに対して，中国や北朝鮮は民主主義国家ではないのだから，そもそも域内組織を作るなど非現実的であるという反論があるかもしれない。しかし，東アジアの政治がグローバル化に対応できないのを，政治体制の違いのせいにしてはならない。体制が違う中国と韓国は1992年に国交正常化してから関係を劇的に改善させたし，民主主義同士の日本と韓国は歴史問題をめぐってぎくしゃくした関係が続いている。同じ地域内に植民地帝国（日本）と支配された地域（韓国，北朝鮮，中国，台湾）が存在し，植民地支配や戦争責任をめぐる歴史認識が今なお協力の阻害要因となっている。歴史問題は，19世紀のグローバル化により生じた日本の対外膨張の帰結だが，皮肉なことにそれが冷戦後のグローバ

ル化への適応を妨げている。

　もっとも，歴史問題を抱えるのは東アジアに限ったことではなく，冷戦後になってから，世界各地で歴史問題が噴出している（黒沢・ニッシュ編，2011）。東西対立の時代には，各陣営内部での対立を避けるべく歴史問題は表面化しにくかったし，権威主義的な体制下では歴史問題を告発する声も上がりにくい。冷戦終焉と民主化の波により，それまで封印されていた過去の清算が大きな課題となっており，日本軍「慰安婦」の問題はその代表例と考えられる。実際，1987年に韓国が民主化されなければ，元「慰安婦」が実名で告発するのは難しかった。名乗り出たとしても，冷戦終焉という時代の変化がなければ，アメリカや国連など第三者が懸念を表明するようなグローバルな人権問題にはならなかっただろう。

　冷戦と昭和が終わった日本も，そうした声に応える取り組みがなかったわけではなく，細川内閣（1993年）と村山内閣（1995年）が戦争責任に対する謝罪の談話を発表した。戦後50年という区切りや55年体制の崩壊という条件もあり，歴史問題を清算しようという努力はこの時期に活性化したといってよい。だが，その試みは中途半端なまま終わってしまい，日本は近隣諸国との関係を再構築できなかった。すなわち，冷戦後のグローバル化が地域統合という形をとる以上，ドイツのような近隣諸国との和解（後述）が不可欠となるが，日本はそれに失敗したのである。

　こうした東アジアの状況は，「日本型排外主義」と呼ばれる外国人排斥まで生み出している（樋口，2014）。日本には，これまで継続的で組織だった外国人排斥運動はなかったが，2007年に活動を開始した「在日特権を許さない市民の会」など，在日コリアンを攻撃する運動が台頭した。ヨーロッパでも排外主義は深刻な問題となっているが，日本とは異なり「西洋人」が「非西洋人」（とくにイスラーム教徒）を排斥するという性格が強かった。つまり，ヨーロッパの内と外という区別に基づき，外部にあるとされる非西洋系移民が攻撃対象となってきた[3]。それに対して日本の排外主義が標的とするのは，近年増加した「外国人労働者」ではない。同じ東アジア人で長年日本に住み，社会進出が進んだ在日コリアンに対して憎悪が向けられるのが特徴となる。

　排外主義は，ヘイトスピーチ（差別扇動）として社会問題になり，2013年の

流行語大賞トップテンに入るくらい注目を集めた。だが，この問題は単なる差別として片付けられるほど単純ではなく，背景には近隣諸国との複雑な関係がある。筆者の調査では，外国人排斥を叫ぶ者のほとんどは，在日外国人と接点がないか，あっても関心をもっていなかった。なぜそうした者が外国人排斥を叫ぶようになるのか。最大のきっかけは，「慰安婦」問題や拉致問題など，歴史問題か近隣諸国との摩擦である。つまり，最初は「移民」ではなく韓国や北朝鮮に敵意をもち，それが在日コリアンへの憎悪に転じることが，日本型排外主義の特徴となる。

３　日本とドイツ：グローバル時代の国民国家のあり方

　グローバル化に適応できない日本の姿は，EU の実質的な盟主となったドイツと比べることで明確に浮かび上がる。19世紀後半から急速な産業化により台頭したこと，第２次世界大戦の枢軸国側で敗北し，後に経済復興を遂げたこと，非軍事の国際貢献を指向してきたこと，戦争責任など歴史問題を抱えること。——こうした共通点ゆえに，日本とドイツはしばしば比較対象となる。さらに戦後ドイツは東西に分断され，東アジアと同様に冷戦の最前線に立たされた。そうした類似性をもつ日本とドイツであるが，冷戦終了後の軌跡は大きく分岐していく。

　現在の東アジアでは領土問題が大きな対立点となっているが，ドイツにとっては領土問題の解決がヨーロッパでの地位を高める一因となってきた。すなわち，統一前の西ドイツは1990年にポーランドと条約を結び，東方領土と呼ばれる地域を放棄することで両者の関係は劇的に改善している（Sakaki, 2013：114）。東方領土は，第２次世界大戦前にはドイツ領だったが敗戦によりポーランドとソ連（当時）に組み入れられており，西ドイツはそれを認めず自国領であると主張してきた。これは日本とロシアの北方領土問題に類似しているが，東方領土の面積はドイツの４分の１もあるため，実際の影響や重要性では比較にならない。その意味で，北方領土より解決困難な要素が多かったにもかかわらず，西ドイツは東方領土に対する領有権主張を正式に放棄した。

　当時の西ドイツ政府は，そうした決断をした理由を３つ挙げている（佐藤，2008：248-50）。(1)東方領土の放棄によりポーランドとの和解に，ひいてはヨー

ロッパの平和につながる。(2)ドイツ統一のためには東方領土を正式に放棄し，国境線を画定させる必要があった。(3)東方領土を放棄してドイツとポーランドの交流を進めた方が，両国が国境で分断されることなく自由な移動が可能になる。こうしたビジョンは，東欧諸国のEU加盟や域内自由移動を謳ったシェンゲン条約により現実のものとなった。1990年代初頭には，東欧から大量の難民が西欧へと流入することが，現実的な懸念として議論されていた。その後，東欧も含めてパスポートなしで国境を越えられる空間ができたのは，EUが当初の懸念を払拭して達成した大きな成果だといえるだろう。

通貨ユーロの創設やシェンゲン条約は，これまで国民国家が行ってきた通貨発行や国境管理を，国家を超える単位に移す壮大な実験である。ユーロは，2008年のリーマン・ショックの影響で通貨危機に陥る国が続出し，経済力の違う国を同じ通貨で統合する難しさを経験した。シェンゲン条約は域内の移動を自由にしたが，2015年から増加したシリア難民の例が示すように，再規制に向かう動きが強まっている。さらに2016年には，イギリスが国民投票を受けてEUから脱退することになった。ヨーロッパの実験をバラ色には描けないし，実験は失敗の連続だったといえないことはないが，EUという単位でまとまったことで，ヨーロッパの没落に歯止めがかかったことは間違いない。地域統合は，グローバル化への現実的な応答とはいいうる。

東アジアでは，近年になって日韓中間の一部でビザなし入国が可能になり，中国と台湾の交流も増加したが，国境の壁は依然として高い。韓国と北朝鮮の間には軍事境界線があり，人の往来が不可能な分断国家であり続けている。日中韓のEPA（経済連携協定）も，現時点で実現の見通しは立っていない。日本の北方領土，竹島，尖閣諸島だけでなく，韓国と北朝鮮，韓国と中国の間にも未解決の領土問題が存在する。これらの領土問題は，面積や人口，経済的価値といった点からすれば，ドイツの東方領土とは比較にならないくらい解決が容易だともいえる。解決を難しくしているのは，領土問題そのものよりもむしろ，国家間の対立を乗り越えられない政治的不安定性だと考えた方がよい。つまり，領土問題が原因となって関係が悪化するのではなく，国家間の関係が安定しない結果として領土問題がことさらに取り上げられるのである。

このような日本とドイツの相違は，どのようにして生じたのか（Sakaki, 2013）。

双方とも，平和貢献や地域の安定を外交の基本とする点で一致している。しかし，日本は対米関係を圧倒的に重視する一方で，冷戦後のドイツはアメリカだけでなくフランス，イギリス，ポーランド，ロシアなど多国間で問題を解決する指向が強い。その結果，日本はアメリカ（米軍）の抑止力が東アジアの安定をもたらすと，ドイツはヨーロッパ諸国の協調が安定につながるとみなす。

　日本の問題は，日米安保体制を外交の基礎に置き，敵味方がはっきりしていた冷戦時代の発想から抜けられない点にある。歴史認識や領土問題といった火種を抱える中国や韓国は，日本にとって経済的には競争相手であると同時に重要なパートナーでもある。冷戦後のグローバル化は，政治的対立を抱えていたとしても，思わぬ形で遠隔地同士を結びつけていく。嫌中を叫ぶ人であっても，外食チェーンでは中国産のネギや椎茸を食べ，中国製の服を身につけている。在日コリアンの排斥を訴える人も，自分が働く工場で作った液晶をサムソンに買ってもらっているかもしれない。そうした現実に鑑みれば，日本は時代遅れの国民国家に固執して潜在能力を発揮できないでいる。

第4節　グローバル化と国民国家への政策的対応：課題と方向性

1　歴史的条件

　1945年8月15日は，日本では終戦の日として，あるいは「戦後」が始まった日として知られる。だが，これは日本がポツダム宣言を受け入れて無条件降伏した日にすぎず，東アジア全体でみれば終戦の日などとはとてもいえない（駒込，1996：380-1）。その後，中国では国民党と共産党の内戦が続き，共産党が勝利する形で1949年に中華人民共和国が成立した。国民党政府は台湾に逃れ，中国は2つの政府が並び立つ分断国家となった。50年には朝鮮戦争が勃発し，日本が戦争特需に沸く中で朝鮮半島全体が戦地となり，韓国と北朝鮮という2つの分断国家が固定化した。その結果，日本と北朝鮮・中国の中間にある韓国と台湾では，今なお徴兵制が実質的に存在している。日本で若者が軍隊に行かなくてよいのは，占領政策の中でドイツのように国が分断されずに済んだという幸運によるものでしかない。

　この章の冒頭で，日本史と世界史を分けるのはナンセンスだと書いた。明治

維新や戦後という言葉1つとっても，日本の国内問題としては考えられないことを，これまで述べてきた。明治維新は，19世紀のグローバル化に対する迅速な応答であり，西洋列強にならって国民国家を目指すという明確な目標があった。だがそれは，沖縄やアイヌの蹂躙の上に成り立つもので，台湾，朝鮮などへと膨張した果てが第2次世界大戦での敗北である。戦後，日本が平和国家として存立しえたのは，東アジア冷戦の最前線が台湾海峡と朝鮮半島という日本の外部に置かれたからにほかならない。その意味で，戦後日本の急速な経済復興は，旧植民地で続いた戦争の痛みと引き換えだったともいえる。

2 どのような政策が必要なのか

冷戦後に進む現代のグローバル化に関していえば，日本は慣れ親しんだ国民国家に固執して適応に失敗してきた。冷戦後のヨーロッパは，かつての EC を EU へと再編し，敵国だった東欧をも含む形で拡張し，今や28カ国が加盟している。しかし，東アジアには EU のような国民国家を超えた組織や取り決めは未だ存在せず，国家間の対立が経済や文化交流にまで影響を及ぼしてきた。EU は――イギリスの離脱のような問題を抱えつつも――1つのサッカーチームとしての体裁を整えるべく努力してきたが，東アジアは仲間割れしてオウンゴールを入れているようなものである。

東アジアには，圧倒的な人口をもつ中国の台頭，朝鮮半島の分断，歴史問題という3つの不安定要因がある。そのうち歴史問題は，日清・日露戦争，日韓併合，「満洲国」支配，日中戦争と，日本の東アジア侵略に起因している。中国と朝鮮半島の問題についても，日本は一定の役割を果たしうるだろうが，その前にみずから歴史問題を解決するような基本政策が必要になる。2015年末には，日韓首脳の間で「慰安婦」問題に関する合意がなされた。これは最終的な解決には程遠い内容だが，こうした取り組みを続けていくことが，東アジアのグローバル化を促進するだろう。

こうした政策の推進に際しては，東アジアが経済や文化面で密接に結びついていることを思い起こす必要がある。日流や韓流といわれるように，東アジアでは大衆文化が相互に浸透するようになっている。前節でふれた外国人排斥に対して，人種差別反対に立ち上がった人の一部は，K-pop ファンだった。韓

国の音楽やドラマが好きな日本人が，韓国人や韓国を中傷し攻撃する日本人を批判して対抗することで，外国人排斥の動きは下火になった。政治だけが国民国家に固執して対立する現状は，どの国にとっても／誰にとっても望ましいものではない。経済や文化での交流を進めることで，相互に利益を得るような関係を作り出し，国家間の対立を乗り越える必要がある。

注
(1) アメリカはその後，キューバ，プエルトリコ，ハワイ，フィリピンを支配するようになり，黒船襲来はその一部であった。これには技術の進歩も影響しており，アメリカ西海岸から日本まで3週間弱で到達できる蒸気船ができたこととで，東アジアを軍事的な射程に捉えることとなった。
(2) 私の服は日本製だという人も，グローバル化と無関係ではない。日本の縫製工場に行ってみれば，中国やベトナムから来た技能実習生がミシンを動かしており，移住労働者が作った服を着ているのである。賃金水準が低い繊維産業は，外国人技能実習生なくして工場が成り立たないくらい依存しており，みえないところでグローバル化の影響を受けている。
(3) ヨーロッパで攻撃対象となる「移民」には，ヨーロッパ生まれの第2・第3世代も多い。第2・第3世代は，移民ではなく，ヨーロッパの国籍をもつヨーロッパ人である。そうした人を「移民」として排斥するのは，まぎれもないレイシズム（人種差別）である。ヨーロッパの問題は，非白人（特にイスラーム）系のヨーロッパ人を認めないレイシズムにあり，これについてはバリバール・ウォーラーステイン（2014）を参照。

引用・参考文献

Balibar, E., & I. Wallerstein (1988) *Race, Nation and Classe,* Découverte. ＝バリバール，E.・ウォーラーステイン，I.／若森章孝ほか訳（2014）『人種・国民・階級』唯学書房。

Beck, U. (2002) *Macht und Gegenmacht im Globalen Zeitater,* Suhrkamp. ＝ベック，U.／島村賢一訳（2008）『ナショナリズムの超克』NTT 出版。

Gellner, E. (1983) *Nations and Nationalism,* Blackwell. ＝ゲルナー，E.／加藤節監訳（2000）『民族とナショナリズム』岩波書店。

Giddens, A. (1990) *The Consequence of Modernity,* Polity Press. ＝ギデンズ，A.／松尾精文・小幡正敏訳（1992）『近代とはいかなる時代か』而立書房。

Glazer, D., P. Moynihan, eds. (1975) *Ethnicity,* Harvard University Press. ＝グレイザー，D.・モイニハン，P.／内山秀夫訳（1984）『民族とアイデンティティ』三嶺書房。
浜下武志（1990）『近代中国の国際的契機』東京大学出版会。
Held, D. et al. (1999) *Global Transformations,* Polity Press. ＝ヘルド，D.／古城利明ほか訳（2006）『グローバル・トランスフォーメーションズ』中央大学出版部。
樋口直人（2014）『日本型排外主義』名古屋大学出版会。
Hobsbawm, E., T. Ranger, eds. (1983) *The Invention of Tradition,* Cambridge University Press. ＝ホブズボウム，E.・レンジャー，T.／前川啓治ほか訳（1992）『創られた伝統』紀伊國屋書店。
梶田孝道・丹野清人・樋口直人（2005）『顔の見えない定住化』名古屋大学出版会。
加藤祐三（1985）『黒船前後の世界』岩波書店。
駒込武（1996）『植民地帝国日本の文化統合』岩波書店。
黒沢文貴・イアン・ニッシュ編（2011）『歴史と和解』東京大学出版会。
モーリス＝スズキ，テッサ（2000）『辺境から眺める』みすず書房。
西川長夫・渡辺公三編（1998）『世紀転換期の国際秩序と国民文化の形成』新曜社。
小熊英二（1998）『〈日本人〉の境界』新曜社。
Sakaki, A. (2013) *Japan and Germany as Regional Actors,* Routledge.
佐藤成基（2008）『ナショナル・アイデンティティと領土』新曜社。
Smith, A. (1986) *The Ethnic Origins of Nations,* Blackwell. ＝スミス，A.／巣山隆司ほか訳（1999）『ネイションとエスニシティ』名古屋大学出版会。
田中宏（2014）『在日外国人 第三版』岩波書店。
Wallerstein, I. (2011) *The Modern World-System I-IV,* new edition, University of California Press. ＝ウォーラーステイン，I.／川北稔訳（2013）『近代世界システム I -IV』名古屋大学出版会。
安丸良夫（1992）『近代天皇像の形成』岩波書店。

Book Guidance

①本章の理解を深める入門書

Held, D. ed. (2000) *A Globalizing World？* Open University Press.＝中谷義和監訳（2002）『グローバル化とは何か』法律文化社。
　政治，経済，社会におけるグローバル化の進展について，反論に対して丁寧に答えながら解説している。
宮島喬・佐藤成基・小ヶ谷千穂編（2015）『国際社会学』有斐閣。
　グローバル化や国際移民によって社会がどのように変化するか，社会学的にアプローチした教科書。

②ステップアップのために

Anderson, B. (1991) *Imagined Communities*, 2nd ed., Verso.＝白石さや・白石隆訳（1997）『増補 想像の共同体』NTT 出版。

　なぜ見知らぬ者たちが「国民」というアイデンティティをもてるのか。ナショナリズムの人為的性格を明らかにした古典。

Wallerstein, I. (1983) *Historical Capitalism*, Verso.＝川北稔訳（1985）『史的システムとしての資本主義』岩波書店。

　資本主義と世界システムの関係について，コンパクトに解説した名著。やや難解だが読む価値はある。

（樋口直人）

終章　現代社会のゆくえ
――転換期の人間文明への視点と方向性――

第1節　「現代社会のゆくえ」の視点と考え方

　本書では，現代社会における市民生活に関わるさまざまな社会的課題――「行政と公務員」という地方行政の課題から，「グローバル化と国民国家」というグローバルな課題に至るまでのさまざまな課題――の現状・課題・解決方策等についてそれぞれの専門家の立場から論じていただいている。各論者に共通しているのは，現代社会が抱えている課題の背景に何があるのか（問題点・政策課題等）を明らかにし，その解決方策を示唆しようと企図していることである。本章では，これらの研究成果を踏まえた上で，現代社会がこれからどのような方向に進んでいくべきかについて，筆者のこれからの社会構想に対する見解を踏まえて論じている。社会構想は一種の未来学であり，政治・経済・文化等の社会を構成している基本的な要素に対する識者の価値観が反映されるものである。そうしたことを理解していただいた上で，20世紀型の経済発展を基軸とした社会発展論がグローバルに，かつ，ローカルに生み出しているさまざまな病理現象としての重要な政策課題，すなわち，(1)地方自治とコミュニティ活性化の問題，(2)産業と雇用の問題，(3)企業不祥事と企業の社会的責任問題，(4)教育格差と教育問題，(5)地球環境問題と持続可能な社会への対応，(6)現代的貧困と格差の問題，(7)多様化する福祉政策の問題，等にどのように対処していくべきかを考えていくための基本的，かつ，未来予測的な示唆として，この「現代社会のゆくえ」の視点と考え方を，さまざまな諸課題を解決していくための一助としていただきたい。

第2節　現代社会のゆくえ：「転換期の人間文明」への視点

　かつて，未来学者のアルヴィン・トフラーはその衝撃的な著作『第三の波』（1980年）を通じて，人間文明の歴史的な変動過程について，第一の波としての「農業革命」，第二の波としての「産業革命」，第三の波としての「情報革命」を提示し，技術革新（イノベーション）がさまざまな社会変革をもたらし，われわれの生活を劇的に変化させることを予測的に示唆した（Toffler, 1980＝1980）。こうした変化の根底には，人間文明進化のための経済発展の追求が主要な促進要因としてあったことは否めない事実である。さらに，トフラーは社会の情報化の進展が「モノ」の豊かさに代替する新しい豊かな社会をもたらすことを予測する一方，情報化がわれわれの生活に与えるネガディブな影響（情報犯罪，プライバシーの侵害等が出現してくることを示唆している），産業社会の進展に伴う情報化の病理現象だけではなく，産業社会の進展が公害問題・環境問題等の産業化に伴う構造的な負荷現象をもたらしてきていることも事実である。

　産業社会の発展は近代文明的な「価値」の転換（産業主義思想）と「モノ」の発展（「大量生産―大量消費」型の産業システム）をもたらした。こうした産業社会を発展させるための思想的源泉には，社会進化論・社会進歩論を基盤とした人間文明の合理的な発展が存在し，それによって経済成長が社会発展をもたらすという楽観的な社会変動論的パースペクティヴを提示した。

　1990年代以降，酸性雨・オゾン層の破壊・海洋汚染・砂漠化等の地球温暖化によるグローバルな環境問題の深刻化・拡散化は人間文明における〈経済発展の限界〉と〈地球環境の持続可能性〉という2つの大きな問題をわれわれに突きつけたが，これは経済発展による社会発展という「成長の論理」思想の限界を示すことになり，ひいては，「成長か」，それとも，「生態系の持続可能性か」という二者択一的な課題をわれわれに提起し，経済発展に偏在した社会発展論の価値転換を要請するものとなったのである（松野，2014）。

【視点1】「未来を見る目を失い，現実に先んずる術を忘れた人間の行き着く
　　　　先は，自然の破壊だ」（アルベルト・シュヴァイツァー，ドイツの哲学
　　　　者・医者）

終　章　現代社会のゆくえ

　今日の高度な産業社会や福祉社会の源泉は18世紀後半から，19世紀半ばにかけて展開されていった英国の産業革命にあるといっても異論はないだろう。社会進歩・社会発展の起動力となったのが経済成長を目標とする経済発展であった。他方，限りなき人間の物質的欲求を満たしていくための経済発展は自然環境の破壊や生産性向上（M. ウェーバーの「合理化」と F. W. テイラーの「能率」の思想）の追求による労働の無気力化（人間疎外）をもたらし，自然と人間に公害問題や環境問題という大きな損失，いわば「産業文明の死」的状況をもたらしてきた（Kassiola, 1990=2014）。

　こうした状況を打破していくためには，自然と人間の持続可能な共生という観点から，「発展の思想」に支えられた既存のさまざまなシステム（社会システム・経済システム・文化システム等）を変革させていかなければならない（注―「発展」の考え方には，狭義には，「その成長が経済全体になんらかの作用を及ぼす変化の結果である場合の成長のこと」〔Aron, 1966=1970〕といったように，経済成長＝経済発展という考え方があるが，他方，広義には，米国の著名な経済学者 J. A. シュンペーターのイノベーション概念と同じように，経済発展が経済の成長のみならず，社会全体に何らかの影響を与えていく社会発展へと展開していくという考え方もある。ここでは，「発展の思想」を経済発展＝社会発展という広義の意味として捉え，その問題点を提起している）。経済発展の犠牲となった自然や人間に対して，われわれはどのような代償を支払っていくべきかということが現代社会に生きる人間に課せられた重要，かつ，喫緊の課題なのである。

【視点２】「人類の成就した繁栄が偉大であればあるほど，自然法則にさからう文明没落の因になった」（ギル・カーター＆トム・デール，アメリカの生物学者）

　すでに述べたように，英国の産業革命の世界的展開は経済発展を基盤とした近代産業社会を成立させ，「大量生産―大量消費」型の産業社会システムを構築させた。このことは物質的欲求を満たすための経済発展による社会発展を促進したばかりでなく，人間の物質的欲望の追求を目指した無限の「発展の思想」こそが人間文明を豊かにしていくものと思い込ませてきたのである（Aron, 1966=1970）。

　近代産業社会は自然環境や人間環境の破壊によって「経済的豊かさ」を確保

してきたが,他方,公害問題や環境問題という新たな社会病理現象を経済発展偏在の人間文明に突きつけてきたのである。このことは「発展の思想」による社会発展がわれわれに何をもたらしてきたのかを反省させる契機を与えたばかりでなく,「発展の思想」そのものの問題点,つまり,経済発展優先の社会発展は人間文明を崩壊させるような危機的状況を招いていることを警告したのであった。(Kassiola, 1990=2014)。

　このことを社会に対する重要な警告として発したのは,1972年のローマクラブによる『成長の限界』(The Limits to Growth) 報告書であった。この報告書はハーバード大学の D. H. メドウズらの研究グループの成果であるが,この報告によれば,人間による経済発展のための自然環境の破壊や化石燃料の過剰消費はやがては地球資源が枯渇し,地球そのものの破滅をもたらすことを強く警告し,地球資源の有効な活用や生態系の持続可能性の確保に対する有効な政策をわれわれが打ち出すべきことを強く要請したのであった (Meadows, 1972=1972)。

　このことは,これまでの人間中心主義的な自然観から,生態系(自然)との共存による生態系中心主義的な自然観への転換可能性をわれわれが検討していくことの必要性を示唆したものであった。

　【視点3】「時は少なくなりつつある。もはや議論の余地はない。これは『もし』の問題ではなく,地球を蹂躙してきた私たちが,それを『いつ』『どのようにして』償うかの問題なのだ。そのために,『あなた』は何をしているか?」(ジョナサン・ポーリット,英国のエコロジスト)

　このことは経済発展を基軸とした産業社会の発展は自然環境のみならず,人間社会の持続可能性にも負荷現象をもたらしてくることを意味していた。今日の地球環境問題や地球経済の減速問題等はそのことを如実に示しているものである。経済成長の論理に基づく「発展の思想」の上に立つ社会システム・経済システム・文化システム等を変革しない限り,われわれ人間文明を次世紀に存続させることは困難になってくることが予想されるだろう。そうした制度変革を推進していくのはわれわれ自然環境・人間環境に対する価値観の変革,すなわち,自然や人間社会と共生・共続していくための社会システム・経済システム・文化システムを構築していくための変革的な環境思想や社会思想,すなわ

ち，生態系の持続可能性を価値基盤とした，緑の思想や緑の民主主義などを基盤とした〈緑の社会〉（Green Society）や〈緑の国家〉（Green State）の構築を目指していくことに他ならないのである（松野，2014；Eckersley, 2004=2014）。

【視点4】「未来が過去を決定し，現在を生成する」（マルティン・ハイデガー，ドイツの哲学者）

こうした深刻な懸念を払拭していくためには，現在の人間文明の価値観を経済発展による「競争的な進歩思想」がもたらした功罪を検証した上で，経済発展と生態系の持続可能性を基盤とした「緑の思想的な（あるいは，エコロジー思想的な）自然と人間の共生思想」へと転換させる方策を考えていくことである。18世紀の産業革命以降，われわれの価値観を支配してきた経済成長神話による「物質的豊かさ追求のための価値観」，それに基づいた「経済発展中心型の社会経済システム」，そうしたシステムを通じて形成されてきた「人間の自己利益追求のためのグローバリズムの構築」を放棄しない限り，経済発展（経済開発）と生態系の持続可能性（自然の維持）を最適な形で調和的に共生させるような社会構想，すなわち，〈最適調和型共生社会〉を創出していくことはきわめて困難である。われわれは過去の人間文明がもたらしたさまざまな負荷現象の問題点，すなわち，地球環境問題，地域紛争，地域格差問題，貧困問題等の実態と原因を検証することを通じて，これらの問題の解決方策と今後の社会構想のあり方を追究することによって，自然と人間が共生可能な〈持続可能な社会〉を具現化していくことができるのである（松野，2014）。

【視点5】「未来を予測する最良の方法は，未来を創ることだ」（ピーター・ドラッカー，アメリカの経営学者・社会生態学者）

未来社会のための，社会変革への三つの視点と考え方——

これまで，人間文明が生き残り続けてこられたのは経済発展を基軸とした社会発展の追求によるものであることは否めない事実であるが，人間文明がこれまで自然や人間に対してもたらしてきたさまざまな文明の負荷現象に対する反省とその改善方策を模索してきたことも大きな要因の一つである。「過去」の歴史から学ぶことは新しい歴史＝「未来社会」を創出していくことになるのである。

ここでは，これからの社会像を具現化していくための視点として，既存のさ

まざまな社会システムの変革, すなわち, 政治的変革・経済的変革・文化的な変革の三つの視点と考え方を示唆しておくことにする。以下のような変革を遂行していくことができるならば, 新しい社会は自然・人間・地球にとって持続可能性を存続させることができるだろう。

① 政治的変革のゆくえ

産業革命は経済活動の近代化を推進することで, 近代産業社会をつくり上げた一方, 政治活動の近代化, すなわち, 民主主義社会の成立は前近代社会の封建的絶対王政社会を崩壊させ, 人民が国家運営に政治参加する契機を与えたのであった。C. B. マクファーソンは, 民主主義の発展過程を, ①「防御的民主主義」(J. ベンサム・J. ミル)──人民を政府による抑圧から防御するためのシステムとして自由主義的思想を導入している, ②「発展的民主主義」(J. S. ミル・J. デューイ)──個人の自己発展や人類の向上の手段として民主主義を捉える, ③「均衡的民主主義」(J. A. シュンペーター・R. A. ダール)──政治家による政治を基本とした政治理論＝多元的エリート主義, ④「参加民主主義」(C. B. マクファーソン)──均衡的民主主義への批判から生まれたもので, 政治構成体の成員（人民等）が政治運営に参加するという「民主主義の空洞」を埋める考え方, に分類し, 間接民主主義の限界を直接民主主義によって補完しようとした（Macferson, 1965=1967）。

こうした政治的変革の考え方は近代社会における民主主義の改良という点で「第二の近代」と呼ばれているものであるが, 今日では, 間接民主主義（代議制民主主義, あるいは, 議会制民主主義）の弊害をさらに改善し, 直接民主主義との有機的統合化による役割分担の方向性を模索していく変革的方向性がみられる（「第三の近代」）。他方, こうした民主主義理論は人間の自己利益のみを考えている「人間中心主義的民主主義」で, これからの地球社会は自然との関係をより重視し, 人間文明と生態系の持続可能性を共存させる, 新しい民主主義の視点, すなわち, 「緑の民主主義」（あるいは, エコロジー的民主主義）を主張する考え方が登場している（松野, 2014；Eckersley, 2004=2014；Dryzek, 2000）。

② 経済的変革のゆくえ

18世紀の産業革命以降, 世界経済を牽引してきた資本主義経済はバブル経済崩壊, リーマンショック, 中国経済の低迷, ギリシャ経済の破綻, 英国の EU

離脱等，グローバルな政治経済の悪化に伴い，投機主義化した資本主義経済システムの変容が世界経済の今後にどのような影響をもたらしていくのか，という深刻な懸念が世界の産業や企業に浸透しつつある。世界経済は近代産業社会や資本主義経済が確立して以来，経済成長を基盤とした経済発展を推進してきたが，経済発展に伴う負荷現象（地球環境問題や格差経済問題等）の拡散化・深刻化によって，これらの問題に対応可能な経済的変革の方策が求められている。佐和隆光のように，20世紀は「自動車と石油の世紀」であるとすれば，21世紀は「環境の世紀」であり，地球温暖化という気候変動問題を経済政策によって解決すべきとする「グリーン資本主義」を主張する研究者も登場してきた（佐和，2009）。

　経済発展の基本は収益の適正な再配分と人材の安定的確保である。特定の産業や企業の経営陣のみが収益を独占する時代は終焉し，産業環境や企業環境を取り巻くさまざまな社会的課題を積極的に解決し，企業収益の適正な再配分を行うことによって，社会に貢献していく存在としての産業や企業にならなければ生き残っていけないだろう。さらに，こうした社会貢献型の産業や企業が〈持続可能な社会〉をリードしていくための経済的変革を担っていく主体となることができるだろう。

③　文化的変革のゆくえ

　一つの集団や社会の基本的価値である文化は内的・外的な要因によって質的な変化を遂げていくが，それを「文化変動」（cultural change・あるいは，文化変化）という。米国の人類学者のL. H. モーガンは社会進化論的な観点から，人類の文化的進化の過程を3段階，すなわち，野蛮→未開→文明，に分類するという文化段階説を主張した（Morgan, 1877）。社会の変化に伴ってその基本的価値である文化も変化を遂げていくのが一般的である。基本的には，18〜19世紀にかけての産業革命等のさまざまな社会変動によって成立した近代社会を岐路として，物質的価値観をもった社会（産業社会等）から，非物質的価値観を併存させた社会（情報社会等）へと社会変動を行ってきたと考えるのが一般的である。社会を構成する基盤は経済活動・政治活動等であるが，そうした基盤を人間の価値観の視点から支えていくのが文化活動である。人間社会の発展は文化活動の変容や変動によって進化してきたのであり，文化活動が社会発展の推

進力となったといっても過言ではない。人間社会の文化的変革をもたらしたマクロ的な要因は一つには「産業革命」であり，もう一つは近代産業社会の高度化によってもたらされた「ポスト産業社会」（ないし，ポスト工業社会）の基幹的な変動要因となった「情報革命」（A. トフラー）といってよいだろう（Bell, 1973=1975；Toffler, 1980=1980）。

そうした変動要因の価値基準となるのが物質的価値観から，非物質的価値観への移行である。米国の政治学者である R.L. イングルハートは1960年代より，産業社会の高度化に伴う人々の価値の変容に着目し，「欧米の人々の価値観は，物質的な繁栄や身の安全への圧倒的なこだわりから，生活の質（Quality of Life）に強い力点を置く方向に変わってきている」と指摘した上で，欧米の先進産業社会では，「モノ」の豊かさを求める物質主義的価値観から，「生活」の快適性（アメニティ）やライフスタイルの充実を求める脱物質主義的価値観へと移行しつつあることを自らの著作『静かな革命——西欧の一般大衆における諸価値と政治的ライフタイルの変容』（1977年）を通じて実証的に明らかにした（Inglehart, 1977=1978）。

現代社会の基本的価値観は「モノ」（第一次・第二次産業）から，「モノの付加価値」（第三次産業等）へと転換しつつあることは，産業や企業の「社会性」，すなわち，「社会的責任」（Social Responsibility）や「共有価値の創造」（Creating Shared Values）を重視することで，社会貢献性を組織や人々の測定価値にしようとしていることからも明らかである。

これまでの人間社会の文化的変革の流れをおおよそまとめると，［第一段階］狩猟文化（遊牧民文化）→［第二段階］農耕文化（定住民文化）→［第三段階］産業文化（消費文化）→［第四段階］ポスト産業文化（情報文化とアメニティ文化＝物質的価値→非物質的価値）→［第五段階］環境文化（エコロジー文化）と考えられるだろう。その根底には，(1)人間中心主義的価値観から，生態系中心主義的価値観へ（人間と自然との関係の再検討），(2)私的利益の極大化から，公的利益の最適配分（社会貢献性），(3)ハイブリッド性（「単一性・同質型文化主義」から，「多様性・融合型文化主義」〔ダイバーシティ・カルチャー〕）へ，というさまざまな価値観の転換が進行しつつあることをわれわれは十分に認識しておく必要があるだろう。

終　章　現代社会のゆくえ

引用・参考文献

Aron, Raymond (1966) *Trois essais sur l'age industriel*, Plon, Paris. =レイモンド，A.／濱口晴彦訳（1970）『発展の思想』ダイヤモンド社．
Bertman, S. (1998) *Hyperculture*, Green Wood Publishing Group, Inc. =バートマン，S.／松野弘監訳（2010）『ハイパーカルチャー』ミネルヴァ書房．
Bell, D. (1973) *The Coming of Post-Industrial Society*, Basic Books. =ベル，D.／内田忠夫他訳（1975）『脱工業社会の到来』ダイヤモンド社．
Carter V. G. & Dale, T. (1975) *Topsoil and Civilization*, University of Oklahoma Press. =カーター，V. G.・デール，T.／山路健訳（1995）『土と文明』家の光協会．
Dahl, R. A. (1961) *Who Governs ?*, Yale University Press. =ダール，R. A.／河村望他訳（1988）『統治するのはだれか』行人社．
Dewey, J. (1916) *Democracy and Education*, Macmillan. =デューイ，J.／帆足理一郎訳（1959）『民主主義と教育』春秋社．
Dryzek, J. (2000) *Deliberative Democracy and Beyond*, Oxford University Press.
ドラッカー，P. F.／上田惇生編訳（2003）『ドラッカー名言集　変革の哲学』ダイヤモンド社．
Eckersley, R. (2004) *The Green State*, MIT Press. =エッカースレイ，R.／松野弘監訳（2014）『緑の国家』岩波書店．
濱嶋朗他編（1997）『社会学小辞典（新版）』有斐閣．
Heidegger, M. (1927) Sein und Zeit, M. Niemeyer =ハイデガー，M.／桑木努（1960）『存在と時間』（岩波文庫全3巻）岩波書店．
広井良典（2015）『ポスト資本主義』岩波書店．
Inglehart, R. F. (1977) *The Silent Revolution : changing values and political styles among Western publics*, Princeton University Press. =イングルハート，R. F.／三宅一郎他訳（1978）『静かなる革命――政治意識と行動様式の変化』東洋経済新報社．
Kassiola, J. J. (1990) *The Death of Industrial Civilization*, SUNY Press. =カッシオーラ，J. J.／松野弘監訳（2014）『産業文明の死』ミネルヴァ書房．
Macpherson, C. B. (1965) *The Real World of Democracy*, Clarendon Press. =マクファーソン，C. B.／粟田賢三（1967）『現代世界の民主主義』岩波書店．
松野弘（2014）『現代環境思想論』ミネルヴァ書房．
Meadows, D. H. et al. (1972) *The Limits to Growth*, Universe Books. =メドウズ，S.／大来佐武郎監訳（1972）『成長の限界』ダイヤモンド社．
Mill, J. S. (1859) *On Liberty*, London : J. W. Parker. =ミル，J. S.／塩尻公明他訳（1971）『自由論』岩波書店．
Morgan, L. H. (1877) *Ancient Society*, Henry Holt and Company.

Nash, R. F. (1967) *Wilderness and the American Mind,* Yale University Press.=ナッシュ，R. F.／松野弘監訳（2014）『原生自然とアメリカ人の精神』ミネルヴァ書房。
Nash, R. F. (1990) *The American Environmentalism,* McGraw-Hill.=ナッシュ，R. F.／松野弘監訳（2004）『アメリカの環境主義』同友館。
Nash, R. F. (1989) *The Rights of Nature,* The University of Wisconsin Press.=ナッシュ，R. F.／松野弘訳（2011）『自然の権利』ミネルヴァ書房（TBSブリタニカ版，1993；ちくま学芸文庫版，1999）。
Porritt, J. (1984) *Seeing Green,* Basil Blackwell.
Post, J. E. et al. (2002) *Business and Society,* McGraw-Hill.=ポスト，J. E.／松野弘監訳（2012）『企業と社会（上・下）』ミネルヴァ書房。
佐和隆光（2009）『グリーン資本主義』岩波書店。
Schaeffer, R. & Zellner, W. W. (2011) *Extraordinary Groups,* Worth Publishers.=シェーファー，R.・ゼルナー，W. W.／松野弘監訳（2015）『脱文明のユートピアを求めて』筑摩書房。
Schumpeter, J. A. (1951) *The Theory of Economic Development,* Harvard University Press.=シュムペーター，J. A.／中山伊知郎他訳（1961）『経済発展の理論』岩波書店。
Schweitzer, A. (1933) *Out of My Life and Thought,* Henry Holt and Company.=シュヴァイツァー，A.／竹山道雄訳（1956）『わが生活と思想より』（「シュヴァイツァー著作集第2巻」）白水社。
篠原一（2004）『市民と政治学』岩波書店。
Toffler, A. (1980) *The Third Wave,* Bantam Books.=トフラー，A.／鈴木健次他訳（1980）『第三の波』日本放送出版協会。

（松野　弘）

人名索引

イングルハート，R. L.　294
ウェーバー，M.　3, 289
ウォーラーステイン，I.　270
カーター，G.　289
グラノベッター，M.　169
シュヴァイツアー，A.　288
シュンペーター，J. A.　292
ジンメル，G.　3
ダール，R. A.　33, 292
テイラー，F. W.　289
デール，T.　289
デューイ，J.　292
デュルケム，E.　3
戸田貞三　103
トフラー，A.　288
ドラッカー，P.　291

ハーバーマス，J.　196
ハイデガー，M.　291
パットナム，R. D.　73
ハンター，F.　33
プリンス，S. H.　246
ベンサム，J.　292
ポーリット，J.　290
マートン，R. K.　252
マクファーソン，C. B.　292
マクルーハン，M.　178, 219
マッキーバー，R. M.　72
ミル，J. S.　292
メドウズ，D. H.　290
モーガン，L. H.　293
リップマン，W.　182

事項索引

あ行

アーキテクチャ　216, 220, 223
ICT（情報通信技術）　168
アイヌ　271, 274
アソシエーション　72
新しい公共　38, 39
新しい公共宣言　39
アルゴリズム　211-213, 216, 220, 222
安全神話　250
慰安婦　279, 283
家　99-101, 103, 104
イエロージャーナリズム　184
いじめ　166

居場所　75, 79
インターネット　153, 180, 181, 188
エコーチェンバー　214
エコロジー的民主主義　292
エスニシティ　275
NPM（ニュー・パブリック・マネージメント，新公共管理）　15, 19, 37
エリーティズム　33
エリート競争型民主主義　43
オオカミ少年効果（Cry wolf effect）　249
大津波警報（津波警報）　250
沖縄　271, 274, 275
屋内避難意義　252
穏やかな繋がり　169

297

オルタナティブ・メディア 195

か行

解決志向アプローチ 155
外来型開発 31
科挙 9, 13
格差 135, 147
学習歴 113
学制 109
『学生生活実態調査』 117
『学生生活調査』 117
学歴 118
学歴決定論 108
学歴社会 107, 108
学歴主義 107, 109, 114
学歴による身分主義 114
学歴フィルター 107, 111, 116
家産官僚制 9
家族会 169
家族主義 92, 98-102, 104
家族の多様化 129
学校歴 110
ガバナンスからガバナンスへ 39
ガバメントからガバナンスへ 36
環境運動 230, 233
環境型管理 216
環境ガバナンス 233
環境社会学 229
環境問題 227, 229, 230
監視社会 208
管理社会 208
官僚制 7-10
　——の逆機能 10
議員立法 17
議会基本条例 27, 30, 41
機関競争主義 26, 48
機関競争主義型民主主義 43, 44
企業コミュニティ 58, 59, 67, 68
擬似環境 182
　——の環境化 182

記者クラブ 189
議題設定機能 182
キャリア組 15
キュレーション 213, 222
協働 38
共同性 71-73
玉石混淆問題 209
緊急地震速報 264
近代官僚制 9
Google 依存 212
グーグル八分 213
グリーン資本主義 293
グローバル化 133, 136, 146, 148, 269-273, 275, 277, 280, 281, 284
ケア 132, 144-146
経験の逆機能 252
形式社会学 3
警報慣れ 249
契約制度 159
検索エンジン最適化（SEO） 213
減災 245
郊外化 95
後期高齢者 160
公共圏 196
公共サービス供給主体論 38
公共施設 78
公共性 74
公共政策 17
行動変容アプローチ 155
公民館 78
公務員試験 9, 13, 14
合理化 289
高齢者福祉 154
国語 273
国土型官僚 11
国民国家 271, 274, 275, 278, 281
国民統合 273
個人化 132, 133, 136, 139, 145, 148, 149
コプロダクション 38
コミュニティ 71, 234, 235, 237

コミュニティ・オーガニゼーション　155
コミュニティ・ソーシャルワーク　155
コミュニティカフェ　80, 86
コミュニティ拠点　75, 76
コミュニティ施設　75
コミュニティ・ビジネス　235, 239
コモンズ　232
雇用形態の多様化　60, 61
コラボレーション　38
孤立　161
コンボイ　150

さ 行

サードプレイス　77, 86
災害　245
災害時要援護者　255
災害情報の詳細化　255
災害文化（災害下位文化〔disaster subculture〕）　249
災害文化の非適応的機能　250
最適調和型共生社会　291
産業化　54, 55, 58
産業革命　288
産業民主主義　54-56, 61, 67
CPS 論争　33, 47
自営業層　54, 55, 59
支援者の視点　156
資格任用制（メリットシステム）　14, 19
シグナリング（論）　112, 118, 114
自主避難　255
市場競争型民主主義　43
市場の自動調整機能　16
『静かな革命』　294
持続可能な社会　291
自治基本条例　27, 32, 41
市町村合併　30, 40
実力主義　118
シティズンシップ　148
児童福祉　154
資本主義世界経済　270

市民（シティズンシップ）　46
市民的公共性　39
ジャーナリズム（論）　178, 183, 184
社会学主義　3
社会学的視点　4
社会関係資本　73
社会静学　2
社会的構築　205
社会的責任　294
社会的淘汰　205
社会動学　3
社会福祉士　156
社会福祉法　157
社会変動論　3
社会保障給付費　160
就職氷河期　92
集団の過熱取材（メディアスクラム）　190
集団分極化　215
住民自治の根幹　26, 27
住民投票　40
住民投票条例　27, 32
首長主導型民主主義　43, 44, 48
生涯学習体系への移行　119, 120, 122
生涯学習の理念　121
障害者福祉　154
少子高齢化　135, 136, 146
常設型住民投票条例　41
情報革命　288
情報過多　208, 209
情報社会論　180
情報の詳細化　255
情報の大量化　256
情報リテラシー　217, 218
職住分離　54, 55
職務・仕事による避難の遅れ　261
ショッピングモール　95, 96
人的資本論　112, 118, 122
垂直的統合　121
水平的統合　121
スクールカウンセラー　166

299

スクールソーシャルワーカー　166
スクリーニング　112, 122
ステレオタイプ　182
生活環境主義　231
政策科学的視点　4
政治的中立性の原則　20
正常化の偏見（"normalcy bias"）　248
精神保健福祉士　156
『成長の限界』　290
性別役割分業　54, 55, 63, 66
世界経済　271, 272
世界システム論　270
世界大恐慌　16
セクショナリズム　12
セレンディピティ　214, 222
前期高齢者　160
専門性　156
綜合社会学　3
想像の共同体　180
ソーシャル・アクション　155
ソーシャル・プランニング　155
ソーシャルメディア　188
措置　158
措置制度　159

た　行

第三空間　76
第三の近代　292
『第三の波』　288
第二の近代　292
ダイバーシティ・カルチャー　294
台風23号（2004年）　251
第四の権力　191
大量消費　289
大量生産　289
タテの学歴　110, 111
七夕豪雨　251
多様化　140, 143, 148, 149
多様な家族　129
単一民族　273

単純多数決方式　42
地域協議会　30
地域性　71
地域づくり　234-236, 239
地域のつながり　163
地域包括ケアシステム　164, 169
地方自治の衰退論　31
地方分権一括法　26
調査報道　192
長周期地震動　264
調整型官僚　11
創られた伝統　274
デイサービス（通所介護）　158
テレビジャーナリズム　185
天皇　274
東海水害　249
当事者の視点　157
同報性　206
同報無線（防災無線）　257
特別警報　247
土石流　254

な　行

内閣提出法案　17
内発的発展　31
長崎水害　248
ナショナリズム　93, 273, 274
ナラティヴ・アプローチ　155, 171
日本海中部地震　250
日本型福祉社会論　100, 101
日本人　273
日本的雇用慣行　53, 56-59, 64
ニュースバリュー　211
ネット世論　192
農業革命　288
能率　289
ノン・キャリア組　15

は　行

パーソナライゼーション　214, 216

事項索引

パートナーシップ　38
排外主義　279
バックラッシュ　102
発展の思想　289
発表ジャーナリズム　189
パブリックアクセス　195, 196
パラサイトシングル　97
ハリファックス　246
番組編集準則　186
晩婚化　135
阪神・淡路大震災　247
PPP（公民協働）　15, 19
被害構造論　230
東アジア　271, 272, 277-279, 281-283
東日本大震災　256
非典型雇用　60
非典型雇用者　53, 55, 56, 59, 61, 62, 64, 65, 67
避難勧告　247
避難指示　247
避難準備情報　248
秘密主義　11
評価の多元化　119, 122
平等　54-56, 61, 64
貧困の文化　97
フィルターバブル　214
福祉　153
不登校　166
プライバシー問題　216
プラグマティズム　220
プルーラリズム　33
プレカリアート　93
文化変動　293
分数ができない大学生　118, 119
閉鎖型任用制　14
ヘイトスピーチ　279
防災　245
放送法　186, 194
法定雇用率　18
北海道東方沖地震　253
北海道南西沖地震　251

ボランティア　155

ま　行

マクロ　155
マス・コミュニケーション　176
マス・コミュニケーション研究　177
マス・コミュニケーション効果研究　181
マス・メディア　176
マルチメディア　207
ミクロ　155
未婚化　134-136, 138, 140
緑の国家　291
緑の社会　291
緑の民主主義　292
ミニ・パブリックス　27, 29, 45
見守る／見守られる　162
民族問題　275
明治維新　271-273, 283
メゾ　155
メディア・リテラシー　178
メディア・テトラッド　219
メディアはメッセージ　178
メディア論　178

や　行

ヨコの学歴　110, 111
世論　191
輿論　191

ら・わ　行

ライフコース　131, 132, 142, 143, 148, 149
ライフログ　215, 216
吏員型官僚　11, 13
理解社会学　3
猟官制　20
領土問題　278
臨時教育審議会　113, 119
例外　171
冷戦　271, 277, 278, 280, 282
歴史認識　278

301

労働組合　56-59, 61, 64, 67, 68
ローカル・ガバナンス　36, 38, 47

ワーク・ライフ・バランス　53, 63, 65-67

執筆者紹介（所属，執筆分担，執筆順，＊は編者）

＊松野　弘（千葉商科大学人間社会学部教授，序章，終章）

渕元　哲（千葉商科大学政策情報学部助教，第1章）

江藤俊昭（山梨学院大学法学部教授，第2章）

小川慎一（横浜国立大学大学院国際社会科学研究院教授，第3章）

眞鍋知子（金沢大学人間社会研究域人間科学系准教授，第4章）

阿部真大（甲南大学文学部准教授，第5章）

佐藤晴雄（日本大学文理学部教授，第6章）

岩上真珠（聖心女子大学文学部教授，第7章）

荒井浩道（駒澤大学文学部教授，第8章）

深澤弘樹（駒澤大学文学部准教授，第9章）

内田康人（目白大学社会学部准教授，第10章）

帯谷博明（甲南大学文学部准教授，第11章）

中森広道（日本大学文理学部教授，第12章）

樋口直人（徳島大学総合科学部准教授，第13章）

《編著者紹介》

松野　弘（まつの・ひろし）

　1947年岡山県生まれ。早稲田大学第一文学部社会学専攻卒業。山梨学院大学経営情報学部助教授，日本大学文理学部教授・大学院文学研究科教授／大学院総合社会情報研究科教授，千葉大学大学院人文社会科学研究科教授を経て，現在，千葉商科大学人間社会学部教授。博士（人間科学，早稲田大学）。日本学術会議第20期・第21期連携会員（環境学委員会）。千葉大学予防医学センター客員教授，東京農業大学客員教授，早稲田大学スポーツビジネス研究所・スポーツCSR研究会会長，大学未来研究会会長，現代社会総合研究所理事長・所長等を兼務。

　専門領域としては，環境思想論／環境社会論，産業社会論／CSR論・「企業と社会」論，地域社会論／まちづくり論，高等教育論等がある。現代社会を思想・政策の視点から，多角的に分析し，様々な社会的課題解決のための方策を提示していくことを基本としている。

[主な著訳書]

『現代環境思想論』（単著，ミネルヴァ書房，2014年）
『大学教授の資格』（単著，NTT出版，2010年）
『大学生のための知的勉強術』（単著，講談社現代新書，講談社，2010年）
『環境思想と何か』（単著，ちくま新書，筑摩書房，2009年）
『現代地域問題の研究』（編著，ミネルヴァ書房，2009年）
『「企業の社会的責任論」の形成と展開』（編著，ミネルヴァ書房，2006年）
『環境思想キーワード』（共著，青木書店，2005年）
『地域社会形成の思想と論理』（単著，ミネルヴァ書房，2004年）
『脱文明のユートピアを求めて』（R. T. Schaefer, W. Zellner，監訳，筑摩書房，2015年）
『入門企業社会学』（M. Joseph，訳，ミネルヴァ書房，2015年）
『産業文明の死』（J. J Kassiola，監訳，ミネルヴァ書房，2014年）
『企業と社会――企業戦略・公共政策・倫理（第10版）』（J.E.Post他，監訳，ミネルヴァ書房，2012年）
『ユートピア政治の終焉――グローバル・デモクラシーという神話』（J.Gray，監訳，岩波書店，2011年）
『緑の国家論』（R. Eckersley，監訳，岩波書店，2010年）
『新しいリベラリズム――台頭する市民活動パワー』（J.M.Berry，監訳，ミネルヴァ書房，2009年）
『環境社会学――社会構築主義的観点から』（J. A. Hannigan，監訳，ミネルヴァ書房，2007年）

他多数

現代社会論
――社会的課題の分析と解決の方策――

2017年3月30日　初版第1刷発行　　　　　　　　〈検印省略〉

　　　　　　　　　　　　　　　定価はカバーに
　　　　　　　　　　　　　　　表示しています

　　　　　編 著 者　　松　野　　　弘
　　　　　発 行 者　　杉　田　啓　三
　　　　　印 刷 者　　坂　本　喜　杏

発行所　株式会社　ミネルヴァ書房
　　　607-8494　京都市山科区日ノ岡堤谷町1
　　　　　　　　電話代表　(075)581-5191
　　　　　　　　振替口座　01020-0-8076

　ⓒ松野　弘ほか，2017　　冨山房インターナショナル・清水製本

ISBN 978-4-623-07797-7
Printed in Japan

よくわかる社会学［第2版］
―――――――――宇都宮京子 編　B5判　242頁　本体2500円
現代社会学はあらゆる方向に向かって触手を伸ばしつづけており，その全貌を捉え，伝えることは容易ではない。本書は簡潔明快にその基幹部分を解説し，全貌に迫る。

テキスト現代社会学［第3版］
―――――――――松田　健 著　A5判　400頁　本体2800円
好評の前版に，「災害」の章を追加。「災害の社会学」についてもわかりやすく解説する。独学にも最適の一冊。

よくわかる都市社会学
―――――――――中筋直哉／五十嵐泰正 編著　B5判　232頁　本体2800円
都市社会学，都市論，都市研究の諸領域から，建築学，文学，政策科学など隣接分野の都市研究までをカバーするあたらしい時代の都市社会学テキスト。

よくわかる環境社会学
―――――――――鳥越皓之／帯谷博明 編著　B5判　210頁　本体2600円
人間の活動をとりまく多様な環境を対象とする環境社会学。本書はさまざまな事例に基づいて対象の広さから研究の方法までを詳解する。

よくわかる国際社会学［第2版］
―――――――――樽本英樹 著　B5判　248頁　本体2800円
グローバリゼーションによる人の国境を越える移動とそれのもたらす帰結を中心に，国際社会学の基本論点を簡潔に示す入門テキスト。

「地方創生と消滅」の社会学
―――――――――金子　勇 著　四六判　272頁　本体3000円
●日本のコミュニティのゆくえ　柳田國男「郷土生活研究」から「一村一品運動」……各地の事例を包括した，汎用性豊かな理論地域社会学。

――― ミネルヴァ書房 ―――
http://www.minervashobo.co.jp/